中国文学英译

实践与教学

Chinese Literature Translation: Practice and Pedagogy

梁颖/著

汕頭大學出版社

图书在版编目（CIP）数据

中国文学英译：实践与教学 / 梁颖著. -- 汕头：汕头大学出版社，2021.8
ISBN 978-7-5658-4449-2

Ⅰ. ①中… Ⅱ. ①梁… Ⅲ. ①中国文学一英语一翻译一教学研究一高等学校 Ⅳ. ① H315.9 ② I206

中国版本图书馆 CIP 数据核字（2021）第 172004 号

中国文学英译：实践与教学
ZHONGGUO WENXUE YINGYI SHIJIAN YU JIAOXUE

著　　者：梁　颖
责任编辑：黄洁玲
责任技编：黄东生
封面设计：黑眼圈工作室
出版发行：汕头大学出版社
　　　　　广东省汕头市大学路 243 号汕头大学校园内　邮政编码：515063
电　　话：0754-82904613
印　　刷：天津雅泽印刷有限公司
开　　本：710mm×1000mm　1/16
印　　张：20.5
字　　数：342 千字
版　　次：2021 年 8 月第 1 版
印　　次：2021 年 9 月第 1 次印刷
定　　价：72.00 元
ISBN 978-7-5658-4449-2

序　言

进入 21 世纪以来，中国综合国力不断提高并承担着越来越重要的国际角色。如何扩大对外文化交流、提升文化软实力和国际话语权也被提高到国家战略的高度。文学作品的海外传播和译介是对外文化交流的重要基础之一，肩负着中国优秀文化对外传播的重任。

“中国文学作品对外译介的历史由来已久，最早可以追溯到晚清，那时就已经开始了中国文学作品的自觉翻译与输出。”（耿强，2010：12）中国新时期文学充满着走向世界的热望和焦虑。然而，海外影响的增长幅度仍然不尽如人意。近年来学术界对中国文学译介的研究已经很多。整体研究的，按时间顺序，如魏清光（2006，2015），耿强（2010，2014），谢天振（2012，2013），范春祥（2013），李宝珠、孙光旭（2013），季红琴（2014），刘云虹（2014），许钧（2014），訾晓红（2017），朱振武（2017）；古典文学译介的研究，也按时间顺序，如刘绍刚（2000），胡安江（2012），赖祎华、欧阳友珍（2012），梁晓辉（2013），季红琴（2014），刘朝晖（2014），冯全功（2015）；对中国现当代文学英译和接受的情况的研究，仍按时间顺序排列，如文军、王小川、赖甜（2007），胡安江（2010），吕敏宏（2011），邵璐（2011，2012，2013 的两项研究和 2014 的一项研究），史国强（2013），刘云虹、许钧（2014），孟祥春（2014 的两项研究和 2015 的一项研究），孙会军（2014 的两项研究），孙志军（2014），吴倩（2014），王俊菊（2014），朱振武、覃爱蓉（2014），鲍晓英（2015 的两项研究），蒋骁华（2015），魏春梅（2015），张继光、张政（2015），冯全功（2017），胡伟华、郭继荣（2017），周领顺、杜玉（2017）。这些研究的结论大致相似：中国文学的对外译介总体来说并不成功，尤其是中国现当代文学在世界的译介情况还相对薄弱，中国文学作品译入与译出比例仍然失衡，文化输出明显低于文化输入。

随着中国综合国力的不断增强和中国作品外译的不断增多，西方读者希望看到反映原汁原味中国文化的忠实译本。如何最大限度地再现中国作品的精神与韵味就成了翻译研究的重要内容。刘云虹指出："文学翻译不是一件容易的事，能成就也能毁掉一个作家，能成就文化传播，也能毁掉文化传播。在中国文学、文化'走出去'的历史语境下，翻译既受到前所未有的普遍关注与重视，同时也面临着新的问题与挑战。"（2014：90）"在目前翻译的外部环境或内在目标发生改变的情况下，当翻译在中国文学、文化'走出去'这一新的历史语境中遭受质疑和挑战时，翻译批评更要勇于承担起应尽的责任，在深化理论研究的基础上对翻译实践进行积极、有效的指导。整个中译外活动中存在哪些亟待解决的问题？如何开展中译外研究，在理论上形成科学的认识进而对实践给予更合理的指导？"（2014：93-94）

学术界在中国文学英译上百家争鸣。在词汇层面，我们到底该直译还是意译；如果直译的话，是音译还是音译加注；音译有没有规则和限度，什么样的词汇可以用音译介绍给西方读者，什么样的词汇用音译翻译就成了奇怪甚至是偷懒的做法？加注是在正文中随文解释还是文末注释？在句子和语篇方面，我们到底该不该调整顺序翻译，该不该增减原文内容，多大程度上调整和增减是合理的？文化内容方面，什么样的内容在中国文学外译中是要保留的，什么是要谨慎翻译的，什么则是要删除省略的？衡量上述内容的是译者，那么译者做出上述衡量的标准是什么？译者与译者不同，是不是换个译者就要重译？

不仅仅是学术界，学生对中国文学外译也同样持有许多困惑。有学生问："在文化交流日益密切的现代社会，各国将文化输出看得十分重要。对于译者们来说，输出本国文化是自己义不容辞的使命，但同样译者们也有让目的语读者理解原文的责任在其中。那么在这种情况之下，我们应该如何抉择，是要将文化输出放在首位还是将读者的理解放在首位？"还有学生问："在翻译一些传统文学作品时我们经常会遇到一些文化翻译，中国特有的文化概念，有些时候我们会借助音译的方法来克服困难，但是这样会增加目的语读者的负担。那么在这种情况下，什么时候我们可以用音译，什么时候不适合用音译？或者选择跟目的语文化概念相似的词语来翻译是否可以？"

其实，学术界在中国文学英译上的争论一方面是百花齐放，但另一方面，深入思考我们会发现，他们观察思考的出发点和目的地未必相同。比如，宇文所安（Stephen Owen）是哈佛大学中国文学与比较文学的教授，著名汉学家，研究中国古代诗歌。他强调异化的翻译。而美国翻译家葛浩文（Howard Goldblatt）是近年来翻译中国现当代文学作品数量最多、成就最大的文学翻译家。他自信“如果不做翻译家，就会成为音乐家”。因为对文字和韵律的敏感，因为对中国文学的热爱，他有了长达四十年的中国文学翻译生涯。总体上他的译作和翻译策略是归化大于异化，即务实于读者和社会略高于求真于原文文化和原文文学性。他的妻子林丽君女士比葛浩文更要坚持不能异化翻译。所以，强调异化翻译的宇文所安和不同意异化翻译的林丽君是不同的。但仔细分析就发现，他们的这种不同首先是出发点和目的地不同。宇文所安是从学者的角度强调异化翻译，他侧重的是文学的本质，他的目的是让文学的自然状况得以彰显；林丽君是从务实的角度强调不能异化翻译，她侧重的是文学的功用和效果，她认为异化翻译会成为译文的标志，这样译文就被动地与译入语国家的主流文学区别开来。

具体讲，学者型的宇文所安认为只要是具备走出国门能力的文学都有“自行翻译”的需求和“自行翻译”的本领，这种“自行翻译的本领”就是文学本身所具有的国际性，它们已经是优秀的世界文学了。这时，如果译者采用异化翻译即“笨拙”的译文，就可以让文学的共通性得以彰显，让文学的本来面目得以彰显。所以，宇文所安思考的角度是文学的本质。

而林丽君则认为“翻译，就像所有其他跨文化呈现形式一样，是一种矛盾的尝试；文本的独特性要加以保留，但是单独字词又不能在文本或文化中显得太过独特，或者干脆成了一种讽刺画，这会让这种独特性成为主题公园里的标志，游客都靠这个来区别文化之间的差异”（闫怡恂，2014：200）。她是从文学的功用和文学的传播效果上考虑的，即中国文学英译如果采用异化的方法会让西方主流读者对译文产生“太奇特了”“多么 cute”的印象，反而把译文排斥在西方主流作品之外。

所以，一部译作的产生是各种因素的结果，翻译问题不应被孤立、表面地看待。中国文学英译的每一步前行都不仅仅关乎文学。任何一个国家的经济、政治、文化和文学的发展不会完全同步。在中国文学外译之路上，问题好像一条长长的锁链，彼此束缚，相互牵制。怎样解决这些问题，分别由谁来负责，都是值得长期实践和研究的问题。本书探讨中国文学英译实践中的几个切实问题，分别是谁来译、译什么、怎么译、译之后。其中怎么译除了探讨著名的中国文学英译作品的翻译策略之外，更多的是探讨中国文学英译的教学到底教什么，以期促进我国关于中国文学英译实践和翻译人才的培养。笔者同意郑体武教授的观点，在2013年10月的“中国文学走出去：挑战与机遇”学术研讨会上，郑体武教授认为，中国人要在精神文化领域对世界做出贡献，就需要做三项准备工作：首先，要对本国的精神文化和价值理想抱有自信。其次，要拿出有价值的东西。最后，要有能在中外文化交流语境中游刃有余的优秀翻译家以及足够多的学者型、应用型兼备的高端人才，为中外文化交流传播做出贡献。（转引自张聪，2014：213-216）

谁来译——具体讲，中英两种语言结构上的差异，中英民族不同的文化背景、价值观及思维方式决定了翻译之难。刘云虹指出：“中国本土译者与国外译者相比，在归化翻译策略的理念上也存在一定差异，国外本土译者更希望彻底‘归化’翻译中国文学作品，而中国本土译者则更希望在文学作品中保留一部分重要的文化属性。”（2014：90）而且很多国内学者认为西方翻译家理解原文和把握原文的精确性要打个问号，他们在中译英中使用删减、改写这些有悖忠实原则的翻译方法可能导致国外读者对中国文学乃至中国文化的误读与曲解。笔者认为要解决谁来译的问题我们可以大力拓展国外翻译家和中国本土译者合作的模式，而且除了传统的学术翻译，积极拓展商业翻译、个人翻译、政治翻译的模式。

译什么——笔者以美国加州大学伯克利分校（University of California, Berkeley）为例，调查了2018—2019学年该校开设的和中国直接相关的全部课程；笔者又在亚马逊网站（www.amazon.com）以“Chinese literature in translation”为搜索词，搜索英译的中国作家作品，同时查找该网站上文学类Literature and fiction书目中有关中国的所有书目；同时让学生自主设计中国文学英译作业，然后对学生设计作业时的选材情况进行了梳理。基于上述调查结果，笔者认为在中国文学外译的选材上要着力解决供与需的矛盾、古代与当代的矛盾、本土性与世界性的矛盾、文学价值与市场价值的矛盾，把选材的“发力”用到新问题、新情况上来，而不是只着眼于翻译到世界的作品是不是我们中国最优秀的作品。

怎么译——单纯的文学思维，不顾西方读者的接受习惯和思维方式、不考虑市场因素的一厢情愿是要纠正的。过度的异化翻译可能产生出读不懂的译作，可能产生出一种特立独行的翻译模式，即西方读者读着这样的译文，无法感受到人类共通的东西。只是给西方读者提供异化翻译然后寄希望于“原汁原味”的中国文化的吸引力是不行的。但只考虑目的语读者的接受度而放弃忠实原则也不行。翻译时，多大程度上保留原文本中的文化概念词？音译加注、直译保留形象、意译等翻译方法其实归结到一点就是译文在多大程度上保留原文的地域差异。什么情况下调整原文本中的段落与篇章，哪些是出于中英文不同的语言和行文习惯的调整，哪些是出于意识形态的调整？既然是文学翻译，如何传递原文的文学特征和风格，包括原文的语言前景化和修辞效果、音韵效果、平行结构、文体特征？如何翻译特殊的文学体裁——诗歌与戏剧？

能够推动中国文学及文化在英语世界的传播、为提升中国文学的国际知名度夯实基础的国外翻译家毕竟太少，他们对中国文化的了解难免失之偏颇，因此加速培养稳定、优秀的本土汉英翻译人才队伍是当前的首要任务，更是长期的任务。国家的制度法规、政策导向、学科规划和建设、课程设置是需要自上而下宏观考虑的，作为教师，本书“怎么译”这一部分除了探讨中国文学英译著作中的翻译策略，更聚焦笔者本人在具体教学中如何朝着培养翻译人才的目标努力，目的是突出在诸多学术探讨和研究之后落实到培养翻译人才的重要性上来。2016年9月—2019年7月，笔者在北京外国语大学高级翻译学院的“翻译研究方法论”课程的教学中努力增加文学翻译的材料，学生为学院的硕士研究生，一年级，口译和同声传译专业；2019年9月—2020年7月，笔者在北京外国语大学英语学院讲授“国粹文化英译”“中国文学英译”课程，学生为学院的本科生，三年级，英语或翻译专业。笔者深感培养翻译人才要落实到具体而微上来，一个字一个词，甚至原文一个标点要不要保留在译文中，这样探讨才有意义。这些文学翻译的教学材料按在本书中出现顺序，依次是：

（1）《信客》翻译练习中的词汇处理

（2）“中国的书院与教育传统”翻译练习中的词汇处理

（3）《趵突泉》翻译练习

（4）诗歌翻译练习：《画眉鸟》《己亥杂诗》《饮酒诗》《送鲍浩然之浙东》《山中问答》《古诗十九首》《清平乐》《题溧阳三塔寺》《颂》

《热爱生命》

（5）《雷雨》尾声部分翻译练习

笔者在教学中还要求学生们假设自己是翻译教师，设计给学生布置的翻译作业，其中有些学生自主设计的是中国文学英译作业。按在书中出现的顺序，这些学生自主设计的翻译作业依次是：

（1）不同文本类型的关于老舍先生的段落

（2）不同文本类型的关于美国纪念碑谷的两段文章

（3）三篇关于美国密歇根州的材料

（4）从三种文本的特征和作用出发，翻译关于美国石头城的三段文字

（5）翻译关于佛罗伦萨教堂的三个文本

（6）翻译关于青岛的两段文字

（7）从信达雅看翻译《匆匆》

（8）翻译夏丏尊的《白马湖之冬》所选段落

（9）苏轼《念奴娇》英译文评析

《趵突泉》两段文字的翻译练习最初是学生设计的翻译作业，出现在笔者的《阅读、写作、翻译相结合的文学翻译教学》中，除此之外，上述材料都没有在笔者的其他书籍或文章中出现过。

译之后——在中国文学英译过程中，除了译者之外，政府政策、学科导向、机构组织、市场甚至社会力量都起到什么作用？译作的传播与接受仍然需要积极、动态的视野；积极在于，我们要拓展多渠道、多媒体、重视副文本；动态在于，在中国文学外译的过程中我们既要看到外译的中国文学展现本土文化的一面，又看到它离开本土后灵动的一面，而文本离开本土后的灵动是包含着各种可能的。哈佛大学的大卫•达姆罗什（David Damrosch）教授是美国比较文学协会前会长，达姆罗什教授提出了世界文学的概念，其定义不仅包含着要重新认识民族文学，也包含着重新认识翻译过程。他指出世界文学从翻译中获得增长，即使翻译使原文文体特色受损，但它在世界范围内的广泛传播也可以抵消其受损的部分。世界文学不是既定的经典作品的集合，它是流动的，永远有杰作进入，永远有杰作出来，换句话说我们中国文学中哪些能成为优秀的世界文学作品也不是有既定的名单。世界文学是一种阅读

方式，是世界上的任何读者和不同于自己所处的时代和地点的世界，相连又不紧密相连的方式。达姆罗什还指出，世界文学经常可以一种或几种方式来体现：已知的古典作品的集合，不断更新的优秀作品的集合，以及看待世界的窗口。（Damrosch，2003：15，281-290，笔者译）因此，中国文学英译需要超脱归化异化二元对立的视角，关注译文能否让译文读者发现与他们本国作品的不同 — 相同 — 相同又不同的中间地带，能否让他们感受到与自己所处的地方相同却不同的连接方式。中国文学英译实践需要更开放的翻译观。

梁颖

2020 年 8 月

目　录

第一章　什么是文学翻译 …… 001

一、基于研究 …… 003

二、成于创作 …… 004

三、不舍原形 …… 005

第二章　中国文学由谁来译 …… 006

一、翻译家 …… 008

二、学术翻译，个人翻译，商业翻译，政治翻译 …… 013

第三章　哪些中国文学需要翻译 …… 020

一、供与需的矛盾 …… 021

二、古代与当代的矛盾 …… 037

三、本土性与世界性的矛盾 …… 038

四、文学价值与市场价值的矛盾 …… 041

五、从学生设计的翻译作业看翻译选材 …… 043

第四章　中国文学英译中的文化词…………………………………………… 050

一、还是从归化与异化说起……………………………………………………… 050

二、福柯和译者臣服性与主体性………………………………………………… 057

三、佐哈的多元系统观…………………………………………………………… 058

四、书名和标题…………………………………………………………………… 060

五、人名…………………………………………………………………………… 072

六、核心概念的音译并加注……………………………………………………… 078

七、核心概念的直译……………………………………………………………… 084

八、核心概念的意译……………………………………………………………… 088

九、同一词汇的不同译法………………………………………………………… 094

十、赏析《生死疲劳》（*Life and Death are Wearing Me Out*）
第一章的翻译，思考画线概念以及所在句子的翻译方法………………… 099

十一、赏析《妻妾成群》（*Raise the Red Lantern*）结尾的翻译，
思考画线概念以及所在句子的翻译方法………………………………… 112

十二、《信客》翻译练习中的词汇处理………………………………………… 126

十三、“中国的书院与教育传统”翻译练习中的词汇处理…………………… 142

第五章　中国文学英译的段落与篇章………………………………………… 160

一、出于语言差异和行文习惯的调整…………………………………………… 163

二、出于意识形态的调整………………………………………………………… 170

三、出于赞助人因素的调整……………………………………………………… 180

第六章　中国文学英译的文学特征…………………………………………… 183

一、原文的语言前景化…………………………………………………………… 184

二、原文的修辞效果……………………………………………………………… 187

三、原文的象声词和色彩词…… 188
四、原文的平行结构…… 191
五、对文本类型翻译观的接受与审视…… 198
六、学生设计的其他视角的翻译作业…… 227

第七章 诗歌与戏剧…… 232

一、音韵、风格、创作…… 232
二、马致远、贾岛、王维、王之涣、张继、孟浩然、陈子昂、常建诗词英译赏析…… 236
三、诗歌翻译练习…… 246
四、学生设计的诗歌翻译作业——苏轼《念奴娇》英译文评析…… 265
五、《雷雨》尾声部分翻译练习…… 267

第八章 中国文学译后的传播与接受…… 287

一、多渠道、多媒体…… 288
二、文学流通的“世界文学”概念…… 293

参考资料…… 299

第一章 什么是文学翻译

——一个人的翻译，其实就是他自己翻译理念不落言诠的实践，正如一个人的创作里其实隐藏了自己的文学观。（余光中，2002：196）

翻译是将一种语言文化承载的意义转化到另一种语言文化中的跨语言、跨文化的交际活动。翻译学家张培基对翻译的定义是：“运用一种语言把另一种语言所表达的思维内容准确而完整地重新表达出来的语言活动。”（1980：1）美国翻译家奈达（Eugene Nida）对翻译的定义是：“翻译是指从语义到文体在译语中用最贴近而又最自然的对等语再现原文的信息。”（1969：12）我国学者柯平认为奈达这个定义很好地说明了翻译活动的实质，并且有三个优点：“①明确地说明了要译的是什么（‘信息’）；②暗示了由于语言文化上的差异，原文和译文只能做到相对的对等（‘最贴近’）；③考虑了译文的可接受性（‘最自然’）。”（1993：8）

当然，广义地看，翻译还包括语言和非语言符号的交换，比如将文学文本转换为剧场演出版本，也包括某一语言内部不同变体间的转换，比如将屈原的诗译成现代汉语，将曹植的《洛神赋》译成白话文，因为这类翻译要克服时空方面的困难。

提到文学翻译，一般人会认为很难，而且也认为和实用文体翻译有许多区别。但是我国学者曹明伦指出：“广告翻译和新闻翻译都属于非文学翻译，它们和科技翻译，商务翻译，经贸翻译，医学翻译，法律翻译乃至军事翻译一道被人们统称为‘实用文体翻译’。所谓实用文体翻译，不过是按行业划分出来的各种文体的翻译，但是文学翻译与实用文体翻译之间并没有人们通常以为的那种质的区别，实用文体翻译过程和文学翻译过程一样，也是由理解，比较，分析，联想，解构，重组，综合，表达等一系列具体行为构成。从事实用文体翻译的译者也许会有这样的体会，除了需具备相应的专业知识以外，译者所做的仍然是语言符号转换，各种抉择的做出基本上还是靠译者的审美直觉。”（2007：17-123）王克非撰文阐释翻译的本质也说：“我们不能将同是双语转换的翻译活动看作性质完全不同的两样事；文学翻译与一般文字的翻译在语言文化等方面是有差别，但这是程度上的差别，不是本质上的差别，它们的本质仍是将一种语言文字所蕴含的意思用另一种语言文字表述出来，只是前者复杂一些，后者简单一些。”（1997：48）

如果必须说区别，总体来讲，实用文体翻译更需要专业知识，更强调信息准确，文学翻译则更强调风格和文体。翻译经济、政治、科技等实用领域的文章，原文的语言形式并不是关注的核心，评价译文优劣的标准是信息是否准确以及是否靠近译入语。而翻译文学，尤其是风格印记很强的文章，忠实于原文语言特点是核心。余光中先生谈道：“我做译者一向守一个原则：要译原意，不要译原文。只顾表面的原文，不顾后面的原意，就会流于直译，硬译，死译。”（1998：2）思果先生在《翻译研究》中也写道：“（翻译）切不可译字，要译意、译情、译气势、译作者用心处。”（2001：XXI）

黄忠廉在《翻译方法论》（2009）序言中提到，方法论基本上有两大用途，向上旨在构建理论体系，向下旨在解决具体问题。知道了实用文体和文学翻译的区别，在具体的文学翻译过程中我们到底应该怎样做呢？

我国学者郭建中（1997）说：“翻译理论，归根到底，实际上是对翻译性质和规律的认识问题。翻译理论最终要解决的是译者的翻译观问题。翻译教学的根本目的也是要使学生树立正确的翻译观。所谓‘翻译观’，讲得再通俗一些，就是译者对翻译这一现象的看法或观点。它自觉或不自觉地指导译者的翻译实践，不管这种观点译者有没有用文字或口头的形式表达出来。”

以理论指导翻译实践的最高境界应该是心中有理论，在翻译的时候看到原文就能领悟到此处应该用什么样的策略。该直译还是意译，是否要舍弃原文形式，这些问题应该是在看到原文时脑海里就有了总体的思路，而不需要每次都照搬理论，然后一个一个往句子和语篇上面套，当然实际中也不可能这样做。译者以为自己并未用到什么理论，但是他的策略选择都是出于内化了之后的翻译理论而做出的，这对于文学翻译如此，对于实用文体翻译亦是如此。

传统翻译观注重忠实和对等。西方有古罗马时期的贺拉斯提到的“忠实的译者”；中国有严复的“信”，鲁迅的“宁信勿顺”，林语堂的“译者的第一责任就是如何才可以忠实于原文”，傅雷的“神似”和钱钟书的“化境”。20世纪60年代起，由于传统忠实观的内在模糊性，意义本身的不确定性，学者开始质疑忠实观。“怎一个‘信’字了得”，“创造性叛逆”等观点都是代表。西方学者开始用功能对等和形式对等来代替忠实，比如奈达（Eugene Nida）、纽马克（Peter Newmark）、卡特福德（John Catford）把语言学理论引入翻译，探讨翻译单位、文本类型，而不是笼统地只谈忠实。但是按照上文所述的奈达的翻译观，“翻译是在译语中用最贴近而又最自然的对等语再现原语的信息”，翻译首先是语义上的对等，其次是风格上的对等，可见，奈达主张内容第一、形式第二，为内容可以牺牲形式，这样说来，文学翻译就很难做了，文学翻译和实用文体翻译的区别就不大了。

郑海凌教授的《文学翻译学》（2000）把译者的艺术再创造分为“离形得似”“笔补造化”和“从心所欲不逾矩”三个层次。笔者结合着他人的相关研究，把文学翻译简单总结为基于研究、成于创作、不舍原形三个层次。

一、基于研究

韩瑞祥指出：“文学翻译既然是一个具有创作型的艺术实践，那就不能像制作手工一样，随意拿来，对号入座；译者的根本依据应当是作者独有的个人风格。不研究歌德而翻译歌德，不研究卡夫卡而介绍卡夫卡，是不会译出作者个人风格的。这样只能是以他传己，以讹传讹。”（1998：167）“文学翻译工作者首先应当是文学研究工作者。译者首先必须在研究，分析和理解作者及作品上下功夫，把目光放在把握其总体精神上。鲁迅先生在谈到文学研究时说过，若要认识和理解一部作品，一定要顾及作者及其全部作品，知其全局而悟其局部。搞文学翻译亦是如此。”（1998：172）

译者在研究翻译对象、分析和理解原作者和作品的过程中，可以加深对这个作家和作品的了解，对文字、风格、基调的感觉，以及对文化的了解，树立正确的翻译观，从而为自如地转换和翻译做好准备。翻译家乔曾锐曾说：“不懂诗的人不要译诗，没有文学修养的人不要搞文学翻译，分析能力和思想条理性不强的人不宜搞政治著作的翻译。对某一专业只具有一些皮毛知识的人最好不要接受翻译该专业著作的任务，勉强去做，是收不到好效果的。”（2000：65）

二、成于创作

18世纪，泰特勒的翻译三原则就强调译者要传达原作的思想、风格和文字效果（A translation should give a complete transcript of the ideas of the original work; The style and manner of writing should be of the same character as that of the original; A translation should have all the ease of the original composition.），并特别指出在原文含糊或含有歧义的地方，译者可以根据作者的思想脉络做明确的表达。我国著名的文学翻译家萧乾先生说：“就文学翻译而言，我认为理解占四成，表达占六成。”（转引自金圣华，1997：15）乔治高（高克毅先生的笔名）也说：“你在我每一部翻译作品中，都多少可以找到我的一点影子！”（转引自金圣华，1997：19-20）谢天振教授指出：“文学翻译传递的是一个特殊对象——文学作品，是一部在异族环境中，在完全不同的文化背景下形成的文学作品，这使得文学翻译这一跨越民族、跨越语言、跨越文化的传递变得相当复杂。因此，这是一种相当艰难的艺术再创造。”（2004：132）杨武能认为：“事实是，为了完成原著的再创造，使它包括‘审美意义’在内的种种意义都尽可能等值地重现于译本中，文学翻译家不只需要有作家的文学修养和笔力，还必须有作家一样对人生的体验，对艺术的敏感，必须具备较高的审美鉴赏力和形象思维能力，在最理想的情况下甚至也有文学家的气质和灵感。实践证明，并非所有‘外文好，中文也好，又有广博知识’的人都能成为好的文学翻译工作者，更别说成为真正的文学翻译家。著名诗人兼译诗家卞之琳教授要求他的弟子裘小龙在译诗之前先学写诗，那意思就是译诗者最好同时是诗人，由翻译家而作家，或由作家而翻译家，或同时兼而有之。”（1998：233）在从心所欲不逾矩的前提下，译者的写作能力可以决定译文的成败。

郑海凌在《文学翻译学》一书中曾深刻论述：“笔译始于对原作的阅读理解。此时期的阅读必须细致入微，对原作的内容、结构、用语必须精确解读，此外还必须透彻明晰原作者的写作意图和行文风格。尽管，译者在翻译构思上很大程度地局限于既定的原文，但是他的工作还是应该富有创造性的：在知悉原文的体例和基调之后，选用得体的用语，或严谨、或平实、或专业化，进行再度的写作。”（2000：48）确实是这样，我们分析原文并非就是分析原文的字面意思这么简单，而是要分析当时文章写作时作者所要表达的思想、认知。翻译的处理也不是简单地文字堆砌，更重要的是组织文字过程中所表达出来的世界。翻译是一个综合的概念，它涵盖了方方面面的内容。文学翻译的过程体现了译者对文本的理解、对语篇和脉络的细微的把握、运用创造力转换和重构文本的综合性的过程。文学翻译家刘文飞发现：“【就外译中而言】译者形象在译作中体现得越为明显的译作，译者的自由发挥程度越大的译作，在中国的文学阅读圈里往往越受欢迎。”（2017：95）

三、不舍原形

沈素琴指出：“鲁迅在《‘题未定’草》说过，‘我向来总以为翻译比创作容易，因为至少是无须构想。但到真的一译，就会遇着难关，譬如一个名词或动词，写不出，创作时候可以回避，翻译上却不成，也还得想，一直弄到头晕眼花，好像在脑子里面摸一个急于要开箱子的钥匙，却没有’……原苏联翻译理论家加切奇拉泽说：翻译过程从一开始就把创造激情和技术性劳动这两方面的因素有机地联结在一起。这种结合在整个翻译过程中贯彻始终。”（1998：301-302）郭宏安说：“翻译是一种创作，但它是有限的创作。有意必有形，有什么样的意，就有什么样的形，意和形是一致的。翻译家本应该是谦虚的，只能从原作的‘形’中得‘意’，不能舍原作的‘形’取自家的‘意’。离了原作的‘形’，谁能保证你得的确是原作的‘意’呢？”（郭宏安，1998：362）朱生豪在《莎士比亚戏剧全集》“译者自序”中说道：“余译此书之宗旨，第一，在求于最大可能之范围内，保持原作之神韵，必不得已而求其次，亦必以明白晓畅之字句，忠实传达原文之意趣；而于逐字逐句对照式之硬译，则未敢赞同。凡遇原文中与中国语法不合之处，往往再四咀嚼，不惜全部更易原文之结构，务使作者之命意豁然呈露，不为晦涩之字句所掩蔽。”（1954：12）

第二章　中国文学由谁来译

——我非常感谢翻译家的工作，没有翻译家，中国文学作为世界文学的一个组成部分就很难实现。（莫言，“翻译家要做‘信徒’”，2014）

随着中国当代文学“走出去”的动作幅度越来越大，对译者的关注也日趋增加。然而优良翻译者供小于求，短时间内无法人才丛生。中译英的翻译者的数量和声势远小于对英译中人才的“呐喊”。哈佛大学的王德威教授认为，中国当代一些作家作品固然不错，但能不能推到国际上，能不能在国际文学界占据一席之地……这个牵涉到有没有一个好的翻译者。（转引自季进，2011：124）吕敏宏也指出，要“建立一支优秀的翻译队伍，中外译者各尽所长、合作翻译，以保证译本质量并缩短翻译间隔。随着林语堂、杨宪益等老一代中西会通的翻译家的离世，中国文学外译的本土高级人才尤为匮乏，优秀译者不足成了中国文学‘走出去’的一道障碍”（2012：37-38）。

20世纪七八十年代以后，西方翻译学的文化研究和文化转向，即cultural studies, cultural turn揭开了“翻译的政治”（the politics of translation）研究的序幕。随着“文化转向”的深入研究，人们清晰地意识到翻译行为以外的因素，比如接受环境、译入国的意识形态以及诗学观念等都影响着中国文学“走出去”。很明显，出版社这样的赞助人因素决定了更倾向于从目的语读者和本土市场寻找译者。因此，国外翻译家是中国文学外译的一支重要力量，我们应充分发挥他们的优势。我国国内学者中有些人很重视国外翻译家的优势。举例来说，谢天振（2012）指出，“国内虽然不乏外语水平出众的译者，但与海外的著名汉学家相比，在准确把握译入语国家读者的语言习惯、文字偏好和审美品位方面仍存在不小的差距”。陈慧华也指出，“纵观当今世界舞台，辨识度高、传播范围广的译作多为西方汉学家独译或中西译者合译的作品”（2014：30）。杨惠莹也认为，“国外优秀译者翻译中国文学作品时，由于其本土的社会文化背景优势，能更好地从本国读者角度进行语言文化的对接，由此超越不同文化间的不可译性局限，创造性地翻译中国文学作品，助力中国文学作品的输出……另外，在目的语国家的社会文化体验上、目的语的熟练运用上，国外优秀本土译者都具有很大优势，因此其翻译的作品更符合本国读者的口味，受众更乐于接受”（2014：18）。姜智芹（2015）也指出，“心理学家发现，人们对于有着共同信仰、价值观和宗教背景，使用共同语言、隶属同一文化圈的人所说的话，更容易接受。就中国文学的对外译介而言，译介主体如果是目标语读者‘自己人’，或是有目标语国家出版发行机构的参与，译介的作品就容易获得信赖。也就是说，彼此间的态度和价值观越是相似，相互间的吸引力也越大”。

但是反过来，国内学术界也有很多人对依靠外国文化和语境中的人是否可靠，表示了存疑。而且，也确实是并非所有的海外翻译家或者汉学家都能胜任推动中国文学“走出去”这项工作。尤其是在新时期下，中国文学外译需要更细微和准确地把握原文的文化和底蕴，从而推动中国文化“走出去”。胡安江（2010）认为国外翻译家具有天然的语言和文化背景的优势，而且善于与国际出版机构、新闻媒体和学术界沟通，因此是中国文学“走出去”最理想的译者模式。然而，这种模式存在着一定的局限性：首先是夸大了他们在中国文学“走出去”过程中的作用，忽略了中国本土译者群；其次，他们的人数有限，能承担文学翻译工作的更少，因此不能完全依靠他们来完成这一重任。胡安江相应地提出了海外翻译家和中国本土译者合作的译者模式，并认为这一模式“不失为当前多元文化语境下中国文化‘走出去’的最佳译者模式”。这种合作的译者模式也为当今很多国内学者所赞同。

笔者认同国外翻译家自己翻译，国外翻译家与本土翻译家合作翻译的双重模式，同时笔者认为应拓展大陆出版、港台出版、国外出版三种渠道；充分肯定除传统的学术翻译外，商业翻译、个人翻译、政治翻译这几种形式的意义，目的都是为了照顾英文读者的阅读兴趣和理解能力，让中国文学更好地进入英语世界。

一、翻译家

在当今众多的国外翻译家当中，葛浩文（Howard Goldblatt）无疑是最重要的一位。他翻译的作品汗牛充栋，40年间他一共翻译了包括台湾在内的50位中国作家的文学作品，翻译质量也得到了广泛认可。早在20多年前，葛浩文就开始与莫言接触，此后陆续将莫言的10部作品带入西方世界。现在80多岁的葛浩文老先生仍然喜欢中国文学，自称天生就爱翻译，他与包括莫言在内的很多中国新老作家结下了不解情缘。他经常来中国，有的作家到美国后连吃住都在他家。莫言在美国哥伦比亚大学的讲演中如此评价葛浩文的翻译："我的小说的翻译者葛浩文教授，如果没有他杰出的工作，我的小说也可能由别人翻成英文在美国出版，但绝对没有今天这样完美的译本。许多既精通英语又精通汉语的朋友对我说：葛浩文教授的翻译与我的原著是一种旗鼓相当的搭配。但我更愿意相信，他的译本为我的原著增添了光彩。"（莫言，"我在美国出版的三本书"，2000）而中国当代当然也有很多像莫言一样的优秀作家，但他们没能像莫言一样，被如此广泛和精妙地推介给世界。

瑞典语翻译家陈安娜是另一位学者兼翻译家。在诺贝尔奖评选所在国瑞典，莫言总共出版了3本书，而译者均为陈安娜。曾经师从大名鼎鼎的诺贝尔文学奖终身评委、著名汉学家马悦然的陈安娜，目前供职于瑞典盲文与录音读物图书馆，其夫君为旅瑞华人作家陈迈平（万之）。在过去的20年里，她已翻译了20部中文小说。莫言获奖消息传出后，有人认为陈安娜是莫言通往诺贝尔文学奖的第一道门槛。莫言曾说："有时候，翻译比原创还要艰苦。我写《生死疲劳》，初稿只用了43天。瑞典汉学家陈安娜，整整翻译了6年。"（转引自沈晨，2012）。她的出色翻译不仅得到了社会的广泛认可，其译作还曾获得瑞典文学院的翻译奖。虽然莫言的小说已有多种语言的译本，但陈安娜翻译的瑞典语译本更加贴近瑞典文学院的诺贝尔文学奖评委们，莫言作品的艺术水准也更容易获得诺贝尔文学奖评委的肯定。不过，陈安娜本人并没有把莫言获得诺贝尔文学奖归功于自己，她更加推崇葛浩文在莫言作品海外传播中的作用，认为如果没有葛浩文出色的翻译，莫言的作品难以进入西方读者的视野。陈安娜还十分谦虚地提醒说："请注意：诺贝尔文学奖的评委们研究一个作家的时候会收集各种译本。他们看的不光是我翻译的莫言的作品，还有德文版、英文版、法文版等。他们看了这些不同版本以后才会开始讨论。所以不能说没有我的翻译莫言就不会获奖。这样的说法对其他翻译家不公平。”（陈安娜、万之，2012：26）

以上提到的几位有影响的翻译家，无论是瑞典人陈安娜、美国人葛浩文，其配偶无一例外都是华人；林丽君回应对她和葛浩文的改写的质疑时说：“如葛浩文所说，我与他合作翻译，虽然也有辛苦，但更多的是乐在其中。我们翻译中文小说，一般我先翻译第一稿，之后让他来改，改完之后我再读一遍，等到我们都满意之后才发给出版社。”（“多即是好：当代中国文学阅读与翻译”，2014：195）。诺贝尔文学奖最后投票表决的18位院士评委之一、瑞典汉学家马悦然的妻子也是华人。

提到国外的翻译家，另一个与之密切相关的概念就是国外的汉学家，汉学家和翻译家经常是集于一身的。但从严格意义上来说，两者并不等同。西方汉学始于基督教来华的传教士，早期的汉学研究以传教士的贡献最大。他们研究中国传统文化，翻译中国古代经典，目的是了解中国文化，传播上帝福音。这些传教士回国后，很多人成了第一代汉学家。之后，一代代的英美汉学家不断努力，为中国文学在英语世界的翻译、传播和接受铺就了道路，著名的如理雅各（James Legge，1815—1897）、翟理思（Hebert Allen Giles，1845—1935）、弗莱彻（William John Fletcher，1879—1933）、宾纳（Witter Bynner，1881—1968）、海陶玮（James Robert Hightower，1915—2006）。他们当然从事翻译，但他们的翻译“具有很强的经典意识和译经意识，一般是学术优先、思想优先，甚至是哲学优先”（吕敏宏，2011）。他们在翻译中非常谨慎，亦步亦趋，一般采用直译策略。对于一些难理解的术语、典故和特殊表达，添加大量注释和评论，加以详细解释和说明。注释篇幅往往会远远超过译文本身。换句话说，他们一般不会过多考虑读者和市场，他们译文的读者是数量有限的学者和专家。

范武邱（2013）指出，精通汉译英且在西方著名的翻译大师过少。已经去世的这样的现当代大师，按年代顺序：翟理思（Herbert Allen Giles，1845—1935）、赛珍珠（Pearl Buck，1892—1973）、沙博理（Sidney Shapiro，1915—2014）、刘殿爵（D. C. Lau，1921—2010）、夏志清（C. T. Hsia，出生于中国，后来赴美，1921—2013）、霍克斯（David Hawkes，1923—2009）、韩南（Patrick Hanan，1927—2014）、莱尔（William

A. Lyell，1930—2005）、霍华（John Howard-Gibbon，1931—2011）、芮效卫（David Tod Roy，1933—2016）、茅国权（Nathan K. Mao，1942—2015）。

现在还健在的、活跃在欧美文坛上从事中译英的外国翻译家，按国家来分：澳大利亚的杜博妮（Bonnie S. McDougall），德国的瓦格纳（Rudolf G. Wagner），英国的白芝（Cyril Birch）、蓝诗玲（Julia Lovell）、Martin Palmer，加拿大的杜迈可（Michael S. Duke），美国的 Andrew F. Jones、白亚仁（Allan H. Barr）、罗鹏（Carlos Rojas）、David Hinton、Gary Gagliardi、葛浩文（Howard Goldblatt）、苏源熙（Haun Saussy，笔名为 Red Pine 赤松，本名为 Bill Porter）、金介甫（Jeffrey C. Kinkley）、Karen Gernant、金凯昀（Karen Kingsbury）、米乐山（Lucien Miller）、白睿文（Michael Berry）、宇文所安（Stephen Owen）。还有出生于中国后来移居美国的学者李欧梵（Lee Leo Ou-fan）和余英时（Yu Ying-shih）。这个名单只是笔者所列，总共 21 人，我们当然还可以再加，但有很高声望的翻译家也不可能加到太多。让这么有限的学者承担起使中国文化全面走向世界的任务显然不现实。

葛浩文是上述这些学者和翻译家中比较特别的。葛浩文的博士论文于 1976 年以 *Hsiao Hung* 出版，中文版为《萧红评传》，随后他开始了对萧红的作品进行翻译，之后扩展到对中国现当代文学进行翻译。《葛浩文文集：论中国文学》扉页上这样介绍他："葛浩文，著名汉学家，翻译家。葛浩文早年以《萧红评传》闻名，后以翻译中国文学为读者称道。经他译成英文的中国作家有数十位之众，按译文出版先后：朱自清、黄春明、谢霜天、陈若曦、萧红、李昂、白先勇、东方白、萧军、袁琼琼、杨绛、林斤澜、王蒙、端木蕻良、汪曾祺、高晓声、王安忆、刘宾雁、萧飒、艾蓓、闻一多、阿城、莫言、刘恒、苏童、王朔、李锐、刘心武、王祯和、潘人木、格非、虹影、朱天文、巴金、施叔青、朱天心、贾平凹、阎连科、刘震云、姜戎、老鬼、毕飞宇、老舍、阿来等。葛浩文还是研究者，尤其在现当代中国文学方面，数十年如一日，成绩斐然，说他是中国文学的海外传人也不过分。他还能用汉语写一手好文章。现葛浩文与夫人林丽君住在美国科罗拉多州的博尔德，他们还在翻译中国文学。"

其实，这个名单上还应加上春树、冯骥才、古华、李永平、马波、张炜。

其中，莫言的小说，葛浩文翻译了 10 本；毕飞宇的 3 本；苏童的 5 本；刘震云的 2 本。

能将这么多中国现当代文学名家的作品实现英译的可能只有葛浩文一人。在美国，文学翻译的报酬少之又少，但葛浩文却始终坚守在翻译事业上。他的理由是，因为热爱翻译事业，喜欢读汉语，喜欢用英语写作。发现一部令人激动的作品，就有想译成英语的冲动，译，故在。也就难怪他有各种称号：“公认的中国现当代文学之首席翻译家”（夏志清，2004，转引自 Orbach）；“全球视野，文化中美，译写吾国，语取东西”（孟祥春，2015）。美国著名作家厄普代克（John Updike，2005）曾调侃说：“中国现当代文学翻译几乎变成了葛浩文的自留地。”

葛浩文起初感兴趣的是中国现代文学，但是在对中国当代小说及其在美国传播状况进行一番研究之后，葛浩文清晰地看到了在美国译介中国当代小说的作用和意义，从而使得他的研究兴趣和方向从中国现代文学转入中国当代文学。葛浩文曾在其论著《葛浩文文集：论中国文学》中谈道：“由于外国学者们对于中国现当代文学的研究，可以使中国当代作家深深感受到自己也将被重视，自己的创作也将成为光芒万丈的世界性作品。”（2014：30）当然，葛浩文的这段言语虽然透着他对中国文学翻译的热爱，也透着一丝自我迷恋。

因此，在上面所列的国外翻译家中，本书以分析葛浩文为主，同时本书也探讨我国翻译家杨宪益，国外翻译家霍克斯、霍华、杜迈可的译文。

关于中国文学由谁来译，葛浩文对此正好有许多见地。2011 年葛浩文发表了一篇很有趣的自问自答式的访谈：“A Mi Manera: Howard Goldblatt at Home, A Self-Interview”，2014 年史国强翻译成中文“我行我素：葛浩文与浩文葛”。这种自我质疑、提问、剖析、解答的过程很新鲜，比较全面地谈到翻译及中国文学的各个方面，包括对翻译研究的看法，也包括他与妻子林丽君合作的过程。葛浩文说：“虽然历史上并不多见 —— 在中国现当代文学翻译方面，杨宪益和戴乃迭属于特例 —— 但现在二人合作翻译变得越来越普遍，通常是二人各占一门母语。显然，我们就是这种组合，效果似乎还不错。我不知道其他人合译的过程如何；也不是完全不知道，我曾在什么杂志上读到皮维尔（Pevear）与沃洛霍斯基（Volokhonsky）自己写的文章，说他们二人翻译俄语小说，都是一起讨论翻完一句再翻下一句。而我们的做法与你预料的不相上下：林丽君先翻出第一稿，然后我接过来对照原文修改翻译，是为第二稿。之后我们一同改稿，讨论措辞用字，有疑问的部分仔细推敲，甚而请作者解答，是为第三稿；改完后我全部重新看一遍，润色修饰以求完美，为第四稿。她再复读一遍，这时基本上不看原文，偶尔觉得翻译不清楚时才对照一下。要是时间宽裕的话，我们就把译稿放一放，先忙别的 —— 她要做研究、教学，还有学校种种大小杂事；

而我就再译下一部——最后我们以全新的眼光再看一次译稿，这一稿还要改改，这是必要的，我们送交出版社的就是这一稿。虽然我从来没有计时，但我能断定，两人合作要比一人翻译花费更多的时间，因为译稿必须让两人都满意；好在是两个人分享完工的乐趣，而且我们二人几乎从无龃龉发生。”（“我行我素：葛浩文与浩文葛”，2014：44）

2014年在闫怡恂对葛浩文的访谈中，葛浩文再次提及了海外翻译家和中国本土译者的合作模式。

闫：我们常说，中国文学“走出去”，中国文化“走出去”，您觉得这个“走出去”的翻译任务由谁来做更合适？

葛：我一直都认为，一个翻译应该只译入他的母语。我一直都这么想的，可是呢，人数就很有限。你刚才说的传播中国文化，传播中国文学到国外，我认为你们谁都要做，就是作家本人不要做。他就要写小说，就写他自己的小说。现在也有不少，像丽君和我两个人合译的，她的英语比我的汉语要好，但英语毕竟不是她母语，所以我们两个人合译。我认为是，将来会继续发展这种像我们这样两人合作翻译的模式。当然，也会引起一些问题，也会有不同的意见，要是一个人翻译，我说了算。像我们这样是一家人的，还好，有长处。我认识好几个合作翻译的。最近，铁凝的一个长篇，是一中一外的两个人合译的。外国人是不懂中文的，这是一个问题。我认为最理想的像我们这样，我也懂中文，丽君也懂英文。我的母语是英语，她的母语是中文。两个语言两个人都能用的，这个更好一点。总之一个中国人想做翻译，又不想做外翻中，想做中翻外，那就最好是找人跟他合作。

闫：就是要有一个外语是母语的人合作。

葛：没错。如果没有几十年住在英文的环境里面，那些细小的语言表达，还没有深入你的语言中。我译过一两篇英翻中的，发现太困难了，我知道这个意思，可是我就无法自然而然地就想到那句话。如果有人翻出来，觉得就是这句话，平时说话的时候我也会用。可到了翻译的时候，我就是想不起来。这是一个不可避免的问题。（闫怡恂，2014：201-202）

海外翻译家与国内学者合作是绝大多数学者持有的观点。比如刘云虹、许钧也指出："对于译者模式问题，文化界和翻译界的观点可以说相当一致，基本上都认同汉学家译者模式或汉学家与中国学者相结合的翻译模式。"（2014：8）以 2012 年 12 月的"从莫言获奖看中国文学如何走出去 —— 作家、译家和评论家三家谈"学术峰会为例，针对"中国文学的外译工作怎样才能成功？""中国文学到底怎样才能走出去？"等问题，季进认为"真正好的翻译是汉学家与中国学者合作的产物"。中国作品英译的任务交给"中西合璧"的组合当然是最为理想的，像杨宪益和同在外文局的英籍妻子戴乃迭、葛浩文与林丽君、陈迈平与陈安娜等跨国夫妻，这样的组合可以达到良好的互补，既弥补汉语理解上的偏差，也可以弥补英语译出的不足。

除了国外翻译家自己翻译、国外翻译家和本土译者合作、培养本土优秀翻译人才之外，我们还要广开优秀译者渠道，例如在国外侨胞和在华优秀留学生中选择优秀译者。吕敏宏建议我国教育部门设立留学基金或奖学金，吸引海外孔子学院的高才生来华学习中国文化和翻译，以壮大中译英的翻译队伍。（2012：37-38）吕敏宏还建议借鉴法国政府推广法国文学与文化的做法，即由政府相关部门设立翻译资助项目，支持优秀的翻译家潜心从事中国文学的翻译。可喜的是，这些措施其实已经在我国实施，现在每年都有不少海外孔子学院乃至国外政府部门的人员来华学习汉语、学习中国文化和翻译，他们不仅来自传统的欧美，也来自"一带一路"沿线许多国家。

二、学术翻译，个人翻译，商业翻译，政治翻译

探讨译者模式和译者培养还需梳理另一个问题，即译者和翻译活动的所属类别，否则，我们制定政策和具体措施未必能有的放矢。刘小乐在比较葛浩文和蓝诗玲的翻译观时指出，"不同学者对于翻译模式的分类持有不同的看法。目前中国文学的翻译可以分为四种：学术翻译、个人翻译、商业翻译和出于政治动机的翻译"（2015：13）。笔者认为在我国新形势下，除了传统的学术翻译，我们应拓展思路，拓展另外三种翻译类别。

（一）学术翻译

学术翻译通常面对高校学生以及学者，由译者发起，用于教学和研究。宇文所

安教授对唐诗和中国古代文论的翻译是典型的学术翻译。他在介绍中国文学和文化、翻译中国诗歌方面做了很大贡献。特别值得一提的是他的 *Readings in Chinese Literary Thought*，对中国古代经典文论进行了精心的翻译和评论，堪称西方学界中国文论译介的代表性著作，后来该书更名为 *Chinese Literary Theory: English Translation with Criticism*，中译本《中国文论：英译与评论》。

王东风认为文化对翻译的制约既表现在拟译文本的选择上，也表现在翻译策略的确定中。后者则对译文的文体构形或言语风格产生直接的影响。翻译策略的决定因素最终还是译者本人，因为目标文化与出发文化相比，孰强孰弱，在很大程度上是由译者主观决定的。（转引自金隄，1997：22）所以同是美国人，同是翻译中国文学，我们会发现学者型的翻译家宇文所安和葛浩文不同。葛浩文对原文大胆组合和创作，如孙艺风（2012）所指出的，“葛浩文的难能可贵之处在于他把现当代中国文学以生动、鲜活的状态，呈现给西方读者。缺乏活力的译作缺乏竞争力，葛译的成功之处在于极好的灵动性与可读性”。葛浩文在接受一个采访时说道：“我差不多看一句、看一段是什么意思，然后就直接翻，再回头对一下。如果太离谱了，那要去修正，太硬的话就把它松一点。”（郭娟，2009）

两相对比，“在满足西方读者接受习惯的前提下，宇文所安主张以异化为主的翻译策略”（魏家海，2010：119）。“将一套在两千多年中发展起来的概念语汇翻译给另一个拥有一套完全不同的概念术语的传统”（宇文所安，《中国文论：英译与评论》，2003：14）是极其艰难的。一个解决的途径是将这些全新的术语和概念翻译成西方读者所熟知的，另一个则是将其翻译为承载着西方读者无法在熟知的术语系统中找到对应的全新意义的语汇，这当然会让西方读者在阅读和理解上感到困难。而宇文所安说：“对于思想文本，尤其是来自中国的思想文本，翻译的优雅往往表明它对译文读者的概念习惯做了大幅度让步……中国理论究竟说了些什么，从那些优雅的译文中，你有时只能得到一个相当粗浅的印象。在中文里原本深刻和精确的观点，一经译成英文，就成了支离破碎的泛泛之谈……表面笨拙的译文，能让西方读者看到中文原文的模样。”（宇文所安，《中国文论：英译与评论》，2003：14）所以，他选择粗略、笨拙、本真地体现中国文学理论的实质，“我尝试一个词一个词，一段文本一段文本地做出决定，我的首要目标是给英文读者一双探索中国思想的慧眼，而非优雅的英文”（宇文所安，《中国文论：英译与评论》，2003：14）。

不惜采用笨拙的译文与宇文所安所服务的译文读者有关，在 *Readings in Chinese Literature Thought* 的序言中宇文所安写道："This work is addressed primarily to two audiences: first, to scholar of western literatures who wish to understand something of a tradition of nonwestern literary thought, and second, to students beginning the study of traditional Chinese literature."（Owen, 1992）（这本书服务于两种读者：一类是希望理解一点非西方文学思想传统的西方文学的学者；另一类是初学传统中国文学的学生。）（宇文所安，《中国文论：英译与评论》，2003：14）可见，他的目的就是要把中国的传统文学批评介绍给学习文学和理论的西方读者。

基于这种学术翻译的原则，宇文所安的《中国文论：英译与评论》的编著体例别具特色，即按照作者和作品介绍、中文原文、对应的英文译文、阐释、注解的顺序编排。阐释和注解对该段、句的主旨和关键词汇都进行了详尽分析，能加深其对中文文本意义的理解，从而对中文原作品做出合理的补充。同时可以弥补文本之间存在的裂缝，发现被时间和注释掩埋的文本及其意义，最终构建一个完整的中国传统文学理论的框架。（蒋晖，2008：123）阐释、注解和译文相辅相成，让西方读者在获得文本意义的同时还能够在最大程度上欣赏中文作品的特色，更容易接受宇文所安对中国文学传统的框架构建。（蒋晖，2008：125)

他对意象、术语的翻译则更是为了还原本来的面貌，尤其是那些承载中国文化根本内涵的意象和概念。他认为异质文化无须过度处理即可激发译语读者对异质文化的好奇心，我们举几例说明。

例 1：终愧巢与由，未能易其节。（杜甫，《自京赴奉先县咏怀五百字》）

译文：But at last, I'm chagrined before Chao fu, XuYou, men unable to alter their firm resolve. (Owen, 1996: 418)

这两句写诗人进退踯躅，因为自己不能改变积极入世的志向，愧对巢父和许由这两位高士。巢父和许由是中国古代避世隐居的两位高士，在中国文学传统中象征坚守志向的高洁之士。游离于中国文化传统之外的西方读者不熟悉"巢与由"的典故及其代表的文化内涵，故宇文所安译诗时加注说明："巢父和许由皆为拒绝征召为官的隐士，乃为后人效仿。"（Owen, 1996: 418, Note 5）

例 2：待到重阳日，还来就菊花。（孟浩然，《过故人庄》）

译文： Let's wait till the Double Ninth comes, and I'll comeback for chrysanthemums.(Owen, 1996: 389)

和杨宪益翻译《红楼梦》时把“重阳”译为“the Double Ninth”完全一致，宇文所安也用异化翻译“重阳节”。通过对意象和概念的直接移植和保留，引起读者等同的审美效果。本书第四章还将继续探讨宇文所安翻译《诗大序》中词汇时的音译＋注释的策略。

（二）个人翻译

个人翻译的典型案例是亚瑟・韦利（Arthur Waley）的翻译。他经济上有保障，无须白天供职，可以不必受限于出版社的要求或担心译作销量。韦利自学汉语，从来没到过中国，也没有学术职务，是罕见的语言奇才，葛浩文对韦利的翻译与写作感到惊奇、崇拜、妒忌。1995 年 1 月 2 日在香港岭南大学，以及 1 月 3 日在香港浸会大学，葛浩文发表题为“我为何恨亚瑟・韦利”（*Why I Hate Arthur Waley*）的讲演，1996 年 10 月 21 日还在缅因州的科尔比学院发表同题讲演，1999 年在《翻译季刊》（*Translation Quarterly*）上发表。他指出“似乎是他那维多利亚时代情感特质的缘故，韦利删去了中国原文读者颇为喜爱的片段和诗句，使英语读者无缘欣赏”（Goldblatt, “Why I Hate Arthur Waley?”, 1999: 37）。葛浩文批评韦利翻译的《西游记》（1942）故意删减原文，比原文少了一半以上，上百首诗歌没了。而葛浩文认为现在我们所处的时代跟韦利不同，“随着后维多利亚转向后现代主义，文学翻译的过程和中国文学翻译的读者群体在性质上发生了巨大变化，这迫使我们不得不用韦利无法想象的方式，去审视自己的工作”（Goldblatt, “Why I Hate Arthur Waley?”, 1999: 45）。

当然，在这篇文章中葛浩文表达了他也反对增量翻译，并不赞赏通过大量增加注释的学术翻译的方式来阐释原文，这也体现了他的务实。他举的例子是余国藩《西游记》全译本，他说：“不可否认，余国藩《西游记》全译本在内容上是完整的，将原文中最错综复杂的细节都忠实地保留了下来，并且增加了大量富有启发性的介绍和注解，从语源学、习语的多种解释到宗教典故、双关语以及各种文体特征无一不囊括其中。但对于只是想领略十六世纪经典名著风采的读者而言，这种大部头、偏向学术型的著作能像韦利的删减版那样直抵人心吗？”（Goldblatt, “Why I Hate Arthur Waley?”, 1999: 38-39）

所以，如同史国强（2013：114）所指出的，葛浩文在“我为何恨亚瑟·韦利”中并不是真的谈他如何恨韦利，他其实谈的是他如何羡慕韦利的翻译过程，他认为韦利还是伟大的翻译家。这篇文章可以看作是葛浩文翻译观的一个代表，在这篇文章中他讨论了翻译的性质、译者的作用和地位、如何翻译才能有效地传递原著的文化等学术话题。葛浩文指出，不同于韦利的时代和韦利的特殊环境，当今的翻译家不能不务实地对待和抉择自己的工作，换句话说，韦利是个人翻译的典型。

蓝诗玲翻译韩少功的《马桥词典》，葛浩文早期翻译萧红也都属于个人翻译。（刘小乐，2015：13）

（三）商业翻译

商业翻译是文学代理或出版社发起的。例如，哈珀柯林斯出版集团委托葛浩文翻译张炜的《古船》、老舍的《骆驼祥子》。再如刘小乐（2015：13）研究中谈到的企鹅出版社委托蓝诗玲翻译的《色·戒》与《鲁迅全集》，都是商业翻译。

上述三大类别中，葛浩文属于学术翻译和商业翻译之间，略偏商业翻译一些。葛浩文 1974 年获得博士学位，然后先在旧金山州立大学执教；1999 年任香港城市大学客座教授；2002 年随妻子林丽君去圣母大学（University of Notre Dame）中文系做教授至 2011 年；2002 年任衣俄华大学（University of Iowa）客座教授。根据史国强（2013）总结的葛浩文翻译年谱，葛浩文在教学生涯中开设过的课程有中国文学名著、大三中文、文学翻译、文学史、现当代中国文学、比较文学、翻译理论与实践；他还兼职过十几份刊物的编辑，如《译丛》《八方》《文星》《明报月刊》《翻译季刊》《中国评论》《今日中国文学》等。妻子林丽君是台湾人。葛浩文现已不再担任教职，与林丽君居住在科罗拉多州的博尔德（Boulder）。葛浩文四十年如一日地一共翻译了包括台湾在内的五十位中国作家的文学作品，妻子林丽君也喜欢中国文学，葛浩文和妻子合译的书有五六部。他是学术型译者，研究中国文学并热衷于将中国文学作品推向英美读者群，但他也有社会性的一面，虽然并不受制于读者市场和出版社等机构或空间。

（四）政治翻译

沙博理自 1951 年起以外国专家身份担任翻译和编辑，先后供职于对外文化联络局、外文出版社、《中国画报》杂志社。沙博理在他五十年的翻译实践生涯中产出了逾千万字的译作，是政治翻译的代表，当然也是他个人兴趣使然。杨宪益和戴乃迭夫妇的一些译作也属于政治翻译。

政治翻译必然受政策的影响。1999 年出版的由集体书写的《中国外文局五十年回忆录》中写道："中国外文局从 1949 年成立以来，其翻译策略一直是'以我为主，照顾读者'。"（《中国外文局五十年回忆录》：68，转引自蒋骁华，2015：9-10）

探索新型中国当代文学英译模式，需要我们尽快建立一个长效的对外文化传播机制，不能把重任寄托在海外翻译家身上。新型中国文学英译模式的其中之一就是政治翻译的译介模式。多年来，中国在向外推介中国文学作品上做了多种尝试，从《中国文学》英文版与法文版的创刊、"熊猫丛书"发行、"大中华文库"项目，到"对外传播研究中心"的设立、"中国文学海外传播"工程的启动等。

耿强（2012，2014）和訾晓红（2017）都研究了《中国文学》和"熊猫丛书"的发展历程。研究显示，国内对中国当代文学大规模有系统的译介始于 1951 年创刊的英文版《中国文学》杂志，主要由中国译者负责翻译、传播中国文学作品。在该杂志中，巴金、冰心等国内著名作家的名作不断被译成英文。20 世纪 80 年代，《中国文学》走势看好，新任主编杨宪益效仿英国销量极佳的"企鹅丛书"（Penguin Books），提出发行"熊猫丛书"的倡议，即在英国"企鹅丛书"的灵感启发之下将中国现当代文学主要以英法两种语言向全世界推介。1981 年，中国外文出版发行事业局（中国文学出版社的管理机构）创办了"熊猫丛书"，旨在"通过翻译将中国文学和文化译介至西方主要国家，以扩大中国文学在世界的影响"。该丛书在全球 150 多个国家和地区得到发行，有合集、专集 190 余种，涉及古今作家二百余人，出版译介了包括王安忆、贾平凹、史铁生、池莉、铁凝、霍达、周大新、梁晓声、林希、茹志鹃、刘心武、汪曾祺等在内的当代作家的作品。在当时的文化历史语境中，"熊猫丛书"为中国当代文学走向世界提供了合适的渠道，也为世界了解当时的中国文学打开了一扇窗，其海外销售与接受度也一度取得了良好的成绩。在中国当代文学的海外传播与译介过程中，"熊猫丛书"可谓功不可没。

《中国文学》和"熊猫丛书"是中国为了打开对外交流的局面而先后创办的，其译介主体由国家机构以及中英文编辑共同构成，在编辑方针、译介内容、翻译语言、出版发行等各个环节均实行了计划化和组织化的规划与管理，直至 1991 年底才开始独立经营，自负盈亏。这样的译介模式使《中国文学》和“熊猫丛书”被纳入对外宣传事业之中，成为对外宣传中国的手段和桥梁。在这一宗旨的指引下，“译什么”往往要比“怎么译”重要得多。转入市场行为之后，由于编译人才匮乏、出版资金短缺等原因，大量读者流失，2001 年，中国文学出版社被撤销，2002 年，《中国文学》停刊，“熊猫丛书”也停止出版。而后外文出版社接手“熊猫丛书”并于 2005 年出版丛书作品 16 部，但是其中大多为旧译再版，背离了“熊猫丛书”最初对外译介传播中国文学的主题。

耿强（2014）从整体考察了“熊猫丛书”在美国文化系统中的接受过程。通过分析其译介效果，耿强揭示出该丛书在英语世界的传播存在诸多问题。一方面，这套丛书在美国的主要传播渠道是大学图书馆，而并未出现在美国主流的连锁书店。这就说明丛书在市场上并未流通，阅读译本的只可能是对中国问题研究感兴趣的师生。另一方面，20 世纪 90 年代以后，美国评论界在选材、文学价值和翻译质量三方面对丛书有越来越尖锐的负面评价。如金介甫（Jeffrey C. Kinkley）对刘恒的《黑的雪》以及贾平凹的《天狗》的评论十分严厉。金介甫认为外文出版社及其推出的如“熊猫丛书”系列产品数量高于质量，英文译文的风格单调而毫无变化。（耿强，2014：73）

目前，我国已经从战略高度意识到了对外文化传播的重要性，中国文学不断进行着海外传播的尝试，国家机构、出版社以及译者们都做出了不少努力，并启动了一批文化经典外译项目，如 2004 年中国外文局创设“对外传播研究中心”、2005 年启动“中国图书对外推广计划”、2006 年中国作家协会提出“中国当代文学百部精品译介工程”，选择一百部当代作家的优秀作品向国外的出版机构推荐出版、2010 年启动“中国文学海外传播”工程、“中国文化著作翻译出版工程”、经典中国国际出版工程等。这些措施都为中国文化“走出去”做出了很大努力，但还需要整体的协调和规划。比如 2010 年汉学家和翻译家蓝诗玲指出了中国文学外译要走出学术化和专业化的藩篱，她说：“中国文学翻译很难引起广告资金充裕的大商业出版社的兴趣，中国文学作品往往由学术出版机构出版，这更加使得中国文学始终被归在学术化和专业化的角落。”（2010：7）她十年前的观察在今天看来，仍有思考的价值。

第三章　哪些中国文学需要翻译

——世界需要通过文学观察中国，中国也需要通过文学来展示自己的真实形象。（莫言）

在翻译选材方面，选择哪些作品英译是全面衡量文学价值、文化意义、市场和传播效应的问题以及统筹考虑的问题。西方越来越渴望了解真实的中国，希望看到更多可以反映真实的中国的作品，尤其对当下、改革发展中的中国更为关注。他们也非常希望能从中国的文学作品中进一步地了解中国社会以及中国的意识形态，我们选择什么文本翻译和输出，西方选择什么翻译文本输入，就成为双方意识形态领域里一个重要的国家工程。中国自 2004 年起实施“中国图书对外推广计划”，同许多国家签订资助出版协议。2006 年中国作家协会提出“中国当代文学百部精品译介工程”。2010 年开始实施“中华学术外译项目”，资助的目的语言暂定为英文、法文、西班牙文、俄文、德文五种。这些“计划”和“工程”意在塑造一个改革开放、文明和谐、发展进步、自信、负责任的大国的中国形象。政府加大了译介扶持力度，出面参与译介活动，我国学者自主翻译中国文学和文化作品，在选材、翻译、签约出版社后申请我们国家的科研资助。

但是，另一方面，像陆宣鸣、张越、张映先（2014）的研究所展示的，葛浩文翻译莫言的《檀香刑》是由美国的古根海姆基金会（Solomon R. Guggenheim Foundation）资助，事实上，葛浩文译莫言作品的翻译经费几乎都是由外国基金会等机构而非中国相关机构赞助，而且葛浩文翻译中国其他作家的作品也几乎都是通过申请国外的赞助来完成的。这说明新时期中国文学英译选材还存在问题，至少，国家层面组织或资助国内学者翻译的中国文学和文化作品，与以葛浩文为代表的国外翻译家选择翻译的作品，并不一致。

笔者以美国加州大学伯克利分校（University of California, Berkeley）为例调查了2018—2019学年该校开设的和中国直接相关的全部课程；笔者又在亚马逊网站（www.amazon.com）以“Chinese literature in translation”为搜索词，搜索英译的中国作家作品，同时查找该网站上文学类Literature and fiction书目中有关中国的所有书目；同时让学生自主设计中国文学英译作业，然后对学生设计作业时的选材情况进行了梳理。基于上述三项调查结果，笔者认为新时期下中国文学英译选材有几项矛盾需要解决，即供与需的矛盾、古代与当代的矛盾、本土性与世界性的矛盾、文学价值与市场价值的矛盾。

一、供与需的矛盾

西方文化中心主义在西方世界中长期盛行，中国在当今世界格局中还没有成为文化大国。于丹和杨越明于2015年调查了西方六个国家的民众对中国文化的认知，调研结果显示，目前在中国文化对外传播的过程中有三个问题，其中之一便是“中国文化产品供给与国外民众兴趣点脱节”。由此可见，中国文化“走出去”不仅仅是单向的“供给”，还需要符合目的语读者的阅读兴趣与习惯，满足他们的阅读需求，考虑读者的兴趣取向选择翻译文本，这样才能实现真正的跨文化交流。

笔者以美国加州大学伯克利分校（University of California, Berkeley）为例，调查了2018—2019学年该校开设的和中国直接相关的全部课程。笔者又在亚马逊网站（www.amazon.com）以“Chinese literature in translation”为搜索词，搜索英译的中国作家作品，同时查找该网站上文学类Literature and fiction书目中有关中国的所有书目。虽然加州大学伯克利分校和亚马逊网站都只是个案，但调查伯克利分校的开设课程和亚马逊网站上的中国文学英译已出版的著作，对我们进行中国文学英译，尤其是选择哪些文本进行英译仍能提供启示，因为从某种程度上来说，加州大学伯克利分校的课程体现当今美国学术界的研究兴趣所在，是需，而亚马逊上的英译中国文学作品目录体现了我国文学作品英译已完成的工作和成果，是供。供需对比可以体现出供需是否脱节以及我们今后努力的方向。

加州大学伯克利分校的全部课程中，我们除去只列出“Independent Study”“Field Study”“Group Study”“Seminar”这些标题的课程，也除去如“Elementary Chinese”“Intermediate Chinese”“Advanced Chinese”等语言训练的课程，把全校本、硕、博全部课程中与中国相关的所有课程都列在这里，共 83 门：

本科课程 66 门：

Ancient Chinese Poetry

Ancient Chinese Prose

Archaeology of East Asia

Bad Emperors: Fantasies of Sovereignty and Transgression in the Chinese Tradition

Bio-ethical Issues in East Asian Thought

Buddhism and the Environment

Buddhism in China

Buddhism in Contemporary Society

Buddhism on the Silk Road

Buddhist Art and Archeology along the Maritime & Overland Silk Routes

China

Chinese Landscapes: Space, Place, and Travel

Chinese Thought in the Han Dynasty

Cities and the Country

Confucius and His Interpreters

Contemporary Chinese Language Cinema

Contemporary Chinese Literature

Death, Dreams, and Visions in Tibetan Buddhism

Dynamics of Romantic Core Values in East Asian Pre-modern Literature and Contemporary Film

East Asian Film: Directors and Their Contexts

East Asian Film: Special Topics in Genre

The East Asian Sixties

Exploring Pre-modern Chinese Novels

Expressing the Ineffable in China and Beyond: The Making of Meaning in Poetic Writing

Fifth-year Readings: Chinese for Research and Professional Use

Fifth-year Readings: Reading and Analysis of Advanced Chinese Texts

Fourth-year Chinese Readings: Literature

Fourth-year Chinese Readings: Social Sciences and History

History of the Chinese Language

History of the Culture of Tea in China and Japan

The History of Heaven

Illness Narratives, Vulnerable Bodies

Introduction to Asia

Introduction to Literary Chinese

Introduction to Pre-modern Chinese Literature and Culture

Introduction to Modern Chinese Literature and Culture

Introduction to the Study of Buddhism

Knowing Others, and Being Known: The Art of Writing People

Literature and Media Culture in Taiwan

Lu Xun and His Worlds

Modern Chinese Literature

Modern East Asian Fiction

Mongolian Buddhism

Popular Media in Modern China

Pure Land Buddhism

Tools and Methods in the Study of East Asian Philosophy and Religion

Reading and Composition on Topics in East Asian Humanities

Reading Chinese Cities

Reading Global Politics in Contemporary East Asian Literature

Reading Taiwan

Readings in Chinese Buddhist Texts
Readings in Classical Chinese Poetry
Readings in Medieval Prose
Readings in Vernacular Chinese Literature
Sex and Gender in Pre-modern Chinese Culture
Sonic Culture in China
The Story of the Stone
Structure of the Chinese Language
Tantric Traditions of Asia
Tibetan Buddhism
Topics in Daoism
Topics in the Study of Buddhism
Traditional Chinese Drama
Revising the Classics: Chinese and Greek Poetry in Translation
War, Empire, and Literature in East Asia
Zen Buddhism

硕士和博士课程共 17 门：

Art and Archaeology of Buddhism
Chinese Literatures and Cultures in Global Context
Early Chinese Thought
Genre and Method in Traditional Chinese Texts
Late Imperial Fiction and Drama
Modern Chinese Cultural Studies
Modern Chinese Film Studies
Modern Chinese Literature
Pro-seminar in Buddhist Studies
Readings in Chinese Buddhist Texts
Readings in Tibetan Buddhist Texts

Reading the Zhuangzi

Seminar in Buddhism and Buddhist Texts

Seminar in Chinese Literary History

Seminar in Philosophical Analysis of Ancient Chinese Texts

Seminar in Tibetan Buddhism

Texts on the Civilization of Medieval China

这83门课按类别分类，由多到少：文学、语言、电影38门；哲学、宗教24门；历史8门；社会、城市6门；综述类4门；艺术、建筑2门；环境1门。若按时间分类，由多到少：综述类41门；古代22门；近现代6门；当代14门。当然这样的分类就只能把交叉领域的课程，比如“War, Empire, and Literature in East Asia”“Buddhism and the Environment”归到某一个而不是多个类别中。

这个课程列表说明了几点：①该校对中国研究很重视。除去纯语言课程和硕士与博士学生的自修课，全校本、硕、博总共开设了83门直接关于中国的课程，而且课程内容极其细致，远远不是泛泛介绍。②这些课程中有很多是交叉领域的，比如“War, Empire, and Literature in East Asia”就交叉了文学和历史，“Buddhism and the Environment”就交叉了佛教和环境问题。③在众类别中，文学研究和语言研究仍占最大比例，45.7%，其次为哲学和宗教，28.9%。④如果按时间分，83门中有42门课有明显的时间分期，另外的41门则涉及各个时间段，是综述类。在有时间分期的这42门课中，专注于研究古代中国的课程占52.3%，研究当代中国的占33.3%。⑤与传统的西方中心主义不同，该校已密切关注国际趋势，比如开设的课程中就有关于佛教与一带一路的，“Buddhism on the Silk Road”，“Buddhist Art and Archeology along the Maritime & Overland Silk Routes”。⑥就文学研究和语言研究这一类而言，单独对某一位作家或作品的研究只有2门课，分别是鲁迅和《红楼梦》，其他课程仍然是主题研究、文学体裁研究、分期研究，比如“Expressing the Ineffable in China and Beyond: The Making of Meaning in Poetic Writing”“Illness Narratives, Vulnerable Bodies”“Knowing Others, and Being Known: The Art of Writing People”“Revising the Classics: Chinese and Greek Poetry in Translation”“Genre and Method in Traditional Chinese Texts”“Late Imperial Fiction and Drama”。

笔者又在亚马逊网站（www.amazon.com）以“Chinese literature in translation”为搜索词，搜索已出版的英译中国作家作品，同时查找该网站上文学类 Literature and fiction 书目中有关中国的所有书目，笔者发现亚马逊上的调查结果与笔者在加州大学伯克利分校的调查课程的结果并不完全吻合，这说明了我们中国文学英译选材中供与需的矛盾。

表 1 至表 3 中，我们去除像哈金、高行健这样的旅居国外的华人作家；去除台湾作家；去除明显是特殊内容，比如在中国曾经被禁的作品、古代宫廷艳诗等，我们只专注于中国本土作家作品的英译。然后，我们把在亚马逊网站上调查到的所有书目按评分（Average customer review）排序。当然，“Average customer review”准确地说既包括读者对该书内容、该书语言和翻译的评价，甚至也可能包括读者对亚马逊网站运送过程中书籍的情况的评价，而且，有可能读者评论数目少的，评分却很高；读者评论数目多的，平均下来，评分却低；另外，评论数目以及评分也是随时都在变化，但我们暂且只能把这些因素忽略不计。

我们按评分由高到低的顺序排列；同一评分或无评分的，则按英文译本名称的字母顺序排列，名称中起始的定冠词和不定冠词，都忽略不计。表 1 是单行本的作品；表 2 是多卷本、同一作品有不同译本的作品；表 3 是合集。

表 1：单行本的作品

作品	作家	译者	评分	备注
The Book of Master Mo	墨子	Ian Johnston	5	
A Book to Burn and a Book to Keep (Hidden): Selected Writings	李贽	Rivi Handler-Spitz, Pauline Lee, Haun Saussy	5	
The Dyer's Daughter: Selected Stories of Xiao Hong	萧红	Howard Goldblatt	5	
Fortress Besieged	钱钟书	J. Kelly, Nathan. K. Mao	5	
In Such Hard Times: The Poetry of Wei Ying-wu	韦应物	Red Pine	5	
The Past and the Punishments: Eight Stories	余华	Andrew F. Jones	5	

续表

作品	作家	译者	评分	备注
Radish	莫言	Howard Goldblatt	5	中文书名为《透明的红萝卜》
The Shop of the Lin Family & Spring Silkworms	茅盾	Sidney Shapiro	5	
Stories from a Ming Collection: The Art of the Chinese Storyteller	冯梦龙	Cyril Birch	5	
Tower for the Summer Heat	李渔	Patrick Hanan	5	中文书名为《十二楼》
Vertical Motion	残雪	Karen Gernant, Chen Zeping	5	
Written on Water	张爱玲	Andrew F. Jones	5	
Du Fu: A Life in Poetry	杜甫	David Young	4.8	
An Empty Room: Stories	木心	Toming Jun Liu	4.8	中文书名为《空房》
Tea House: A Play in Three Acts	老舍	John Howard-Gibbon	4.8	
Laughing Lost in the Mountains: Poems of Wang Wei	王维	Tony Barnstone, Willis Barnstone, Xu Haixin	4.7	中文书名为《空山拾笑语：王维诗选》
China in Ten Words	余华	Allan H. Barr	4.6	
The Dark Forest	刘慈欣	Joel Martinsen	4.6	
Death's End	刘慈欣	Ken Liu	4.6	
Frontier	残雪	Karen Gernant	4.6	
Brothers, A Novel	余华	Eileen Cheng-yin Chow and Carlos Rojas	4.5	
Imperfect Paradise: Twenty-four Stories	沈从文	Jeffrey C. Kinkley	4.5	
To Live	余华	Michael Berry	4.5	
Blades of Grass: The Stories of Lao She	老舍	Sarah Wei-ming Chen, William A. Lyell	4.4	
The Little Restaurant	王安忆	Yawtsong Lee	4.4	

续表

作品	作家	译者	评分	备注
The Song of Everlasting Sorrow	王安忆	Michael Berry, Susan Chan Egan	4.4	
The Real Story of Ah-Q and Other Tales of China: The Complete Fiction of Lu Xun	鲁迅	Julia Lovell	4.3	
Sun Tzu, The Art of War	孙子	Gary Gagliardi	4.3	
Journey to the West (Chinese Classics, Classic Novel in 4 Volumes)	吴承恩	W. J. F. Jenner	4.2	
Love in a Fallen City	张爱玲	Karen S. Kingsbury	4.2	
The Seventh Day	余华	Allan H. Barr	4.2	
Six Records of a Floating Life	沈复	Leonard Pratt, Chiang Su-Hui	4.2	
The Three-Body Problem	刘慈欣	Ken Liu	4.2	
Zhuangzi: The Essential Writings: With Selections from Traditional Commentaries	庄子	Brook Ziporyn	4.2	
The Analects	孔子	D. C. Lau	4.1	
Cat Country	老舍	William A Lyell	4	
Memories of Peking: South Side Stories	林海音	Nancy Ing, Pang-Yuan Chi	4	
Running Under the Ice: Fifty Selected Poems by Du Mu	杜牧	Mark E. Francis 编，选，译	4	
Sherlock in Shanghai: Stories of Crime and Detection	程小青	Timothy C. Wong	4	
Brocade River Poems: Selected Works of the Tang Dynasty Courtesan	薛涛	Jeanne Larsen	3.8	
The Peony Pavilion	汤显祖	Cyril Birch	3.8	
The Water Margin: Outlaws of the Marsh: The Classic Chinese Novel	施耐庵	J. H. Jackson	3.8	

续表

作品	作家	译者	评分	备注
The Late Poems of Meng Chiao	孟郊	David Hinton	3.6	
Pow!	莫言	Howard Goldblatt	3.6	
The Garlic Ballads	莫言	Howard Goldblatt	3.5	
Happy Dreams	贾平凹	Nicky Harman	3.5	
The Last Lover	残雪	Annelise Finegan Wasmoen	3.4	
The Canon of Supreme Mystery by Yang Hsiung: A Translation with Commentary of the T'ai hsuan ching by Michael Nylan	扬雄	Michael Nylan	3.3	《太玄经》
Big Breasts and Wide Hips	莫言	Howard Goldblatt	3.2	
Adventures of the Mad Monk Ji Gong	郭小亭	John Robert Shaw	3	
The Republic of Wine	莫言	Howard Goldblatt	2.9	
Autumn in Spring and Other Stories	巴金	Gladys Yang		无评分
Brocade Valley	王安忆	Bonnie S. McDougall and Chen Maiping.		无评分
Call to Arms	鲁迅	Yang Xianyi, Gladys Yang		无评分
The Field of Life and Death and Tales of Hulan River	萧红	Howard Goldblatt		无评分
Marrow	阎连科	Carlos Rojas		无评分
The Messenger's Letter	孙甘露	Daniel Clutton, Gina Wang		无评分
Mr. Ma & Son	老舍			无评分
The New-Year Sacrifice and Other Stories	鲁迅	Yang Xianyi		无评分
The Oil Vendor and the Courtesan: Tales from the Ming Dynasty	冯梦龙	Ted Wang, Chen Chen		无评分

续表

作品	作家	译者	评分	备注
Old Town	林哲	George A. Fowler		无评分，中文书名为《外婆的古城》
Snake's Pillow and Other Stories	竹林	Richard King		无评分
Trees Without Wind	李锐	John Balcom		无评分
White Poppies and Other Stories	张抗抗	Karen Gernant, Chen Zeping		无评分

表 2：多卷本、同一作品有不同译本的作品

作品	作家	译者	评分	备注
A Chinese Reading of the Daodejing: Wang Bi's Commentary on the Laozi with Critical Text and Translation	老子	Rudolf G. Wagner	5	
The Golden Lotus, Vol. 2	兰陵笑笑生	Clement Egerton	5	
I Ching (The Book of Change): A New Translation of the Ancient Chinese Text with Detailed Instructions for its Practical Use in Divination		John Blofeld	5	
The Plum in the Garden Vase or, Chin P'ing Mei, Vol. 3: The Aphrodisiac	兰陵笑笑生	David Tod Roy	5	
The Plum in the Garden Vase or, Chin P'ing Mei, Vol. 4: The Climax	兰陵笑笑生	David Tod Roy	5	
Sun Bin: The Art of Warfare: A Translation of the Classic Chinese Work of Philosophy and Strategy	孙子	D. C. Lau, Roger T. Ames	5	
The Tao of the Tao Te Ching: A Translation and Commentary	老子	Michael LaFargue	5	
The Three Kingdoms Vol.1: The Sacred Oath: The Epic Chinese Tale of Loyalty and War in a Dynamic New Translation (with Footnotes)	罗贯中	Yu Sumei 译，Ronald C. Iverson 编	4.9	

续表

作品	作家	译者	评分	备注
The Three Kingdoms Vol.2: The Sleeping Dragon: The Epic Chinese Tale of Loyalty and War in a Dynamic New Translation (with Footnotes)	罗贯中	Yu Sumei 译，Ronald C. Iverson 编	4.8	
The Golden Lotus, Vol. 1	兰陵笑笑生	Clement Egerton	4.7	
The Story of the Stone Vol.3, 5	曹雪芹	David Hawkes	4.7	
The Collected Songs of Cold Mountain	寒山	Red Pine	4.6	
The Complete I Ching—10th Anniversary Edition: The Definitive Translation by Taoist Master Alfred Huang		Alfred Huang	4.6	
Tao Te Jing in Plain English	老子	Thomas Zhang	4.6	
Cold Mountain	寒山	Burton Watson	4.5	
Cold Mountain	寒山	Gary Snyder	4.5	
Lao Tzu: Tao Te Ching: A Book about the Way and the Power of the Way	老子	Ursula K. Leguin	4.5	
Strange Tales from a Chinese Studio	蒲松龄	Herbert A. Giles	4.5	
Strange Tales from a Chinese Studio	蒲松龄	John Minford	4.5	
The Story of the Stone Vol.2	曹雪芹	David Hawkes	4.4	
The Plum in the Garden Vase or, Chin P'ing Mei, Vol. 5: The Dissolution	兰陵笑笑生	David Tod Roy	4.3	
The Story of the Stone Vol.1	曹雪芹	David Hawkes	4.3	
Sun Tzu, The Art of War	孙子	Gary Gagliardi	4.3	
The Art of War: Translation, Essays, and Commentary by the Denma Translation Group	孙子	Denma Translation Group	4.2	

续表

作品	作家	译者	评分	备注
The Three Kingdoms Vol.3: Welcome the Tiger: The Epic Chinese Tale of Loyalty and War in a Dynamic New Translation (with Footnotes)	罗贯中	Yu Sumei 译，Ronald C. Iverson 编	4.2	
Mencius	孟子	Philip Ivanhoe	4	
Dao De Jing: A Philosophical Translation	老子	Roger Ames, David Hall	3.9	
Mencius	孟子	James Legge	3.9	
The Story of the Stone Vol.4	曹雪芹	David Hawkes	3.9	
The Plum in the Garden Vase or, Chin P'ing Mei, Vol. 1: The Gathering	兰陵笑笑生	David Tod Roy	3.8	
The Romance of the Three Kingdoms	罗贯中	Martin Palmer	3.7	
Mencius	孟子	D. C. Lau	3.5	
The Plum in the Garden Vase or, Chin P'ing Mei, Vol. 2: The Rivals	兰陵笑笑生	David Tod Roy	3.4	
The Poetry of Han-shan: A Complete, Annotated Translation of Cold Mountain	寒山	Robert G. Henricks	3.4	
Mencius	孟子	David Hinton	3	
The Dream of the Red Chamber	曹雪芹	H. Bencraft Joly	2.9	

表 3：合集

作品	作家	译者	评分	备注
Anthology of Chinese Literature Vol. 2: From the Fourteenth Century to the Present Day	多位作者	多位译者，Cyril Birch 编	5	
Classical Chinese Poetry: An Anthology	多位作者	David Hinton 编，选，译	5	

续表

作品	作家	译者	评分	备注
The Columbia Anthology of Modern Chinese Drama	多位作者	多位译者，Chen Xiaomei 编选	5	
The Four Chinese Classics: Tao Te Ching, Chuang Tzu, Analects, Mencius	老子，庄子，孔子，孟子	David Hinton 编，选，译	5	
Treasure of Chinese Love Poems: In Chinese and English	多位作者	裘晓龙编，选，译	5	
Tun-huang Popular Narratives	无	Victor H. Mair 编，选，译	5	对在敦煌发现的文字片段进行的整理和翻译
Willow, Wine, Mirror, Moon: Women's Poems from Tang China	多位作者	Jeanne Larsen 编，选，译	5	
Women of the Red Plain: An Anthology of Contemporary Chinese Women Poets	多位作者	Julia C. Lin 编，选，译	5	
The Heart of Chinese Poetry: Fifty-Seven of the Best Traditional Chinese Poems in a Dual-Language Edition	多位作者	Greg Whincup 编，选，译	4.9	
Mountain Home: The Wilderness Poetry of Ancient China	多位作者	David Hinton 编，选，译	4.8	
Anthology of Chinese Literature Vol. 1: From Early Times to the Fourteenth Century	多位作者	多位译者，Cyril Birch 编	4.7	
The Shambhala Anthology of Chinese Poetry	多位作者	多位译者，J. P. Seaton 编选	4.7	
The Songs of the South, An Anthology of Ancient Chinese Poems by Qu Yuan and Other Poets	屈原等	David Hawkes 编，选，译	4.4	
Li Po and Tu Fu: Poems Selected and Translated with an Introduction and Notes	李白，杜甫	Arthur Cooper 编，选，译	4.3	

续表

作品	作家	译者	评分	备注
Bright Moon, Perching Birds: Poems	李白，杜甫	James Cryer, J. P. Seaton 编，选，译	4	
Shi Cheng: Short Stories from Urban China. A tale of ten cities	多位作者	Eric Abrahamsen, Nicky Harman, Julia Lovell and others 编，选，译	4	
An Anthology of Chinese Literature: Beginnings to 1911	多位作者	Stephen Owen 编，选，译	3.6	
Worlds of Modern Chinese Fiction: Short Stories and Novellas from the People's Republic, Taiwan and Hong Kong	多位作者	Michael S. Duke 编，选，译		
Song Lyrics in Paintings	陈佩秋	许渊冲		无评分，中文书名《画说宋词》

从时间上看，古代作家、现代作家、当代作家分别占全部作家作品的 56.3%、20%、23.6%，而在加州大学伯克利分校中有时间分期的 42 门课中，专注于研究古代中国的课程占 52.3%，研究当代中国的占 33.3%。也就是说，伯克利分校的调查显示，研究当代中国的课程的比例明显少于研究古代的课程的比例，而亚马逊网站的调查显示，已完成的当代中国文学作品的英译更是明显少于古代中国文学作品，这说明我们需大力加强翻译我国当代优秀作品。

就关注当代社会而言，伯克利分校已在密切关注国际趋势，比如如前所述，他们开设的课程中就有关于佛教与一带一路的，而亚马逊网站上没有这样的英译的书目，比较贴合当代社会的是介绍当代中国城市的 *Shi Cheng: Short Stories from Urban China. A Tale of Ten Cities*。就新旧的更迭而言，亚马逊上的英译作品仍以经典作家作品为主，即使是当代作家作品也都是名家名作，如莫言、余华、王安忆、贾平凹、阎连科、残雪、张抗抗、李锐、刘慈欣。通俗文学作品和后现代的先锋派写作的作品非常少。

从广度上看，加州大学伯克利分校对中国研究很重视，除去纯语言课程和硕士和博士学生的自修课，全校本、硕、博总共开设了 83 门直接关于中国的课程。亚马逊上的英译书目涵盖55位中国作家作品，古代、近现代、当代均有，小说、诗词、戏剧均有，也具有广度。

从深度上看，除了经典的介绍性课程，加州大学伯克利分校有很多课程是文学研究中的某一主题，非常细致和独到，体现任课教师的独特视角和研究兴趣，比如“Expressing the Ineffable in China and Beyond: The Making of Meaning in Poetic Writing”“Illness Narratives, Vulnerable Bodies”“Knowing Others, and Being Known: The Art of Writing People”“Revising the Classics: Chinese and Greek Poetry in Translation”。但是加州大学伯克利分校的这83门课中单独研究某一作家或作品的课程只有2门，分别是鲁迅和《红楼梦》，其他的课程仍然是主题研究、文学体裁研究、分期研究，换句话说，其深度并不体现在具体的某一作家作品上。相反，亚马逊网站上除了广泛收录中国文学的合集以外，我们能看到55位中国作家作品的英译本，这还不包括收录在合集里的，而且绝大多数英译的书籍都是专门某个作家的作品，涉及某一文学主题的书籍很少，只有 *Shi Cheng: Short Stories from Urban China. A tale of ten cities*，*Mountain Home: The Wilderness Poetry of Ancient China*，*Treasure of Chinese Love Poems: In Chinese and English, Tun-huang Popular Narratives* 几本书，这就和加州大学伯克利分校的主题驱动模式形成了鲜明对比。

从跨学科的角度上看，加州大学伯克利分校有很多课程是交叉领域，比如“War, Empire, and Literature in East Asia”就交叉了文学和历史，“Buddhism and the Environment”就把佛教和当今的环境问题交叉研究，而在亚马逊我们则很少看到这样的作品被英译。

从内容上看，加州大学伯克利分校的课程中，文学和语言研究仍占最大比例，45.7%，其次为哲学和宗教，28.9%，亚马逊上的调查结果也大体相同，即传统的文学作品仍占大多数，但哲学和宗教的作品的英译本也占很大比例，如《论语》《老子》《庄子》《孟子》《墨子》《孙子》《易经》、李贽、寒山，其中，《老子》出现5个英译本、《孟子》4个、寒山4个、《孙子》3个、《易经》2个。

从体裁上看，加州伯克利分校的课程仍以小说为主，或者准确地说是主题为主、主题带动体裁的模式；而亚马逊网站上，小说、诗词、戏剧各占一定份额。诗词上有李白、杜甫、王维、屈原、杜牧、孟郊、韦应物、薛涛、寒山，还有中国古代诗集、宋词、中国现当代诗集、女诗人诗集、爱情诗诗集；戏剧上有汤显祖、李渔，以及现当代中国戏剧集。

从性别上看，加州伯克利分校的课程并没有特别突出女性，对性别的关注放在了主题之下；而亚马逊上明显体现出对女作家的重视，不仅有专门的女作家作品的英译（张爱玲、萧红、王安忆、林海音、张抗抗、薛涛、林哲、竹林、残雪），还有 *Willow, Wine, Mirror, Moon: Women's Poems from Tang China*，*Women of the Red Plain: An Anthology of Contemporary Chinese Women Poets* 这样的女诗人作品的合集。

从某种程度上来说，加州伯克利分校的课程体现需求，亚马逊上的英译中国文学作品则体现供给或者说是已经完成的翻译成果，两相对比，我们可以看出中国文学英译选材进程中供与需的矛盾以及今后可以努力的方向：

（1）需大力加强翻译当代优秀作品。加州大学伯克利分校和亚马逊网站的调查都说明这一点。亚马逊上的调查还说明我们需大力加强翻译关于中国当代社会发展的书目以及不是很有名的当代作家的作品。

（2）西方开设的课程已经细化到如此程度，说明对我们的研究之深，那如果我们中译英时仍然选择大家都熟知的甚至是已经译过多次的经典作品再去重译和推出，很难取得较好的效果。在亚马逊网站上，《红楼梦》《三国演义》《易经》《金瓶梅》《聊斋》已经各有 2 个不同的英译本；《孙子》有 3 个英译本；《孟子》、寒山各有 4 个英译本；《老子》则已有 5 个英译本。

（3）亚马逊上的英译书目已经涵盖了 55 位中国作家作品，合集相对较少，而且像伯克利分校那样的研究文学中某一主题的书目极其少。所以我们中国文学英译选材时，没有必要只是拘泥于中国某个作家或某个作品，即使是名家名作。那些体现深层次主题、体现人类共通主题和文学思潮、体现时代内容、体现交叉领域的作品，反而更受西方欢迎。

（4）从内容上看，加州大学伯克利分校和亚马逊网站都体现了文学和语言研究占最大比例，其次为哲学和宗教，这似乎是今后相当长的时期我们仍需保持的方向。另外一个需保持的方向是继续坚持小说、诗词、戏剧各占一定份额的做法。但从跨学科的角度上看，加州大学伯克利分校有很多课程是交叉领域的，而在亚马逊我们则很少看到这样的作品被英译，这可以作为一个新的增长点。另外一个新的增长点就是对少数群体如女作家作品的英译的重视。

当然，我们不能一味地为了解决供与需的矛盾而去解决矛盾，不能为了西方学者的兴趣而把不符合中国国情、不利于传播中国文化和精神的书送出去，我们不能直接套用外国文化的“译入”模式来“译出”中国作品。范武邱指出，“在加大译介力度的同时，一方面注意与世界的沟通协调和对接，另一方面不能为了顺从译入语国家需求而将自己与其在语言和文化上的固有差异不适当地予以消弭。要在开放中有坚守，在对话时不忘民族本我”（2013：40）。

二、古代与当代的矛盾

如前所述，加州大学伯克利分校和亚马逊网站的调查都说明需大力加强介绍当代优秀作品，亚马逊上的调查还说明我们需大力加强关于当代中国社会发展的书目的英译以及不是很著名的当代作家的文学作品的英译。辛红娟、张越、陆宣鸣指出，“中国文学英译的选材极为广泛，但缺乏系统性……要有针对性地进行中国文学英译选材。随着中国综合国力的提升，对中国现当代文学越来越重视是西方汉学研究的一大转折点。在世界渴望了解中国国情的背景下，占据中国文学英译主流的典籍翻译已经不能够满足世界的需求。中国应该抓住这个契机积极与世界接轨，针对性地选择西方世界感兴趣的素材进行翻译”（2014：57）。

以葛浩文为例，吕敏宏在《葛浩文小说翻译叙事研究》（2011）中也指出以往的汉学家对中国文学作品的翻译主要集中在古典诗词或者是明清时期的古典小说。韦利的《汉诗一百七十首》、洛威尔（Amy Lowell，1874—1925）的《松花笺》、宾纳与江亢虎合译的《群玉山头》、霍克斯译的《红楼梦》等都引起了西方学术界的广泛关注。从翻译选材上看，总的特点是古典文学重于现当代文学；诗歌重于小说；古典小说重于现当代小说，因此吕敏宏认为葛浩文选择中国现当代小说来进行翻译，至少有三方面考虑：首先，中国古典文学作品从语言特点、审美情趣、文化风俗上，都与今天的英美普通读者相距遥远，而题材各异、风格不同的现当代小说可以更好地展现中国人当下的思想感情和生活风貌。其次，中国现当代小说的英译是中国文学作品英译的薄弱环节，译者译著很少，有待加强。最后，葛浩文选择中国现当代小说英译是从西方人的视角去发现中国当代文学的特例，希望以此扭转西方读者的偏见。

葛浩文 2008 年接受《新世纪周刊》采访时被问“美国读者更喜欢中国文学中哪种类型？”，他是这样回答的：“10 年前我会告诉你，是那些具有历史成分的。但到了现在，美国读者更注重眼前的、当代的、改革发展中的中国。除了新闻报道，他们更希望了解文学家怎么看中国社会。”（葛浩文，“美国人喜欢唱反调的作品”，2008：10）这充分证明，美国读者不再将中国文学作品当作历史风俗读物来看，而是想从小说中了解当今中国人的生活，通过文学了解中国的现实。美国学术界也关心中国作家和知识分子对中国社会的看法和他们所阐发的思想内容。所以，我们应选择具有时代感、反映中国现状和当代价值的文学作品来英译。

三、本土性与世界性的矛盾

以当代作家莫言、毕飞宇、贾平凹、姜戎、苏童为例，他们的写作既有国际化的一面，比如多角度、时空转换等，又有本土化、民族性的一面，反映民间故事、历史与当代社会。这两个相反相成的因素是他们走向世界的重要支撑。诺贝尔奖给莫言的颁奖词里这样写道：“莫言生动地向我们展示了一个被人遗忘的农民世界，虽然无情但又充满了愉悦的无私。每一个瞬间都那么精彩。作者知晓手工艺、冶炼技术、建筑、挖沟开渠、放牧和游击队的技巧并且知道如何描述。他似乎用笔尖描述了整个人生。”（转引自肖进，2015：39）

毕飞宇的《青衣》着重从个人的细腻情感、细节化的场景挖掘生活和人性的本质。从英译本的接受情况来看，英语世界的主流媒体都给予了较高的评价，都强调了该作品民族特色的一面，比如《书单》（*Booklist*）认为：“这位中国作家不动声色地将精准无比的隐喻性叙事与京剧这一历经变迁却恒久存在的文化形式联系在一起。”（转引自吴赟，2013：96-97）

《浮躁》这本成就贾平凹在西方文学声名的小说落笔于作家生长的村庄，描述了中国的传统乡村在改革的现代化冲击下所经历的精神震荡和文化变迁。2003 年英文再版的封底这样介绍这本书：“在这本迷人的乡村小说中，贾平凹展示了一个令人难忘的乡土中国，一个充满异国情调，又夹杂着神秘熟悉感的世界……小说中的人性光辉跨越了文化和政治差异，使之与我们自己的文化产生共鸣。”《柯克斯评论》称《浮躁》是贾平凹在美国的处女作，并评论说：“这是 20 世纪 80 年代发生在中国农村的一个曲折微妙的故事。乡土习俗和诗学意象大大丰富了这部描写改革时期，新旧之间中国的小说。可能冗长了些，但是确实既真切感人，又发人深省。”

但是翻译《浮躁》的葛浩文曾说，如果他自己选，他不会选《浮躁》，一个重要原因是《浮躁》过多使用方言，贾平凹的语言风格为翻译设置了较大的难度。陕西方言俗语的运用是贾平凹系列作品的显著标志，体现了中国独特的文化精神和美学精神。他的语言在乡土风情、人物性格、作品主题等各个方面都弥漫着浓郁的乡土气息，刻画了陕西独特的人情世故、民族情感与地域风格，体现了贾平凹寻根文学创作中独特的民间视角和民间关怀。但这种以方言俗语为特点的语言风格使得翻译成为艰巨的任务。相比于更接近西方创造叙述手法的莫言，葛浩文在面对贾平凹的小说时受到的挑战要大得多。方言创作已然成为中译英时的一大掣肘。所以我们讲的本土特色更多是指内容上的。

但是西方一方面关注民族特色的作品，另一方面又认同也同时具有世界性、探讨世界话题的作品。姜戎的《狼图腾》也是典型案例。《狼图腾》是一个没有文化差异的动物故事，探讨人与动物如何相处、传统文化和现代文化的冲突，这都是全世界关注的话题。企鹅集团田培在选择《狼图腾》时表示，2008是中国年，全世界的目光都将聚焦北京，企鹅集团一直在寻找一部既有鲜明中国文化特点又有美妙故事的小说献给热爱中国的外国读者，他们找到了《狼图腾》。

《狼图腾》是一部由几十个有机连贯的“狼故事”构成的小说，少数民族作品。姜戎1967年赴内蒙古额仑草原插队，1978年返城。小说描写主人公陈阵作为一名北京知青到内蒙古边境的额仑草原插队，接触到游牧民族生活，以及游牧民族在草原上与狼之间的感人故事。《狼图腾》既描写了蒙古游牧民族的生活和他们的自然生态，同时也是一部关于生态文明、人与自然、人与动物、农耕文明和游牧文明的关系的长篇小说，写作手法上还穿插了大量中国历史典故。该书2004年由长江文艺出版社出版，获得巨大关注，葛浩文将其翻译成英文，由企鹅图书出版公司出版，在世界范围内也产生了巨大影响。

当然，也有学者持反对意见。比如董静（2010：92）认为该小说的世界性不过正好符合西方的胃口。董静指出，“原作中一些独特的观点受到追捧。例如书中对狼性和弱肉强食的追捧正好与西方读者狂热的物质追求和扩张欲望相契合，而书中对汉文化的贬损以及对当时列强侵略行径的解释无疑也是他们潜意识里所喜闻乐见的。此外，原文中关于草原生态的论述也能使人们对日益恶化的生态环境及其成因有所感悟，这样的生态教科书也是符合西方社会要求的”。

苏童的长篇小说《米》是另一典型案例。苏童讲述了主人公从乡村逃到城市，并在城市中不断堕落的过程，反映了深刻的城乡对立的主题，而城乡对立是全世界共通的话题。《米》由葛浩文翻译为英语，在英语国家获得了不少主流书报的正面评论。作家闵安琪（Anchee Min）在袖珍丛书出版社新书推荐中写道："我特别佩服苏童的创作风格。中国南方的作家，比较注重精巧和奇异的手法。苏童的笔法显得既节俭又残忍，他可以说是一个真正的文学天才。葛浩文的翻译也是非常杰出的，他就像在手里掬一捧水而从不让一滴漏掉。（It is like holding a handful of water with his palms without losing a drop.）"（Goldblatt，1997：封面，转引自兰守亭，2004）。此外，企鹅出版社的新书推荐（Kirkus Reviews）认为苏童的创作和巴尔扎克以及左拉的作品有相似之处：都是关于人将自己和他人逼到了极限的故事。金介甫（Jeffrey Kinkley）更是赞扬这部小说的世界性，指出这是一部"史诗般的作品"（转引自金介甫、查明建，2006：139）。

也正是在中国文学是否探讨世界话题、是否具有鲜明的世界性这一点上，葛浩文直言不讳地批评过中国文学，而他对中国文学的批评也自然招致了不少中国学者对他的批评。葛浩文说："一部中国作品，哪怕中国人特别喜欢，但是如果我觉得在国外没有市场，我也不翻。我基本上还是以一个洋人的眼光来看中国文学。"（高峰，2012：82）葛浩文挑选的是既体现中国本土特色又能进入西方主流阅读的书籍。这也就解释了比起同时代的作家，他特别喜欢莫言的原因，因为他认为莫言具有"历史感"，是一位乡土气息浓厚的作家，不论是太平天国还是文革题材，拿捏历史角度最为得心应手，而莫言的创作手法巧妙，其天马行空式的叙述风格抒发了人们内心深处的欲望。西方评论家认为"莫言将幻想和现实、历史和社会结合起来，在作品中创造了一个堪比福克纳和马尔克斯的复杂世界，同时又在中国传统文学和口述传统中寻找到一个出发点"（Jacobs & Lyall，2012）。

值得注意的是，中国当代作家固然不能没有国际视野，但更要首先练好内功，尤其是练好中国方式，讲好发生在中国大地上的故事。而且，体现世界话题，关心世界文坛的发展变化不等于完全吸收西方小说的创作方式。钟明奇（2014）认为中国文学走出去的命题是"世界的眼光，中国的方式"，他说："与其要求中国当代小说家按西方的小说标准来写作，毋宁让他们遵照世界上一切优秀小说的基本特点来写作，更切合实际。因此，中国当代小说创作，固然要坚定守其固有的民族特点、时代特征，写出如伏尔泰所说的‘国家的特殊气质’，但要注意在具体展开的思想深度与叙事手法上，不能只是写了些皮毛、表象，没有大手笔，而要有一个宏阔的国际视野作为参照，也就是说必须基本写出世界优秀小说所会有的宏大的艺术气象。中国当代小说朝这个方向努力，那么，就一定会有希望健步走出去……中国当代小说要走出去，但绝不是以迎合的、媚俗的姿态走出去。毕飞宇在《文汇报》上所发表的一篇文章的题目说得很好，那就是：‘更加中国的方式。’”

2013 年 10 月的“中国文学走出去：挑战与机遇”学术研讨会上，陈思和教授提了几个问题：应该从什么角度看中国文学的世界性？在文学传播史上，“走出去”的是不是一个国家最优秀的作品？他建议大家不妨从文学本体意义上来认识中国文学的世界性问题——是否直面、解答了或者是力图去回应全人类最关心的共通问题。只有当某个作家用自己国家的文化经验回答了这个问题，并且被世界认同和接受，这才能算作是世界性。它不是属于某个国家的，而是属于整个世界的。（转引自张聪，2014：213-216）苏州大学文学院的季进教授承担了国家社科重大项目“百年中国在海外的传播”，也是在 2013 年的这次学术研讨会上，季进以当代文学的英译和传播为突破口，谈了对中国文学“走出去”这个问题的几点观察和思考。他指出，当代文学的英译与传播大概呈现出三个方面的转变：从政治性向审美性的转变；从边缘向热点转移；从单一性向多元性的转变。从这三个方面的转变可以看出中国文学的确开始走出被冷落、被边缘的困境，成为世界文学不容忽略的组成部分。他说：“‘走出去’关键是要平等对待世界文学共同体中的不同的‘他者’，不脱离世界文学的谱系，也应该重返中国文学的传统，丰富自身的文学实践，不遗失中国文化的固有血脉，这才是当代文学最为现实与紧迫的任务。”（张聪，2014：213-216）

所以，回到我们本章要解决的问题上来，我们要优先译介最具民族特色的但又抒发人类内心渴望的优秀作品，把文学的民族性和世界性有机融合起来。

四、文学价值与市场价值的矛盾

翻译家当然喜欢翻译有文学价值的作品。何为文学价值？葛浩文的标准比较主观：他喜欢的，有翻译冲动的作品，便是值得赞扬的书。所以，葛浩文注重小说本身，倾向于文本的文学魅力。葛浩文译介了众多中国当代文学著作，但他在选择原作时并不随意，而是集中在感兴趣的作家作品上，如莫言、萧红等。这些作家的作品想象丰富，故事新奇，虽然这些作品也从不同的角度对社会进行了批判。

在很多场合，葛浩文都表示他更喜欢有文学价值的严肃作品，但考虑市场需求也会选择一些轻松娱乐的作品。译者不得不考虑市场和读者需求。很多学者也都呼吁“要把那些最能体现中国文化魅力和中国人情感深度的作品译介出去，把那些最具代表性的中国作家译介出去。在选择标准上要充分考虑符合外国读者的审美习惯和阅读需求，考虑外国消费市场，让我们选出来的优秀作品真正能走进外国主流社会读者的心里”（陈岚，2008：161）。

葛浩文一直和出版社保持良好的合作关系，在选择作品时也会兼顾出版商的利益。例如，他选择翻译古华的《贞女》体现了第三世界的性别话题，而这样的话题有利于赢得西方读者和出版社的青睐。2005年8月31日葛浩文接受《读书报》的采访：

记者：您确定翻译的作家和作品时，是以什么样的标准？请您介绍一下出版的过程。版权问题和确定是否出版由国外的出版社还是您来负责？从事翻译工作的过程中，您遇到过最大的困难是什么？

葛浩文：我选作品，通常有两个条件：其一，我喜欢；其二，适合我译。这自然是个理想，有时达到，有时达不到。我和出版社之不同，主要是我不能考虑到市场，而出版社不能不考虑到市场。不需要考虑市场也算是一个理想情况。总而言之，翻译我喜欢的小说绝对是件不亦乐乎的事；翻译我不喜欢的小说为莫大的痛苦。

葛浩文敏锐地观察到莫言的小说比较符合英美读者的阅读兴趣与口味，这也是其持续关注莫言创作的另一个重要原因。他说：“对于我来说，选择一部作品翻译前，首先要考虑美国读者是否有阅读兴趣，否则我付出的时间和精力都是无效的。”（转引自许荻晔，2013）

2014年孟祥春对葛浩文的访谈也再次提到选材问题，尤其是为什么西方读者喜欢严肃、悲观甚至黑暗的作品，如果说西方读者青睐那些揭露中国阴暗面的作品，那这是否与长期以来汉学家或翻译家自身的口味脱离不了干系？葛浩文也认为美国读者“无法读出历史的厚重感，也无法获得相似的文学情感体验”（孟祥春，2014，“葛浩文论译者——基于葛浩文讲座与访谈的批评性阐释”），所以他虽然更喜欢有文学价值的严肃作品，但考虑市场需求，也会选择一些轻松娱乐的作品，这当然也是市场操作力作用的结果。要想让一部小说译作进入西方阅读界，译作的可读性、趣味性，甚至娱乐性也是译者考虑的重要因素。葛浩文和传统的学院派汉学家不同，他把市场的需求看作原文生命得以延续的关键，认为翻译工作必须要考察和适应市场的需求，否则，译文再好，如果没有销路，也无法进入西方读者的视野。也就是说，他心中会有标准，然后以此衡量美国人能否接受，“有没有市场和读者”，当下美国读者的需求而且是他认为的需求，是他选择文本的标准。（孟祥春，2014，“我只能是我自己 —— 葛浩文访谈”）

五、从学生设计的翻译作业看翻译选材

笔者曾给2012、2013、2015、2018级的学生布置作业，他们均为北京外国语大学高级翻译学院的学生，当时他们是硕士一年级，学制二年，专业是口译、同声传译，笔者让他们假设自己是翻译教师，设计布置给学生的翻译作业，内容和文体不限，理论视角和考察点不限。由于笔者2008—2016年讲授的课程是英中笔译，2016—2019年讲授的是翻译研究方法论，所以，上述四个年级的绝大多数同学自主设计的作业都是英中笔译。但是仍有共39位学生自主设计了中英笔译的作业。其中，27位学生设计的是文学和文化内容的英译作业；9位学生设计的是把文学与文化内容与其他文体相对照；3位学生设计的是时政文本英译。我们列表并分析如下，从而管窥学生喜欢什么样的中国文学外译内容，希望能引发我们的思考，即学者关注的翻译选材和翻译专业的学生关注的翻译选材有哪些不同。

1. 文学与文化英译

在设计中英笔译作业的39位学生中，共有27位学生设计的是中国文学和文化内容的翻译作业。这反映出在当今社会注重实用和功效的背景下，当学生能够自主选择内容时，仍有多半的学生选择文学和文化内容的英译。

我们把27项任务再细分，发现现当代文学占21项，古典文学6项；散文13项，小说5项，诗歌3项，戏剧2项，其他4项；经典文学和文化占17项，通俗和新生作品10项。至于布置翻译作业的考察点和理论视角，则主要是通过翻译总结文化内

容的处理原则。

举例来说，一位同学在设计作业时写道："本次作业设计我选择的是中译英夏丏尊的《白马湖之冬》，作者用语平淡朴素，构思严谨周密，翻译时需要注意选词和逻辑。希望能通过翻译这篇文章，让译者体会异化和归化选择，体会如何处理其中的"白马湖""小后轩""书斋""罗宋帽""山水画""洋灯"等词，在能直接理解的基础上异化，不理解时异化加注或直接归化。最好做到不丢失文化趣味，又能让外国读者心领神会。同时也加强同学们对中国文化外译学习过程中的理解。"

这27位同学设计的作业任务详细列表如下：

序号	作业任务	考察点
1	翻译朱自清的散文《匆匆》	严复的"信达雅"
2	翻译文章《"墨乐"：带旋律的中国书法》（选自《今日中国》）	语句顺序调整和文化内容处理
3	首先，比较中国翻译家杨宪益和英国翻译家 David Hawkes（霍克斯）所译《红楼梦》；比较中国翻译家许渊冲和美国学者 Amy Lowell 所译的唐诗。然后改译《浮生六记》《茶馆》英译本的片段	体会和总结指导中国文化"走出去"的方针
4	翻译周国平的散文《灵魂是一个游子》	韩理德和哈桑（Halliday & Hasan）的衔接理论（Cohesion Theory）。比如，如何翻译原文中这段话："古希腊最伟大的哲学家柏拉图对此给出了一种解释。他推测，灵魂必定曾经在一个理想的世界里生活过，见识过完美无缺的美和善，所以，当它投胎到肉体中以后，现实世界里的未必完善的美和善的东西，会使它朦胧地回忆起那个理想世界，这既使它激动和快乐，又使它不满足而向往完善的美和善。"
5	古诗《寻隐者不遇》《秋思》的若干英译文对比分析	符号学与翻译
6	翻译散文《不是生活难过，而是你难过》	释意学派指导下的诠释性翻译，比如如何翻译原文中这段话："别总觉得社会现实，现实的根本就不是社会，而是你自己的心态"；"追逐成功久了，就会容易忘记你是谁。就好像夸父一直在逐日，到最后他也就只剩下太阳了"。

续表

序号	作业任务	考察点
7	首先，比较杨宪益和 David Hawkes（霍克斯）所译《红楼梦》第 34 回。然后改译钱钟书《围城》英译本的片段	纽马克（Newmark）的语义翻译（semantic translation）和交际翻译（communicative translation）
8	改译《西游记》英译本第九十九回	文化内容的处理，比如如何翻译原文中的："九九归真道行难，坚持笃志立玄关。必须苦练邪魔退，定要修持正法还。"
9	翻译夏丏尊的散文《白马湖之冬》	文化内容处理，比如原文中的"白马湖""小后轩""书斋""罗宋帽""山水画""洋灯"。
10	翻译三段与老舍有关的文字，对比翻译策略，第一段是作家网对老舍的生平介绍，第二段是《老舍自传》选段，第三段是老舍创作的抗战新诗《保民杀寇》	纽马克（Newmark）的文本功能类型（informative，expressive，vocative）
11	翻译 2007 年《三联生活周刊》上的一篇文章《曲艺尾声时代的叹息》	文化内容的处理，比如如何翻译原文中的："传统相声行，最为讲究师承相继。艺人要想公开卖艺，必须先认'门儿里头'的一位艺人为师，举行拜祖师爷、拜师父的仪式，懂得'门儿里头'的规矩、行话。否则经不起'门儿里头'同行艺人的'盘道'，就有被人抄家伙（乐器、道具）的危险。艺人也多出于卖艺世家，出生起就耳濡目染，练就一番'童子功'。"
12	翻译郝景芳的科幻小说《北京折叠》的片段	文化内容的处理，比如原文中的"步行街上挤满了刚刚下班的人。拥挤的男人女人围着小摊子挑土特产，大声讨价还价。食客围着塑料桌子，埋头在酸辣粉的热气腾腾中，饿虎扑食一般，白色蒸汽遮住了脸。油炸的香味弥漫。货摊上的酸枣和核桃堆成山，腊肉在头顶摇摆"。
13	改译萧红《商市街》中的散文《雪天》	女性主义特点
14	翻译丁玲《莎菲女士的日记》的片段	女性主义特点
15	翻译李清照的《声声慢》	女性主义特点
16	分析美国译者伊万·金翻译的《骆驼祥子》（*Rickshaw Boy*）中的片段	原作《骆驼祥子》发表于 1936 年，反映了中国下层劳动人民的疾苦与无奈，而英文版 *Rickshaw Boy* 于 1945 年出版，美国其时疲于战争，格外关注个人命运。对比原作与译作的不同写作背景，从而分析译者翻译策略。

续表

序号	作业任务	考察点
17	对比老舍《骆驼祥子》的两个英译本 *Camel Xiangzi* 和 *Rickshaw Boy* 中第五章	文化内容的处理，比如如何处理原文“学校不同，年纪不同，长相不同，可是都一样的讨厌，特别是坐在车上，再老实的也比猴子多着两手儿。把孩子们都送走，杨先生上衙门。送到衙门，赶紧回来，拉二太太上东安市场或去看亲友”。
18	翻译阿来的《尘埃落定》第二章的片段	文化内容的处理
19	改译李商隐的《锦瑟》	文化内容的处理
20	翻译学术文章《“异地为官”的制度》	奈达（Nida）的功能对等与文化内容翻译，比如如何处理原文中的“异地为官”“诸侯封国”“军阀割据”“乌纱帽”。
21	试译冯友兰的《中国哲学简史》第一章，然后和冯友兰自译的英文版进行对比	文化内容的处理，比如如何处理原文中的：“人们习惯于说中国有三教：儒教、道教、佛教。我们已经看出，儒家不是宗教。至于道家，它是一个哲学的学派；而道教才是宗教，二者有其区别。道家与道教的教义不仅不同，甚至相反。道家教人顺乎自然，而道教教人反乎自然。”
22	翻译新闻报道《饶宗颐：一座中华文化的高峰》	文化内容翻译，比如如何翻译：饶宗颐“出身书香名门，自学而成一代宗师。其茹古涵今之学，上及夏商，下至明清，经史子集，诗词歌赋，书画金石，无一不精；其贯通中西之学，则甲骨敦煌，梵文巴利，希腊楔形，楚汉简帛，无一不晓。人谓‘业精六学，才备九能，已臻化境’……”
23	分析电视节目《非诚勿扰》在澳大利亚播出时的英译	奈达（Nida）的功能对等和字幕翻译
24	翻译成都杜甫草堂旅游景区简介	纽马克（Newmark）的文本功能类型（informative, expressive, vocative）
25	翻译黄山景区和北京孔庙景区简介	功能学派目的论的目的、语际连贯、语内连贯法则
26	翻译河南省开封市清明上河园景区简介	功能学派目的论的目的、语际连贯、语内连贯法则
27	翻译两段关于绘画的文字，对比翻译策略，第一段选自关于北宋名画《溪山行旅图》的描述，第二段选自丰子恺先生的《学画回忆》	纽马克（Newmark）的文本功能类型（informative, expressive, vocative）

2. 文学与文化内容和其他文体相对照下的英译

也有学生设计的是把文学和文化内容与其他文体相对照下的翻译作业。在设计中英笔译作业的 39 位学生中，共有 9 位学生这样做。由于笔者讲课讲到了英国翻译理论家彼得·纽马克（Peter Newmark）的文本功能类型，相应的，这 9 位同学运用的理论视角几乎全都是纽马克的文本功能类型（informative, expressive, vocative），即信息类文本考察译文准确；表达类文本比如文学，考察译文是否贴近原文风格；呼唤类文本比如广告，考察译文是否引起译文读者的反应。

与已述 27 位同学不同，这 9 位同学把文学翻译同其他文体相对照来进行考虑，在大的背景下进行翻译实践，属于自上而下的思维方式，也是值得肯定的。比如一位同学在设计作业时写道："以下文本一是对于北宋名画《溪山行旅图》的描述。这段话属于信息型文本，但节选部分对画作的描述不失优美，含有很多文化专有项。文本二节选自丰子恺先生的《学画回忆》，是表达型文本，描写自然随和，偏口语化。两篇文章都是关于作画，但是风格大相径庭。主要考察中国文化与文学外译。翻译时需要思考怎样把握文体风格，再现原文意象。"

这 9 位同学设计的作业任务详细列表如下：

序号	作业任务	考察点
1	翻译三段文字，对比翻译策略，第一段是十八大报告，第二段是雀巢广告词，第三段是杭州九里松酒店简介	纽马克（Newmark）的文本功能类型（informative, expressive, vocative）
2	翻译玛氏 - 箭牌综合管理培训生项目（Mars-Wrigley General Management Trainee Program）招聘广告	纽马克（Newmark）的文本功能类型（informative, expressive, vocative）,
3	翻译三段文字，对比翻译策略，第一段是 2015 年政府工作报告，第二段是俞敏洪在同济大学的演讲，第三段是时间戒指产品说明	奈达（Nida）的功能对等
4	翻译三段外宣文本，第一段是 2010 年政府工作报告，第二段是公司简介，第三段是高校简介	奈达（Nida）的功能对等与纽马克（Newmark）的文本功能类型（informative, expressive, vocative）
5	翻译关于都江堰景区的文字，第一段是余秋雨的《文化苦旅》中"都江堰"一章，第二段是都江堰乡村游的推介宣传	纽马克（Newmark）的文本功能类型（informative, expressive, vocative）

续表

序号	作业任务	考察点
6	翻译两段关于青岛的文字，对比翻译策略，第一段是维基百科上关于青岛的科普简介，第二段是老舍的散文《五月的青岛》	纽马克（Newmark）的文本功能类型（informative, expressive, vocative）
7	翻译两段关于九寨沟的文字，对比翻译策略，第一段是科普文章，第二段是散文	纽马克（Newmark）的文本功能类型（informative, expressive, vocative）
8	翻译两段关于火烧云的文字，对比翻译策略，第一段选自小学语文课本，第二段是选自天气网上的科普文章	纽马克（Newmark）的文本功能类型（informative, expressive, vocative）
9	翻译三段关于青岛崂山的文字，对比翻译策略，第一段是百度上崂山风景简介，第二段是梁实秋先生的散文《忆青岛》，第三段是青岛崂山的旅游推介	纽马克（Newmark）的文本功能类型（informative, expressive, vocative）

3. 时政文本翻译

在设计中英笔译作业的39位学生中，也有3位学生设计的是时政文本的翻译，如下表所示：

序号	作业任务	考察点
1	翻译《习近平谈治国理政》段落	功能学派目的论的目的、语际连贯、语内连贯法则
2	改译《2015年政府工作报告》若干片段	功能学派目的论的目的、语际连贯、语内连贯法则
3	改译《2015年政府工作报告》第五部分	奈达（Nida）的功能对等

如前所述，在设计中英笔译作业的39位学生中，共有27位学生设计的是中国文学和文化内容的翻译作业。这反映出有多半的学生选择文学和文化内容的英译。我们把27项任务再细分，发现现当代文学占21项，古典文学6项；经典文学和文化占17项，通俗和新生作品10项。这说明学生的中国文学英译选材也是重视当代社会，重视经典，但选择通俗和新生作品的比例也非常高，这与上面伯克利分校和亚马逊网站的调查结果是不一致的。此外，学生选材更多是贴近个人喜好或者考虑该文本是否体现翻译策略，并不侧重于该文本是否有很高的文学价值，这与笔者在

伯克利分校和亚马逊网站的调查结果也是不一致的。

国家形象是一个综合性工程，不仅由单种元素构成。中国文学的英译选材也要有系统性和针对性。首先，我们要有官方的标准，选主旋律的作品。其次，要关注当代。再次，我们要把既有民族性也有世界性的作品介绍出去。最后，学术界也要倾听来自一线教学的呼声。这样，我国的中译英人才培养和中译英事业才可持续发展。

第四章　中国文学英译中的文化词

——葛浩文："确实，越来越多的中国读者开始阅读英译作品，并且乐于寻找译文与原文的错漏之处。读者英文水平的提高和对翻译的浓厚兴趣固然是可喜之事，但任何一个作品的选择翻译和出版发行都是一个复杂的社会文化事件，译作评论并不等于译者评论，回归适当的语境才是可行之道。"（李文静，2012：60）

一、还是从归化与异化说起

"译者处理的是个别的词，他面对的则是两大片文化。"（王佐良，1989：19）翻译不仅是语言符号的转换，也是思想文化的交流。翻译就其本质而言是一种跨文化的交流活动，它是不同语言、文化之间相互沟通理解的方式。但是传统的语言学翻译观基本上由忠实、准确、对等概念所主导，以语言分析和文本对照为主，局限于静态语言转换机制。这种传统的语言学译论忽略了对翻译活动起重大影响甚至制约作用的外部因素，如译者的知识背景、道德观念、政治立场等，也忽略了翻译的活动场所和文化语境。

20 世纪七八十年代以后的文化研究和文化转向（cultural studies, cultural turn）促使学者们探讨权力、意识形态、赞助人等影响翻译的政治因素。人们开始反思传统译论中有关语言平等、文化平等、意义对等、语义等值的翻译理想是否只是假设，因为这些理想是假设翻译在不受任何外界干扰与影响的真空条件下进行，原语文化与译语文化处于完全平等的地位；作者与译者完全价值中立，译文与原文完全可以等值。

因此，文化转向不再拘泥于复制原作的意思，而是考虑翻译过程的社会、文化背景，把视角挪到翻译的外围，即文化、社会、政治等制约翻译文本和翻译过程的因素。相应地更着重于探讨翻译过程和译者的选择，而不是只看翻译结果的对错。知其所以然，绕到背后去，甚至包括考察误译的内容，为何会误译，误译是否反而是必然的，等等。英国翻译理论家巴斯奈特（Susan Bassnett）和美国翻译家勒弗维尔（Andre Lefevere）认为，翻译研究进入 90 年代，其历史性的转折点是文化研究（Gentzler, 1993: 185），巴斯奈特在其著作《翻译研究》（*Translation Studies*，1980）中指出，翻译的过程是源语文本和译语文本之间文化观念进行转码的过程。学术界把这种研究视角的转变称作翻译的文化转向，即翻译研究的文化学派。勒弗维尔主张的影响翻译过程的三要素：诗学 Poetics，意识形态 Ideology，赞助人 Patronage、韦努蒂（Lawrence Venuti）的后殖民主义翻译（Postcolonialism）、解构主义翻译（Deconstruction）、女性主义翻译（Feminism）、多元系统观（Polysystem）等都属于翻译的文化学派。这里的文化不仅仅指探讨文化词汇的翻译，更指采取文化研究模式来探讨地域、权力、意识形态等影响翻译的政治和文化因素以及译者相应的考虑。

20 世纪 80 年代末期，文化学派的重要一支——后殖民主义开始在学术界广受关注。后殖民主义研究殖民时代结束之后宗主国与殖民地之间的文化话语权力关系，以及种族主义、文化帝国主义等问题，但是它的研究范围不只限于宗主国和殖民地，也包含了任何两种文化（一为强势文化，一为弱势文化）之间的关系，它认为不同文化之间存在着权力差异（power differentials）。

后殖民主义理论主要是由出生在原殖民地而后在宗主国中成长的一批知识分子提出的。以巴勒斯坦人后裔爱德华·萨义德（Edward Said）的《东方主义》（*Orientalism*，1978）的出版为成熟的标志。在这部书中萨义德讨论的并不是对东方本身的研究，而是研究一种存在于西方人脑中、作为一种观念的“东方主义”。一方面，东方几乎是被欧洲人凭空创造出来的地方，自古以来就代表着罗曼司、异国情调、美丽的风景、难忘的回忆、非凡的经历。异域文化的美妙色彩使得帝国主义权力者就此对东方产生征服的利益心或据为己有的欲望。另一方面，东方又以宗主国强大神话的一个虚弱陪衬和“他者”的形象存在，被西方人认为幼稚、懒惰、愚昧，以显示西方文化的无上优越感。在萨义德之后，最主要的后殖民主义理论家有伽亚特里·斯皮瓦克（Gayatri Chakravorty Spivak）、特贾斯维莉·尼南贾纳（Tejaswini Niranjana）、霍米·巴巴（Homi K. Bhabha）。

西方翻译理论基本与现代语言学的发展同步。结构主义语言学派翻译理论盛行的时期是20世纪五六十年代，翻译理论家倾向于从语言学角度来看待翻译。20世纪六七十年代在西方翻译界盛行的是奈达（Eugene Nida）的对等和等效论。1964年奈达提出了翻译过程三阶段的模式：分析、转换和重组。他还提出与形式对等相对立的"动态对等"概念，指出"动态对等是指译文中的信息接受者对译文的反应应该与源语接受者对原文信息的反应程度基本相同"。虽然在80年代，奈达又修正了"动态对等"论并提出了"功能对等"概念，以达到内容与形式的兼顾，但是奈达在解释翻译的性质时说，翻译是在译入语中用最切近、最自然的对等语再现源语的信息（Nida, 1969: 12），首先是语义上的对等，其次是风格上的对等。这种方法依然是把翻译圈定在语言层次的范围之内，而没有认识到翻译的本质不仅是纯语言方面的转换，也是建立在语言形式上的不同文化间的交流，这导致对等理论在处理文化因素时显得不足。这种纯语言学翻译理论的缺陷就促成了20世纪80年代西方翻译研究中文化的转向，使人们更多地关注意识形态、文化取向、政治，也更多地关注译文的社会效应和实现的功能。

后殖民主义运用到翻译中，就是后殖民主义翻译观，使翻译有了鲜明的政治色彩。后殖民主义翻译观探讨翻译和地缘政治的关系，探讨"隐藏在译文变形和置换背后的两种文化之间的权力争斗和权力运作"（王东风，2003：4），即在译文变形和置换的背后是从强势文化向弱势文化翻译，还是从弱势文化向强势文化翻译，是在文化转型期还是在文化发展的稳定期等。

尼南贾纳（Tejaswini Niranjana）是当代最负盛名的后殖民主义翻译理论家之一，她于1992年发表了《给翻译定位：历史、后结构主义与殖民主义语境》（*Sitting Translation: History, Post-structuralism and the Colonial Context*），论述涉及殖民主义背景下翻译发挥的作用的所有方面，即哲学的、语言学的和政治学的。她把自己的研究放在后殖民主义的背景下，认为翻译自始至终是政治行为。另一位后殖民主义翻译观的代表人物是斯皮瓦克（Gayatri Chakravorty Spivak）。1993年，印度裔美国后殖民批评家斯皮瓦克在《局外的教学机器》（*Outside in the Teaching Machine*）中书写了“翻译的政治”（The Politics of Translation）一章正式提出了这个命题，主要指向翻译在两种不同文化碰撞与交融过程中呈现或隐现的权力关系，主观因素涉及译者的能力、身份、操纵策略与组织方式，客观因素则是含媒体、出版社、期刊等在内的赞助人制度、作为成果的译作以及暴力与挪用等层面。

美国翻译理论家韦努蒂（Lawrence Venuti）更为后殖民主义翻译观做出重要贡献，韦努蒂重点阐述了归化与异化两种翻译途径。韦努蒂于1995年在其著作《译者的隐身：一部翻译史》（*The Translator's Invisibility: A History of Translation*）中将第一种方法称为“异化法”，foreignizing method，保留外国文本中异己的成分，故意用不通顺、不流畅的非惯用表达方式，破坏目的语文化的规范，如：阴（yin）、阳（yang）、功夫（Gongfu）等；将第二种称为“归化法”，domesticating method，用透明、通顺的译文将异域文本的“陌生性”降低到最低。

归化与异化主要指在翻译过程中介入文化因素时对文化处理的方法，也可以说是以作者为中心还是以读者为中心。该术语源自德国学者施莱尔马赫（Schleiermacher）于1813年宣读的一篇论文。施莱尔马赫着重探讨了翻译与理解之间不可分割的关系，指出翻译有两种情况：译者要么尽可能不去打扰作者，而让读者向作者靠拢；要么尽可能不去打扰读者，而让作者向读者靠拢。曾有学生问：“What is the difference between foreignizing method and domesticating method versus literal translation and free translation?”回答：归化和异化的翻译策略不等于直译和意译。王东风在《归化与异化：矛与盾的交锋》一文中提出：“归化和异化可看作直译和意译概念的延伸，但并不等同于直译和意译……如果说直译（literal translation）和意译（free translation）是语言层次的讨论，那么，归化和异化则是将语言层次的讨论延续升格至文化、诗学和政治层面。”（2002：25）

我们以杨宪益和霍克斯（David Hawkes）的《红楼梦》英译本为例，看归化与异化译法的区别。大体上来说，杨宪益实行的是异化的方法，霍克斯实行的是归化的方法。

	杨宪益	霍克斯
重阳节	the Double Ninth	the autumn day ends
天有不测风云，人有旦夕祸福	the storms gather without warning in nature and bad luck befalls men overnight	the weather and human life are both unpredictable
风月笔墨	writers of breeze and moon night school	the erotic novel
谋事在人，成事在天	Man proposes, Heaven disposes.	Man proposes, God disposes.
第一回《好了歌》中第一行“世人都晓神仙好”	All men long to be immortals.	All men know that salvation should be won.
第一回 那僧笑道：“只因西方灵河岸上三生石畔，有绛珠仙草一株，时有赤霞宫神瑛侍者，日以甘露灌溉，这绛珠草始得久延岁月。”	The monk smiled. “In the west, on the bank of the Sacred River, beside the Stone of Three Incarnations there grew a Vermilion Pearl Plant which was watered every day with sweet dew by the attendant Shen Ying in the Palace of Red Jade. …”	“But most of his time he spent west of Sunset Glow exploring the banks of the Magic River. There, by the Rock of Rebirth, he found the beautiful Crimson Pearl Flower, for which he conceived such a fancy that he took to watering her every day with sweet dew, thereby conferring on her the gift of life.”
第三回 宝玉因知他本姓花，又曾见旧人诗句上有“花气袭人”之句，遂回明贾母，更名袭人。	Baoyu knew that her surname was Hua and remembered a line of poetry which ran, “the fragrance of flowers assails men.” So he asked his grandmother’s permission to change her name to Xiren. Notes: Flower Literally “assails men.”	It was Bao-yu who was responsible for the curious name “Aroma”. Discovering that Pearl’s surname was Hua, which means “Flowers”, and having recently come across the line “The flowers’ aroma breathes of hotter days” in a book of poems, he told his grandmother that he wanted to call his new maid “Aroma”, so “Aroma” her name thenceforth became.
第五回 枉凝眉：一个是阆苑仙葩，一个是美玉无瑕。	Vain Longing: One is immortal flower of fairyland, the other fair flawless jade.	Hope Betrayed: One was a flower from paradise, one a pure jade without spot or stain.

在国外口碑较好、销量尚佳的译本还是以归化为主，过度异化的文本往往会遭受冷遇，最终被束之高阁。当然，也有少数国外翻译家在中译英时更注意在译本中保留原作的语言文化特征。但从文化及文学传播视角看，不同语言间的文化差异及不可译性阻碍了其传播，而归化翻译策略能较好消除这一障碍，让不同国度的读者

看到中国发生的故事以及文化的共通点，在文化的陌生感逐渐消除后，西方读者自然要进一步提出文化通融的要求。如下：

例 1： 这山望着那山高。

译文 1： If you stand on a mountain, you feel the distant mountain seems higher than yours.

译文 2： The grass always looks greener on the other side.（另一边的草，看起来总是绿些）

译文 1 当然无误，但这是异化的做法，恐怕会让英美人愣一下，想一下，然后才懂。译文 2 让外国人觉得更贴近，这里当然就是采取了归化的译法。

例 2： 跑得了和尚跑不了庙。

译文 1： Escape? But his home and property can' t escape.

译文 2： The monk may run away, but the temple can' t run away with him.

例 3： 且说天下名山，除王母所住昆仑之外，海岛中有三座名山：一名**蓬莱**，二名方丈，三名瀛洲。都是道路窎远，其高异常。（李汝珍，《镜花缘》第一回）

译文： Of the great mountains under heaven, apart from the Kunlun, where the Western Queen Mother resides, there are known to be three in the islands overseas; **the Penglai**, the Fangchang, and the Yingchow. All are mountains of great height, far away and difficult to climb.（林太乙译本）

例 4： **蓬山**此去无多路，青鸟殷勤为探看（李商隐，《无题》）

译文： To the **three fairy hills** it is not a long way

Would the bluebird oft fly to see her on the height?

韦努蒂在《译者的隐身：一部翻译史》中强调了归化翻译、后殖民主义与文化侵略之间的关系。韦努蒂在考察了 17 世纪以来 200 多年间译成英语的作品之后发现，英美文化有偏爱流畅译文、贬斥异化翻译的传统。英美国家译者在翻译弱势文化作品的过程中，将英美的价值取向、意识形态和思想观念加入到原文中去，把原文语境里的语言与文化差异弱化甚至抹掉，实施的是归化的翻译策略。韦努蒂认为通顺和归化的翻译背后实际上隐藏了一种变相的强势文化对弱势文化的侵略。

我们还是举例来说。我国的诗歌被译成英文后会出现很多带有西方宗教文化色彩的词汇，如天堂（heaven, paradise）、上帝（God）、圣徒（sage and saint）、命运（fate, fortune）、灵魂（spirit）、牧师（priest）。原本植根于中国土壤中的儒家等宗教文化思想经过译者的转换后完全变成了基督教文化。西方读者在阅读他们以为的“中国诗歌”时，丝毫不会觉得陌生，他们读到的不过是早已熟悉的。这就导致拥有五千年的古老历史的中国在走向国际文化舞台时却扮演着一个迟误的他者（other）形象。这也是为什么西方的一些后现代主义作家如艾略特（T. S. Eliot）及埃兹拉•庞德（Ezra Pound）在翻译中都提倡异化原则。

相应地，韦努蒂提出了反对通顺译文的阻抗式翻译（Resistancy）策略，即反对英美传统的归化，由弱势文化语言译入英语时要采取异化，最大限度地再现原语的特点和文化色彩，展示弱势文化国家的异域文化形式，反映不同文化之间的差异。韦努蒂认为，归化是一种将外国文本简约为目的语语言和价值标准的译法，是一种带有种族中心主义的翻译策略；异化则体现了将读者带到异国他乡的多元文化价值观。和韦努蒂异化翻译的思路一致，一些中国学者还主张中译英时可以在国际英语中增加“中国英语”（Sino-English）这个变体，或者把更多的中国文化词汇音译到英语中去。

韦努蒂与施莱尔马赫的不同之处在于，施莱尔马赫是基于对翻译的哲学思考，而韦努蒂是文化和政治上的思考。比如说，韦努蒂认为中译英时的归化翻译的最大特点就是采用流畅地道的英语进行翻译，原文的陌生感被淡化，译作由此而变得透明，翻译者的努力也就被流畅的译文所掩盖，译者隐形，不同文化之间的差异也被掩盖了。

但是，韦努蒂提倡的异化的阻抗式翻译也有危险。首先是出版的问题，然后是读者接受的问题。葛浩文曾说过：“‘意译’派在出版方面更胜一筹，因为无论是商业出版社还是大学出版社都推崇意译派的译著。对此无论我们是庆幸也好，悲伤也罢，事实依旧是，在那些‘可译’的小说里，‘可读性’好的译作才能出版。”（葛浩文，《葛浩文文集：论中国文学》，2014：199）在强烈的读者意识的引领下，葛浩文倾向“遵守译入语主流文化规范的归化式译法”（胡安江，2010）。这里的原因也不难分析，韦努蒂是政治上的思考，目的是阻抗西方霸权；而葛浩文是读者和社会上的思考，目的是把中国作品传播到西方。事实上，比较成功的中文英译如庞德的《神州集》、林语堂的《中国传奇》，都是融入了西方读者的语言文化特点和阅读习惯，从而在国外畅销。形式是为内容服务的，对文学作品进行再创造才能有效规避和减少中国文化“走出去”的风险和阻力，才能确保文化传播的成功。

如果我们回顾奈达对翻译的定义：“翻译是指从语义到文体在译语中用最贴近而又最自然的对等语再现原文的信息。”（Nida, 1969: 12）我们就可知道，通顺翻译仍然占主导，无论译入还是译出哪种语言，异化的翻译理论和实践的意义更多地表现在伦理层面。国内学术界很多人也对韦努蒂的异化翻译策略提出质疑，因为，既然韦努蒂理论目的是要挑战西方的中心文化，那么他的这个理论自然不是处于西方文化的中心，我们再用它来指导中国文学的英译，那恐怕一时很难达到向西方世界传播我们的声音的目的。

二、福柯和译者臣服性与主体性

与前文所述的后殖民主义翻译观相关的一个理论视角是米歇尔·福柯（Michel Foucault）的理论，他的理论和文学、历史、政治、哲学、翻译都能紧密结合，而且对中国文学外译很有借鉴意义，但被低估和忽视了。福柯认为话语是所有言说的总和，主体进行言说的过程就是知识产生的过程，但并非任何主体的言说都会被看作是合法的知识，能够参与流通。主体就某一对象的言说，只有符合主流话语规范才能得到各种权力机构的支持；反之则会被排除在主流话语之外。在主流话语的影响之下，不但周围的人这样认定其身份，就连这些群体自己也是这样认定自己身份的。他们的思想和行为受各种话语影响、规范，甚至控制。从这个意义上看，主体体现出臣服性。（乔幪，2013：31）这就是为什么福柯的理论中充满着监狱、容器、看与被看等意象，联系到翻译中来，这体现了译者的臣服性。韦努蒂在得出弱势文化译入英美强势文化采取的通常是归化的翻译策略后，主张异化翻译从而彰显文化差异，为弱势文化说话。与韦努蒂的研究路线一致，在得出主体对权力机构的臣服后，福柯在《权力与话语》中指出人类历史上有三类反抗斗争：反统治、反剥削、反臣服和反依附。最后一类指反对臣服和依附于他人或是依附于自身身份，从而失去能动性。福柯认为我们不是要发现自己是谁，而是要探究我们可能会成为谁，换言之，我们要反对主流话语对于我们主体性的认定，我们要发挥能动主体性。

用福柯的理论来看翻译，译文是在译入语文化中被接受的，译者是一个带有过滤网的容器，而这个过滤网便是译入语话语体系。为了使自己的翻译为译入语话语所接受，译者必须获得译入语权力机构的支持，这些权力机构包括出版社、图书馆、学术机构和政府机构。因此译者在选取翻译材料和制定翻译策略时要顺从译入语话语的规范，体现出臣服性。但是反过来看，译者又具备反臣服的主观能动性，即译者主体性，确实，当翻译研究不再囿于传统的忠实对等观的同时，也就提升了译者主体性。

我们还是以葛浩文为例就能说明问题。葛浩文的译介策略与美国的主流文学规范和社会文化体系的制约密不可分，他选择翻译哪些文本、他对原文的篇章结构调整和增删等都受到一系列社会规范的制约。这说明成功的译作与译文读者的阅读期待和译入语社会的文化息息相关，就像福柯指出的，主体就某一对象的言说只有符合主流话语规范才能得到各种权力机构的支持；反之则会被排除在主流话语之外。甚至是译者对原文的大胆反叛也必然是有更大的支撑才行，否则，这种反叛就是乱译。迄今为止，向英语国家成功译介中国文学的翻译家必须谙熟英语语境的文化观念、审美习惯，并了解英语读者的阅读感受。当然，从另一个角度看，文学翻译中的创造性就明显体现出福柯笔下的个体的反臣服倾向。

三、佐哈的多元系统观

与后殖民主义翻译观相关的另一个理论视角是伊塔马·埃文-佐哈（Itamar Even-Zohar）的多元系统理论，它更是能与文学翻译紧密结合。多元系统翻译观是指当一个国家的文化和文学体系中翻译文学位于主导位置时，翻译文学的语言特色、诗学形态会更接近原著，原著中大多数的新元素被介绍到译入语文化系统中。反之，当翻译文学处于译入语国家文化系统的次要位置时，译者选择臣服或遵守译入语文学系统内的规范，在译入语文化系统中寻找已有的文化翻译模式，译者不得不放弃或修改原作里的内容或形式，希冀实现译文的可读性。

举例来说，19 世纪 50 年代，荷马（Homer）和维吉尔（Vigil）的史诗都被译为散文就是受到当时主流文学思想“史诗已死”的影响而做的改写，同时，当时的读者普遍青睐小说类作品。后来，主流诗学思想发生改变，荷马和维吉尔的作品又被译介为韵文。因此，主流诗学的改变引导译者追随这些变化，并将变化后的风格体现在译作中。再比如，清末民初乃至五四时期，用白话文取代传统的文言文的呼声日益高涨，让国家奋发图强是每个人的心愿，翻译文学这时就处于中国文学中的主导位置，那时我国翻译引进了许多西方小说，也诞生了严复和林纾这样的翻译家。虽然他们的译文语言仍然靠近士大夫阶层的语言，很文雅，但是译作中保留了许多西方的文化、政治、科技元素，为的就是学习别国的长处从而振兴中国，不管我们用意识形态对翻译的影响来分析，还是用多元系统观来分析那时的翻译行为，都能得出同样的结论。

用佐哈的多元系统观来分析中国当代文学外译就可看出，比如若把中国文学翻译到美国去，如果翻译文学在美国文学系统中还处于次要位置，中译英时的译者就会选择屈服或遵守英语文学系统内的规范，那么，像葛浩文这样的翻译家自然受美国主流诗学的影响，选择读者熟悉的意象和表达习惯，以符合读者的阅读习惯和审美情趣，当然他也同时尽量保留原文的特色。比如董静以《狼图腾》为例，分析指出："从多元系统角度来看，中国文学的译作在西方国家处于边缘地位，为了使译作更顺利地进入译语文化系统，译者就要采用'可接受性'的翻译，使目的语读者轻松阅读。加上译者是个地道的美国人，《狼图腾》英译本的可接受性就更为明显，作者大幅度地删减原文和调整结构就足以证明这一点。但是，作为著名汉学家的葛浩文在译介中国文学时绝不是以取悦大众、占领市场为主要目的，他在传播中国文化这一方面也有突出贡献。所以，葛浩文并不是把原作改译成一部惊险刺激的东方小说，而是适当地以异化的方法译介了一些有关中国文化传统的内容，使读者感受到遥远的蒙古草原魅力。因此，《狼图腾》英译本属于'可接受性'翻译。"（2010：92）

其实总结起来说，我国学术界对中国文学英译的策略形成两派的不同意见，一派认为增删和变通的翻译策略只在现阶段有合理性，随着时代的变化，应被更忠实、更准确的翻译方法所取代；另一派认为译者们首先就得有外向心态，敢于增删和变通原文，让中国文学译本走近西方读者，让西方读者首先了解我们的文化常规与思维方式。两派学者孰是孰非可能永远争论不出个结果，但结合多元系统翻译观，笔者认为只有当中国国力和综合实力再上一个台阶时，即西方不再只是欢迎符合他们认知的中国文学和文化，那时外译的中国文学在西方主流文学中自然不再只占次要地位，那时的译者自然会选择不以归化为主的翻译策略。换句话说，可以预见今后一段时间内，翻译文学在西方国家的文化系统中还会处于次要位置，即中国文学还会处于西方文化的抵抗与改写中，那么，外译的中国当代文学还会是归化、可读为主导。随着中国国力的日益上升，文化影响的日益扩大，中国文学作品遭遇改写的可能性会越来越低。也就是说，中国文学英译具有阶段性特征，它和中国国力的日趋强大紧密相连。

四、书名和标题

本章探讨文化词汇的翻译，所以我们从书名和标题的翻译谈起。书名的翻译要体现读者意识和商业目的，我们稍微从中国文学英译移开一下视角，看看当代电影和戏剧片名的翻译。无论是中译英还是英译中，归化翻译都比异化翻译更好懂、好记，符合商业目的。

这样的英译中的例子不胜枚举，如：

① *The Big Bang Theory* 生活大爆炸 vs. 天才理论传

② *Dexter* 双面法医 vs. 嗜血判官

③ *Lie To Me* 千谎百计 vs. 别对我撒谎

④ *Mission Impossible* 碟中谍 vs. 职业特攻队 vs. 不可能完成的任务

⑤ *One Flew over the Cuckoo's Nest* 飞越疯人院 vs. 飞越杜鹃窝

⑥ *Rebecca* 蝴蝶梦 vs. 瑞贝卡

⑦ *Waterloo Bridge* 魂断蓝桥 vs. 滑铁卢桥

⑧ *The Wizard of Oz* 绿野仙踪（仿清朝李百川的长篇小说《绿野仙踪》）vs. 奥兹国的魔法师

下面的例子为节省篇幅，不再提供对比译法。

① *Bewitched* 家有仙妻

② *Billy Elliot* 舞出我天地

③ *Catch Me If You Can* 猫鼠游戏

④ *Driving Miss Daisy* 温馨接送情

⑤ *Hilary and Jackie* 她比烟花寂寞

⑥ *Home Alone* 小鬼当家

⑦ *Kate and Leopold* 穿越时空爱上你

⑧ *Mr. Bean* 憨豆先生

⑨ *My Fair Lady* 窈窕淑女

⑩ *Oliver Twist* 雾都孤儿

⑪ *Sabrina* 情归巴黎

⑫ *Seven* 七宗罪

⑬ *Sister Act* 修女也疯狂

⑭ *Speed* 生死时速

⑮ *Thelma & Louise* 末路狂花

众多的佳译，笔者最欣赏的是 *Forrest Gump* 归化为《阿甘正传》，而不是主人公的名字弗罗斯特·甘普。翻译借用鲁迅的《阿 Q 正传》，点出这是一部人物传记题材，而“甘”字又点出了主人公的姓氏，和 Gump 相近。“阿甘”这个中国式的称呼亲切上口、深入人心。这是一个中西文化结合的经典译名。

当然，如果电影片名中有中国观众所熟知的民族性元素，或者片名本身简洁易懂，异化处理就完全没有问题，比如：

① *Casablanca* 卡萨布兰卡

② *Cold Mountain* 冷山

③ *The Godfather* 教父

④ *Jane Eyre* 简爱

⑤ *Mona Lisa Smile* 蒙娜丽莎的微笑

⑥ *The Old Man and the Sea* 老人与海

⑦ *Romeo and Juliet* 罗密欧与朱丽叶

⑧ *Silas Marner* 织工马南

⑨ *The Silence of Lambs* 沉默的羔羊

⑩ *Sound of Music* 仙乐飘飘处处闻（香港译名）vs. 音乐之声（大陆译名）vs. 真善美（台湾译名）

香港译名仿白居易《长恨歌》中“骊宫高处入青云，仙乐风飘处处闻”。今天来看，

《音乐之声》译名已家喻户晓，一个原因是 *Sound of Music* 本身比较简洁，所以直接翻译也不妨碍目的语读者的理解。

中译英这样的例子如：

例 1：电影《霍元甲》的英译是“The Legend of A Fighter”。

明显是归化翻译。如果直接翻成 Huo Yuanjia，对于外国人来说不会有任何的意义，只是一串念得很拗口的字母而已。而“The Legend of A Fighter”不仅符合电影内容，而且十分图像化，能够在观者头脑中形成一个勇敢无畏的勇士形象，也让观者对电影内容产生相应的预期。

例 2：电影《东邪西毒》的英译是“The Ashes of Time”。

不仅是归化翻译，而且让人感觉是武侠文艺片。笔者的一个学生写道：“片名的英译在恢宏大气中透着冷冷的哀伤。我其实觉得把英文标题回译成中文如《尘封岁月》作为中文标题，可能反而比《东邪西毒》更切合电影主题。”

例 3：《精武门》的英译是“The Fist of Fury”。

李小龙的电影，片名照样是归化翻译。直译的话，恐怕也不能给西方观众留下任何印象。而该译法确有许多巧妙之处。首先，F 和 F 押头韵，朗朗上口。其次，呼应电影内容，“愤怒之拳”使人观片兴趣大增。

也有归化翻译处理得不理想的，如：

例 4：电影《霸王别姬》译为“Farewell, My Concubine”。

楚霸王项羽的形象被抹掉，而虞姬只用 Concubine 来替代。译名中抹去项羽的名字是可以理解的，因为原文的第三人称变成译文的第一人称。但是用 Concubine 来指代虞姬是不妥的，译者也许是为了增加一些东方神秘元素才这样译。

例 5：电影《大话西游之月光宝盒》译为“Chinese Odyssey: Pandora's Box”。

更明显，“Odyssey”“Pandora's Box”都是归化到西方文化，体现了对源语文化的忽视。

地名的处理也有很多翻译得很美的，我们举几个英译中归化翻译的例子，如下：

例 6：Fontainebleau—— 芳丹薄罗；枫丹白露。

Fontainebleau 是法国巴黎大都会区的一个地名，在语法中意为“美丽的泉水”。两个汉译都兼具归化和异化的特点。一方面在声音上接近原法语发音，可以说比较接近音译，而同时却十分图像化，中国人看了之后，能够在头脑中形成鲜明的图像。第一译的译者是诗人徐志摩，第二译的译者是作家朱自清。

例 7：Avenue des Champs Elysees —— 香榭丽舍大街。

法国著名街道名。该译法集归化和异化之大成，既有音韵和谐的异域风情，又富于美轮美奂的建筑之美、艺术之美。据说译者是大画家徐悲鸿。

例 8：Angor Wat 吴哥窟（归化）。

例 9：Phnom Penh 金边（归化）。

例 10：Her new green flowered-muslin dress spread its twelve yards of billowing material over her hoops and exactly matched the flat-heeled green morocco slippers her father had recently brought her from **Atlanta**. (*Gone with the wind*)

译文：她身上穿着一件新制的绿色花布春衫，从弹簧箍上撑出波浪纹的长裙，配着脚上一双也是绿色的低跟鞋，是她父亲新近从**饿狼陀**买来给她的。（傅东华，《飘》）

傅译中将很多人名、地名都采取了归化译法，比如此句中的 Atlanta 译为饿狼陀，“陀”字恰是中国的表地名的后缀词之一，使得译文颇具中国气息。现在译作亚特兰大。

例 11: He's kind of set on getting an education, and you two have pulled him out of the **University of Virginia and Alabama and South Carolina and now Georgia**. (*Gone with the wind*)

译文：他向来把教育看得很认真的。以前在**佛大、亚大、南大**，他们都给你拖了出来，现在**肇大**，又给你们连累得读不成。（傅东华，《飘》）

译者将机构名称按汉语中的表达方式翻译，将大学的名称仿照中国的“北大”“人大”等形式翻译。

《飘》的地名翻译还有“陶乐场”（Tara）“肇嘉州”（Georgia）“钟氏坡”（Jonesboro）

“曹氏屯”（Charleston）等。地名中的“陀、场、州、坡、屯”等常用于中国地名之中。这样的归化使傅译本的《飘》像中国小说。今天的读者知道 Georgia 是佐治亚州而不是肇嘉州。但傅东华对地名的归化在当时来说是很有效的，能够使当时中国读者更轻松地接受这部作品。

当然随着时代的变迁，异化翻译地名已是普遍的趋势。

例 12： *The Wizard of Oz* 绿野仙踪

Oz 意为虚幻的、不可思议的奇异仙境。译名套用清朝李百川的《绿野仙踪》，因为《绿野仙踪》写神仙传奇，世风人情。但是现在也有版本直接译为“奥兹城的巫师”。

例 13： New York was never **Mecca** to me. And even though I have lived there more than half my life, you won't find me wearing an “I love New York” T-shirt.

异化翻译： 纽约对我绝不是**麦加**。虽然我已经在这里住了大半辈子，你不会看到我穿上一件“我爱纽约”的 T 恤衫。（译者注：**麦加**位于沙特阿拉伯的西部，是伊斯兰教徒的朝圣地。）

这个例子中地名的翻译采用了异化加注释的方法。如果不加注释也许中文读者不知道这里说“麦加”有什么意义。看了注释就会知道，其实是“圣地”的意思。如果把前面的一部分翻译成“纽约并不算是我心中圣地”或者“我并没有那么爱纽约”都是归化的手法，也能清楚达意。

例 14： His boss told him not to carry coal to **Newcastal**.

异化翻译： 老板告诉他不要把煤运到纽卡斯尔。

归化翻译： 老板告诉他不要背着石头上山。/ 老板告诉他不要做些无用功。

Newcastal 是英国的产煤圣地，“carry coal to Newcastal”喻指浪费时间的无用功，多此一举。汉语读者大多不能读到这层意思。

例 15： Honolulu

归化翻译： 檀香山

异化翻译： 火奴鲁鲁

Honolulu 是美国夏威夷州首府和港口城市。在夏威夷语中，火奴鲁鲁意指“屏蔽之湾”或“屏蔽之地”。因为早期本地盛产檀香木，而且大量运回中国，被华人称为檀香山。

例 16：打起黄莺儿，莫叫枝上啼。啼时惊妾梦，不得到辽西。

“辽西”，Witter Bynner 翻译时异化处理：When she dreamed that she went to **Liao-his**/To join him there, they [the orioles] waked her；而许渊冲则选择归化处理：Drive orioles off the tree, /For their songs awake me./ From dreaming of my dear / Far off on **the frontier**.

更多的例子仍以葛浩文为例。他对书名的处理比他译的正文更能一目了然地体现他的翻译思想，即归化到以读者为中心，在忠实原著的前提下译文要可读、平易、有市场。

虹影的小说《饥饿的女儿》写于 1997 年，1998 年由葛浩文翻译成英文，英译本书名不是“Daughter of Hunger”或者“Hungry Daughter”，而被改译为“Daughter of the River”（江的女儿）。肖丽（2009）认为相对于“hunger（hungry）”一词而言，英译标题中的“river”一词能让西方读者联想到东方文化，因为长江和黄河是中华民族生命、文化的象征。肖丽（2009）还指出，除了葛浩文自己的处理，赞助人在翻译活动中的重要作用在《饥饿的女儿》的标题翻译里得到了突出的体现，因为在 2002 年 2 月牛津大学的汉语学院举行的讲座上虹影提到，最初她想用“hunger”来作为英文版的标题，但是出版商反对这个想法。而出版商之所以要坚持将标题改译为“Daughter of the River”，无疑是为了打开小说在英美的销售市场而采取的商业化策略。出版商认为以“Daughter of the River”的标题更能塑造出符合西方人意识形态中的模式化的中国形象，更能让读者联想到这是一部讲述中国故事的小说。所以，葛浩文采用出版商的建议而对这部小说标题的改译，既有客观环境的因素，也有个人主观因素。

孟祥春（2015：78）对葛浩文英译的许多标题进行了系统整理，笔者认同他的很多观察，确实，葛浩文的书名翻译很多都不是异化处理，而是根据西方读者阅读习惯和心理而做的调整。

2012 年刘震云出版了小说《我不是潘金莲》，2016 年葛浩文推出了英译本，书名为“I Did Not Kill My Husband: A Novel”。书名翻译葛浩文并没有直译为“I am not Pan Jinlian”，而是译成了“I Did Not Kill My Husband”，巧妙地弱化了原标题的“潘金莲”淫荡的文化意象，直接将女主角李雪莲上诉时的反复陈词“我没有杀我丈夫”呈现在读者面前，强化了李雪莲含冤申诉的主题。同时，这样的书名翻译又制造悬念，吸引读者的阅读兴趣，符合西方读者喜欢的侦探、悬疑的主题模式。相比之下，也是 2016 年，冯小刚把原著改编成电影《我不是潘金莲》，电影片名的英译是“I Am Not Madame Bovary”，是博眼球的译法，因为原文中李雪莲申述的是她的冤情，而小资产阶级妇女包法利夫人不甘平庸而追求堕落，最后服毒自杀，这和李雪莲是完全相反的女性形象。

美国文学中很多作品探讨个人的成长和感悟，如 *The Great Gatsby* 探讨梦想与成功，*The Invisible Man* 探讨个人身份的迷茫，*The Awakening* 探讨女主人公重新认识自我。苏童的《河岸》表现了人物在青春成长过程中的孤独与迷失，葛浩文将其译为“The Boat to Redemption”，既点明了主题，又贴近西方文学中的成长、感悟的体裁模式。

吴倩（2014）对葛浩文翻译的《天堂蒜薹之歌》的标题进行了尖锐的批评，认为葛浩文将标题翻译成“The Garlic Ballads”不仅不忠实，也体现了葛浩文的西方中心主义。吴倩指出，“译者从小说名称开始，就进行了改译，删去了天堂，直接翻译为 The Garlic Ballads。天堂作为寓称丰富的虚拟县名，本是高羊（羔羊），高马（马），金菊（菊花）这些双关语文学意象的基础，对于原著的艺术格局非常重要。然而，天堂、羔羊这样的意象，对于西方文化缺乏新鲜和异质感，有违于成为神秘、异国情调的凝视对象，所以遭到了删除”（2014：153）。

笔者认为我们应该具体问题具体分析。西方读者对“天堂”一词有很多文化和宗教上的渊源的联想，对这词很容易有过多的感触。美国小说家也是诺贝尔奖获得者莫里森（Toni Morrison）有一部小说就叫“Paradise”，讲的是一群黑人为了逃避黑暗社会而迁徙到 90 英里以外的一个极其偏远的地区重建了美好家园，即他们眼中的天堂（Paradise）。但是后来几个女人，有白人女人，也有黑人女人来到一所修道院（Convent）避难，这所修道院离该地区虽然有 17 英里，但她们的到来还是引发了所谓的“天堂”发生了变化，该地区的旧秩序被打乱，生活不再简单。这些男人无限怀念往昔那极致一般的美好日子，于是其中的 9 个男人闯进修道院，枪杀这几个女人。也就是说，《天堂》讲的是一群男人为了保持昔日荣耀和纯粹，闯进了宁静祥和的修道院——为了杀戮。小说的结尾就是“paradise”一词：“When the ocean heaves sending rhythms of water ashore, Piedade looks to see what has come. Another ship, perhaps, but different, heading to port, crew and passengers, lost and saved, atremble, for they have been disconsolate for some time. Now they will rest before shouldering the endless work they were created to do down here in paradise."（Morrison, 1999: 318）该书扉页上登出了 *New York Times* 对该小说的评论："Addresses the same great themes as her 1987 masterpiece, Beloved: the loss of innocence, the paralyzing power of ancient memories, and the difficulty of accepting loss and change and pain." 这个评论很准确。

所以，葛浩文选择不译出书名中的"天堂"二字，而只译出了"蒜薹之歌"（The Gallic Ballads），更多是根据英语读者的接受度和心理来归化处理，是合理的。这样译确实损失了原著中天堂作为虚拟县名以及高羊（羔羊），高马（马）等人物的可能有的蕴含，但他从西方宗教文化的角度考虑，译出"天堂"可能会让西方读者以为这是一部和原罪、救赎相关的宗教内容的作品。而且葛浩文的书名译文中保留"大蒜"这一主题，既点明了小说的真正事件，又营造了关于民生、民情的东方文化韵味，引发西方读者阅读这样一则东方故事。所以笔者认为不能因为葛浩文没译"天堂"二字，就认为他这是俯视东方文化的西方中心主义立场，他应该更多还是从西方读者接受的心理和习惯考虑的。

而且，苏童小说《米》的第一章的结尾处也出现了"天堂"一词，其语境是说五龙在吃饱了之后梦想着由米、女人、火车、金银财宝而构成的"天堂"，葛浩文将这个"天堂"转换为"utopia"，准确地表达出了五龙心中所渴望的那个桃花源，葛浩文在这里也同样避开了西方人宗教上所普遍认同的"paradise"。

葛浩文和妻子林丽君参加 2013 年的"中华文化对外传播学术研讨会"，根据徐明玉（2014：632）对研讨会的综述，葛浩文在发言中提到了他翻译的三部小说的书名，分别是《玉米》《尘埃落定》《青衣》。

毕飞宇的《玉米》译成了"Three Sisters"。《玉米》讲述了文革时期中国东部农村三姐妹玉米、玉秀、玉秧的命运起伏，英译标题"Three Sisters"既交代了人物和情节，又能激发读者的好奇心。而且"Three Sisters"和契科夫的著名小说同名，互文能引发西方读者的联想，保证读者的阅读兴趣。如果译成"Corns"只能让人想起一片玉米地。在研讨会上葛浩文还说他是参考的法文版本并将本书的情节提取出来，将书名译成了"三个姐妹"。

葛浩文翻译阿来的《尘埃落定》的过程中，给出版社提供了若干参考版本，但出版社都不满意。后来，他和出版社协商把小说中出现了很多次“poppies”这样的主线提取出来，把书名改成“Red Poppies: A Novel of Tibet”。《尘埃落定》展现的是独特与神秘的藏族风情，以小说的线索“红罂粟”作为标题，这样的标题翻译还能引发读者对西藏异域风情的阅读兴趣。

京剧术语在不同出版物中经常出现不同的英译，这难免使英文读者感到迷惑，成了京剧对外传播的一个障碍。比如对京剧行当“青衣”的翻译有以下几种：Blue-gowned Female Role，Black-gowned Female Role，A Female Role in Peking Opera，以及音译“Qingyi”，还有译为 Virtuous Lady 的。毕飞宇的《青衣》如果译成“Virtuous Lady”让人费解，好像成了贵妇的自传；译成“Qing Yi”，英文读者根本不感兴趣。而葛浩文也没有选择上述的各个译法，而是译成了“The Moon Opera”（月亮的歌剧）。《青衣》讲的是主人公筱燕秋想再度出演京剧《奔月》一戏，它曾是主人公的成名剧，整部小说围绕着主人公二十年后梦想再度当主角而展开，译成“The Moon Opera”就和《奔月》这部戏相连。

而且，“The Moon Opera”这样的英译标题也饱含东方文化色彩，对西方读者有吸引力。配合图书封面，东方文化色彩一目了然。月亮的意象在东西方的象征意义是不同的。在西方，月亮往往代表癫狂和执着，比如英语中 lunatic 和 lunar 就是同一个词根；而在东方，月亮往往代表相思、冰清玉洁、驰骋太空；如果说东西方的共同点，则是月亮都可以和诗意、优雅又略带神秘结合起来，所以葛浩文译成“The Moon Opera”很容易激发英文读者的注意力。

根据徐明玉（2014：632）对 2013 年“中华文化对外传播学术研讨会”的综述，葛浩文在发言中也谈到了《青衣》书名的翻译，他说不能把这个具有中国特色的京剧角色直接用汉语拼音翻译出来：“如果将‘Qing Yi’作为标题，有哪一个美国人会懂？……如果把‘青衣’的翻译变成‘the Dan opera role’就更没有人会懂。”那么如何既能翻译出题目的含义，又能让读者体会到这部作品的异国情调呢？葛浩文在发言中说“Moon opera”这个在英语中既新鲜又陌生的词汇达到了唤起读者注意的目的，“Opera”（歌剧）是美国人熟悉的概念，“Moon”（月亮）也是如此，但是“月亮”加“歌剧”到底是什么？这本书给读者提供了一个探索异质文化的场域，最后，在出版社的建议下，他参考法文翻译将书名确定为“Moon Opera”。

值得注意的是，葛浩文对“青衣”在题目中出现和正文中出现的处理是不同的。题目中是归化处理，但当正文中出现京剧术语，包括青衣的时候，葛浩文大多采用音译加注释的方式，这样不仅保留了中国文化的异域色彩，也使英文读者通过注释能够了解中国独有的文化传统。如“旦”的翻译在正文中是这样处理的：Dan, the major female role in Chinese opera。“丑”的处理是：chou, the clown role in Chinese opera。然后在小说附录中他列了“Glossary”（生词表），使各种京剧术语一目了然。

闫怡恂、徐明玉也对这次的“中华文化对外传播学术研讨会”进行了综述。根据他们的综述，葛浩文还在这次研讨会上谈到了狄更斯作品的翻译，用以说明书名翻译的灵活性。他说，狄更斯很多小说的书名都是人名，比如“Martin Chuzzlewit”，显然，直接音译人名作为书名是不合适的。近代翻译家林纾采取的策略是抓住书里中国人能够认同的概念，将其翻译出来作为书名。这样做的主要原因就是考虑到读者的接受度。在葛浩文翻译的几十本书中，大概有一半以上的书名都做过调整。葛浩文还指出，书名的翻译要以让西方读者感兴趣为主，译者最重要的就是要把中国文学介绍给西方读者。在这个过程中，译者有许多的路径可以选择，不一定非要把原语文化强加给读者。（闫怡恂，徐明玉，2017：154）

再比如，葛浩文把施叔青的《香港三部曲》译成“City of the Queen: A Novel of Colonial Hong Kong”（皇妃之城：香港殖民故事），符合英语中“A Tale of Two Cities”“A Tale of Genji”“A City of Evil”这样的命名方式。

《生死疲劳》是莫言得到广泛认可的一部作品，莫言作品中获奖最多、反响最大的也是《生死疲劳》。《生死疲劳》融魔幻与现实于一体。故事主人翁是一个叫西门闹的地主，但他并不是那种剥削压迫贫下中农的恶霸地主，而是依靠自己劳动致富的“种粮大户”。在“土改”运动中，西门闹被当作地主冤杀而死，他在地府里不断地喊冤，阎王不堪其扰，就让他到人间轮回六次，依次投胎成为驴、牛、猪、狗、猴，最后一次轮回成为人，即“蓝千岁”，正是西门闹自己。结局时西门闹通过一个小说家的语气讲述自己这一生的传奇遭遇。“六道轮回”的佛教观念展示了中国农民在这一历史进程中的生活与悲欢。《生死疲劳》富含丰富的想象力，充满着对历史暴力的反思，展现了建国后近半个世纪中国农民饱受患难的生活以及他们的坚韧、顽强、乐观的生活态度，蕴含着浓厚的中国乡土文化特征。小说情节荒诞、夸张、怪异，但其中的哲理浑然天成。

将这部具有乡土特色的小说译成英文实为一项艰巨的任务。翻译《生死疲劳》的书名更显示出了葛浩文的读者意识和创造力。原书名来自《佛说八大人觉经》："生死疲劳，从贪欲起；少欲无为，身心自在。"此处，"生死"与"疲劳"为并列结构，前者指六道轮回中的"生老病死"，后者指"窘困疲乏"。在诺贝尔获奖词中，莫言提到如何翻译《生死疲劳》的标题令译者葛浩文挠头，最后，葛浩文的翻译是"Life and Death are Wearing Me Out"。葛浩文没有照直译成"Life，Death and Exhaustion"，而是以小说叙述者上官金童的口吻把这一标题译成了"Life and Death are Wearing Me out"，既传达出了佛教生死轮回的观念，又带出"第一人称"叙述的人物，更贴合讲故事的口吻。而且，这种以"生活""压力"的主题为内容的作品还能引起各国读者的共鸣。

除了书名翻译，葛浩文还在译文中增加章节标题，以方便读者。萧红的《呼兰河传》的叙述风格以散文式为主，结构松散。茅盾给《呼兰河传》做的序言中写道："没有贯穿全书的线索，故事和人物都是零零碎碎，都是片段的，不是整个的有机体。"（萧红，《生死场•呼兰河传》，2009：108）全书是按照"第一章一、二、三、四、五、六、七、八、九；第二章一、二、三"这样的标题依次安排的。葛浩文在翻译时给每一章增补了章回标题，便于英语读者更清楚地把握每章的核心内容。譬如第一章的标题为"Hulan River"，第二章为"Festivals and Such"等，这些标题提纲挈领，使整个叙事框架更为清晰。

其实，英译中也是如此，书名和标题的翻译也是要尽量照顾读者的阅读需求，力求让标题醒目、概括、符合译入语规范。我们稍微移开讨论视角，对比一下华裔美国作家谭恩美（Amy Tan）的作品 *Joy Luck Club* 和程乃珊等的中文译本《喜福会》，体会一下英译中时译者翻译各章标题时如何注重可读性和流畅性。

英文原著 *Joy Luck Club*	中译本《喜福会》
Feathers From a Thousand Li Away	**千里鸿毛一片心**
——Jing-mei Woo: The Joy Luck Club	吴精美：喜福会
——An-mei Hsu: Scar	许安梅：伤疤的故事
——Lindo Jong: The Red Candle	龚琳达：红烛泪
——Ying-ying St. Clair: The Moon Lady	映映•圣克莱尔：中秋之夜

续表

英文原著 *Joy Luck Club*	中译本《喜福会》
The Twenty-six Malignant Gates	**道道重门**
——Waverly Jong: Rules of the Game	薇弗莱·龚：棋盘上的较量
——Lena St. Clair: The Voice from the Wall	丽娜·圣克莱尔：凌迟之痛
——Rose Hsu Jordan: Half and Half	许露丝：信仰和命运
——Jing-mei Woo: Two Kinds	吴精美：慈母心
American Translation	**美国游戏规则**
——Lena St. Clair: Rice Husband	丽娜·圣克莱尔：饭票丈夫
——Waverly Jong: Four Directions	薇弗莱·龚：美国女婿拜见中国丈母娘
——Rose Hsu Jordan: Without Wood	许露丝：离婚之痛
——Jing-mei Woo: Best Quality	吴精美：哎呦妈妈！
Queen Mother of the Western Skies	**西天王母**
——An-mei Hsu: Magpies	许安梅：姨太太的悲剧
——Ying-ying St. Clair: Waiting Between the Trees	映映·圣克莱尔：男人靠不住
——Lindo Jong: Double Face	龚琳达：在美国和中国间摇摆
——Jing-mei Woo: A Pair of Tickets	吴精美：共同的母亲
	母女情深——《喜福会》译后感

虽然程乃珊没有像葛浩文那样自己增译章节标题，但我们可以看出她尽量照顾中文读者的阅读需求，力求让标题翻译得醒目、概括，也做了很多变通。比如，Feathers From a Thousand Li Away——千里鸿毛一片心；The Twenty-six Malignant Gates——道道重门；Waverly Jong: Rules of the Game——薇弗莱·龚：棋盘上的较量；Lena St. Clair: The Voice from the Wall——丽娜·圣克莱尔：凌迟之痛。

“Rose Hsu Jordan: Half and Half”译为“许露丝：信仰和命运”，这是指谭恩美在书中反复阐发的 faith 不同于 fate 的观点，即信仰不同于宿命。这里的 fate 在谭恩美思想体系中是个很消极的词，所以指宿命，它和英语中另一个词 destiny 不同，destiny 更中性，表示“注定”要怎样的意思，所以“人类命运共同体”一般被译为 a community of common destiny for all mankind，或者更奋进向上的 a community of shared future for all mankind。原作者这章的标题是 Half and Half，试想如果直译成“一半一半”，读者会很费解，程乃珊则直接翻译出了真实的含义，即信仰与命运。

全书结尾一章的标题是“Jing-mei Woo: A Pair of Tickets”，译成了“吴精美：共同的母亲”。妈妈当年离开中国时遗失了两个双胞胎女儿，在全书的结尾在美国出生和长大的女儿和她爸爸到上海来找这两个姐妹。把“A Pair of Tickets”直译成“父女俩的两张从美国到中国的机票”会让人费解，程乃珊改译为“共同的母亲”，不仅贴合故事情节，更从宏观上弘扬了中国血脉相传的文化。

五、人名

在讨论中译英的人名处理之前，我们还是先暂且讨论一下英译中的人名翻译。在早期的翻译过程中，由于中国封建社会末期闭关锁国政策的影响以及由此而带来的中外文化交流的闭塞，英语外国人名翻译不可避免地出现了中国人名化的现象，即归化音译时期。当时大量的西方文化涌入封闭的中国，所以采用归化的译法能够使外来文化在这个过渡时期较好地融入中国社会。将外国人名改变姓名的前后顺序，并根据读音给予相对应的中文名字。比较著名的如明末清初的外国传教士 Mateus Ricci（利玛窦），英国作家 George Bernard Shaw（萧伯纳），英国外交官、汉学家 Herbert Allen Giles（翟理思），美国大使 Leighton Stuart（司徒雷登）。

美国 20 世纪的流行小说 *Gone With the Wind*，对应的中文译本分别是《飘》（傅东华，浙江文艺出版社）、《乱世佳人》（陈良廷等，上海译文出版社）。主角的名字 Scarlett O’Hara，Melanie Hamilton，Ashley Wilkes，Rhett Burtler 被傅东华译为郝思嘉、韩媚兰、卫希礼、白瑞德，很明显采用了归化的译法。传统的中国单字姓氏再加上两个字的名。傅东华作为 20 世纪 30—40 年代归化翻译的代表人物之一，1940 年完成译本，在译本《飘》的前言里还曾说：“关于这本书的译法，我得向读者请求一点自由权。因为译这样的书，与译 classics 究竟两样，如果一定要字真句确地译，恐怕读起来反要沉闷……我现在都把它们中国化了……对话方面也力求译得像中国话。”（傅东华，2008：4）他还说：“即如人名地名，我现在都把它们中国化了，无非要替读者省一点气力。”陈良廷则译为斯佳丽、梅勒妮、艾希礼、白瑞德，采用了直接音译的异化方法，这样的名字一看就知道是外国人名。对现在熟悉了正常顺序翻译外国人名的读者或观众而言，外国人名的中国化似乎颇为别扭，但在当时，从文化交流以及社会意识形态的角度出发却可以说是历史的必然。

五四新文化运动的兴起，伴随着语言变革，中国人的理论思维模式发生了显著变化，对于西方语言以及文化的认同感和接受度也开始逐渐增强。而以归化音译为主的人名翻译也逐渐被我们所熟悉的异化音译所替代。中华人民共和国成立以及改革开放之后，异化音译成了人名翻译的通行标准。但是即使音译也要考虑很多，不能简单音译。笔者教学中举过很多次的一个例子是美国第五位总统 James Monroe 译成詹姆斯•门罗，他以提出“Monroe Doctrine”（门罗主义）而闻名。百年之后美国出了一个在西方非常著名的性感明星，原名“Norma Jean Mortenson”，但艺名却选了与门罗总统一样的姓，这样全名就成了“Marilyn Monroe”，汉语翻译为“玛丽莲•梦露”。“门罗”和“梦露”都译自“Monroe”，是典型的一名二译。要是让性感明星姓“门罗”，听上去就不那么性感；让总统叫“梦露”，他也不像个总统。

但是，人名的翻译还有待规范化和统一。比如 2013 年获得诺贝尔奖的文学家 Alice Munro，也译作门罗（爱丽丝•门罗），虽然她的姓氏其实是“Munro”，而不是 Monroe，而且还有把 Munro 译作“芒罗”的。

其实即使在今天的英译中过程中，人名翻译使用归化的策略仍在沿用，而且好懂、好记、符合译文读者习惯，译名本身也有意义。哈佛大学著名汉学家 Stephen Owen 教授给自己取的中文名为“宇文所安”。研究中国古典文学的 Haun Saussy 给自己起的名字是“苏源熙”。前港督 Christopher Francis Patten 的中文名字是彭定康。澳大利亚前任总理 Kevin Rudd，直译为凯文•路德，或凯文•拉德，但他将自己的姓“Rudd”简译成了“陆”，给自己取了个好听的中文名字“陆克文”。还有美国驻华大使 Jon Huntsman 也有一个中文名字“洪博培”。

上述都是英译中。中译英时的人名翻译也如此，有归化，有异化。笔者的学生曾问：“不管是中文还是英文作品中，许多人名、地名都有特殊的含义，通过双关、象征等手法，暗示人物的性格甚至命运，比如‘甄士隐’‘贾雨村’等。如果译为‘Zhen Shiyin’，则失去隐含义；如果译为‘Concealing the Truth’，则让人名过于冗长，显得古怪，并且过于显化，失去了双关的巧妙性。对于《红楼梦》中这样人名、地名甚至茶酒名都带有大量隐含意的情况，在翻译时是否应逐个加注？但如果一一加注，像《喧哗与骚动》的李文俊译本，一一指出行文中难以通过翻译传达的隐藏含义，又被批评为‘加入太多译者的个人理解，压缩了读者自由理解的空间。’所以这些问题应该怎么平衡呢？”

要回答学生的这个问题，我们先看一下霍克斯翻译的《红楼梦》，其实他的译本中的人名也没有使用统一的原则，没有统一音译或意译，也就是有的是音译，有的是意译。

音译的如：

人名	英译
迎春	Yingchun
探春	Tanchun
惜春	Xichun
宝玉	Baoyu
黛玉	Daiyu
宝钗	Baochai
王熙凤	Wang Xifen
湘云	Xiangyun
刑岫烟	Xing Xiuyan
李纹	Li Wen
李绮	Li Qi
薛宝琴	Xue Baoqin
薛姨妈	Aunt Xue
尤二姐	You Erjie
尤三姐	You Sanjie
柳湘莲	Liu Xianglian
贾赦	Jia She
贾政	Jia Zheng
贾琏	Jia Lian
薛蟠	Xue Pan

但是也有很多是**意译**，如：

人名	英译
脂砚斋	Red Inkstone
警幻仙子	the Fairy Disenchantment
晴雯	Skybright
鸳鸯	Faithful
袭人	Aroma
平儿	Patience
紫鹃	Nightingale
妙玉	Adamantina
净虚	Euergesia
玉钏	Silver
金钏	Golden
秋纹	Ripple
麝月	Musk
芳官	Parfumée
蕊官	Nénuphar
藕官	Étamine
小红	Little Crimson
傻大姐	Simple
入画	Picture
香菱	Caltrop
四儿	Number Four
五儿	Fivey
司棋	Chess
茗烟	Tealeaf
多姑娘	Droopy Duo's wife

我们再来看葛浩文译文中的人名。对于不具特殊含义的人名，即只是称谓的，葛浩文主要选择音译，如“戴凤莲”（Dai Fenglian）；《生死疲劳》中的“赵三”（Zhao San）；“平儿”（Ping’er）；“福发”（Fufa）；“成业”（Chengye）。还有按照姓氏直译的，简单易懂，如“小钟”（Little Zhong）。

但是 Shirley Quan 认为葛浩文翻译人名时只用汉语拼音，未将其言外之意译出，就让读者不得不返回人物表才能勉强弄清人物身份，这样就增加了西方读者的阅读难度。（2008：77）比如《生死疲劳》中的“黄瞳”是西门屯村民兵队长、生长大队大队长。“村里的半大小子黄瞳偷了一包烟卷，被人拧着耳朵拖到我面前。这小子黄头发黄面皮，黄眼珠子滴溜溜转，似乎满肚子坏心眼儿。”（莫言，2006：9-10）葛浩文译成“Huang Tong”，Shirley Quan 认为对于目标读者而言就没有意义。

其实，对于许多有特殊意义的人名和地名，尤其是反映历史文化背景或者人物特征的，葛浩文在音译的基础上还是增加了阐释的，如《生死疲劳》中的“麻面婆”（Granny Pock-face）；“蓝解放”（Lan Jiefang—Liberation Lan）。

例 1：“你知道谁是蓝解放么？”（莫言，《生死疲劳》，2006：16）。

译文：“Do you know who Lan Jiefang — Liberation Lan-is？”(Goldblatt, tr. *Life and Death are Wearing Me Out*, 2008: 19)

“蓝解放”点明了故事发生的时代背景就是在建国初期，葛浩文采用了先直译、再注释的翻译策略。

再比如“蓝脸”译为“Lan Lian（Blue Face）”或汉语拼音加直译的方法，直接放在正文中，译为“Lan Lian, or Blue Face” (Goldblatt, tr. *Life and Death are Wearing Me Out*, 2008: 13)。

再比如《丰乳肥臀》中的来弟（Laidi，Brother Coming）、盼弟（Pandi，Brother Anticipated）、想弟（Xiangdi，Brother Desired）等。

再如，《我不是潘金莲》中潘金莲——Pan Jinlian, China’s most famous adulteress；窦娥——the martyred heroine Dou E in the yuan drama *Snow in Midsummer*；本·拉登——international terrorist Bin Laden；王红兵——Wang Hongbing—Red Army Wang，都是音译 + 注释的方法。

再比如《浮躁》中的小水——Water Girl；金狗——Golden Dog；不静岗——Restless Hill；两岔镇——Cross roads Township 等。

例 2：“他说他的贴法，是张天师所传。”

译文：He told them that he had learned his **divining powers from the head priest of the Taoists himself, Chang Tian-shi**.

这句话引出了张天师这个中国神话中降妖除魔的代表人物，张天师的故事在中国民间广为流传，这句话也有文中“他的贴法”出自“名门正宗”的意思，强调可信度。因此在翻译时，作者不仅说明“张天师”为何人，也体现出原文所营造的氛围。

而对于“绰号”或“姓 + 绰号”式的人名，葛浩文通常选择“绰号”或“绰号 + 姓”的方式进行翻译，如“刘罗汉”（Arhat Liu）、“江小脚”（Little Foot Jiang）、“哑巴”（Mute）。

对于具有讽刺含义的人名，葛浩文也再现人名的讽刺意味或者尽量保留异域风味。例如“仲为民”，在《天堂蒜薹之歌》中蒜农们涌在政府门口向县长讨说法喊道“仲为民出来！”，葛浩文将人名音译之后又增译“If your name really means ‘Serve the People’, then do it! ”，强烈对比之下再现了人物形象。再比如《红高粱家族》中的冷麻子（Pocky Leng）、曹梦九（Nine Dreams Cao）、单五猴子（Five Monkeys Shan），这样的译法让目的语读者感觉比较新奇。

《生死疲劳》中的“西门闹”是个非常有趣的例子。

例 3：“西门闹，你还闹吗？”（莫言，《生死疲劳》，2006：3）

译文：“Ximen Nao”, whose name means West Gate Riot, is more rioting in your plans? (Goldblatt, tr. *Life and Death are Wearing Me Out*, 2008: 3)

中国文学作品中人物的姓名往往大有乾坤，作者往往想通过人物的名字来揭示人物的命运甚至是暗示写作的时代背景。“西门闹”中的“闹”解释了其飞扬跋扈、蛮不讲理的性格，是双关。葛浩文先是音译，然后解释，找到了合适的词“more rioting in your plans”。这样的译法既保留了原有的文学特色，又让目标读者领会了其隐含意义和幽默。

六、核心概念的音译并加注

葛浩文在《檀香刑》的译者序里曾说，在美国，日本文学比中国文学有着更大的影响力，进入英语的日语词汇非常多，而来自中文的词语大多源自帝国分子和传教士往往误读或误听的中国特有表达（chinese-isms），如“苦力”“工合”“黄包车”“godown”（意为“仓库”，实际上源于马来语）、“功夫”，等等。现在到了用更多中国词汇来扩充英语中的中文外来词的时候了。（Goldblatt, “Translator’s note”, *Sandalwood Death*, 2013: ix）他选择音译的是他认为的重要概念，笔者在本书中把这样的体现原语文化的重要概念称为“核心概念”，这里的“核心概念”既包括文化负载词，也包括俗语和习语。对于含有文化负载内容的作品来说，完全翻译出每个概念的文化内涵对于译者来说是不可思议的，会给译入语读者带来负担，这时应该考虑归化。当然，如果异化翻译保留原文形象和意识形态不至于造成译文读者的负担，字面意义与实际意义相差不大，我们应尽量保留，然后结合文中注释或文末注释的方法。

早在唐代时期，玄奘的“五不翻”就涉及音译或异化方法：“一、秘密故。二、含多义故。三、此无故。四、顺古故。五、生善故……皆掩而不翻。”（陈福康，2000）这里玄奘所提出的方法实际是“音译法”即“不翻之翻”。中译外时如果僵硬地采取“以陌生对陌生”的音译或异化的办法，会导致译文可读性很低，文化交流的目的无从谈起，因此，异化加上简要的说明也是一种折中的策略。这里的简要说明既指文中注释，也指文末词汇表注释，但前者当然更广泛。

事实上，这种异化 + 注释的方法很多年来一直被使用，避免了因归化翻译而导致的文化特色的丢失。哈佛大学的宇文所安教授更是常常采用音译加注的翻译方法。据李特夫、李国林统计，在整个《诗大序》译文中，这种音译或者语码混杂现象出现了 30 余次，不仅为了传达文论词语所承载的文化信息，更为了体现翻译中的文化差异，从而不断提醒英文读者，被翻译过来的汉语词与它的英文对译并非等值。（李特夫，李国林，2004：19）下面几个例子都选自《诗大序》。

例 1：在心为志，发言为诗。

译文: In the mind (*xin*) it is 'being intent' (*zhi*); coming out in language (*yan*), it is a poem.

这寥寥数字从心理学角度，阐释了诗是由内及外、由潜至显的某种运动的结果。诗者，志之所之也。"诗言志"被喻为中国诗论的"开山纲领"（朱自清语），点明了诗歌的本质，成了后来诗歌之经典定义。"志"仅仅为一种内心存在，只有通过"言"后方能外化而进入"诗"的状态。译者使用音译加注，而且巧妙运用英语中 ing 形式可表延续、静态、动态等多种含义，将"志"处理为"being intent"，将"发言"处理为"coming out in language"，充分再现了原文的词汇形态和内在思想。

例 2：故正得失，动天地，感鬼神，莫近于诗。

译文：thus to correct【the presentation of】achievements and failures, to move Heaven and Earth, to stir the gods and spirits, there is nothing more apposite than poetry.

译文中明显增补的地方宇文所安用方括号专门加以标明，其他部分都是直译。而且译文后的注释为："这一段从知的问题又回到了诗歌的调教功能。诗歌来自被'动'起来的情感，而且诗歌也能'动'其他事物，比如在这里，它能动天地。诗歌不只发自某种感动，诗歌也能'感'动他物。这里用上了牛顿物理—等力传送……"（宇文所安，《中国文论：英译与评论》，2003：45）

例 3：故诗有六义焉：一曰风，二曰赋，三曰比，四曰兴，五曰雅，六曰颂。

译文: Thus there are six principles (*yi*) in poems: 1) Airs (*feng*); 2) exposition (*fu*); 3) comparison (*bi*); 4) affective image (*xing*); 5) Odes (*ya*); 6) Hymns(*song*).

同理，先是说明性解释，括号里是音译。（宇文所安，《中国文论：英译与评论》，2003：14）

张爱玲英译作品中也有很多这样的音译加注的例子：

茶叶蛋 ——Tea-leaf eggs, eggs hard-boiled with tea leaves and spices

公粮 ——Gongliang, the Public Grain

立春 ——li chuen, the first day of spring

千层底 ——chien tsung ti, the thousand-layer rag soles

岁岁平安 ——Sui-sui, p'ing-an! Every year safe and sound

粥 ——jou, rice gruel

在华裔美国文学写作中，这种异化翻译或音译＋注释的形式也一直在普遍使用。下面例子都选自谭恩美（Amy Tan）的作品，有意思的是，谭恩美为了引起读者注意，在书中她用斜体标出了她的异化写作部分，为了突出，笔者给所有这些词汇还增加了黑体和下划线：

例 4：Lately I had been feeling ***hulihudu***. And everything around me seemed to be heimongmong. These were words I had never thought about in English terms. I suppose the closest in meaning would be **"confused" and "dark fog"**. (Tan, 1989: 188)

例 5：She still believes she was our spiritual ***mei-po*, our cosmic matchmaker**. And I'm hardly in the position to tell her that she wasn't. I was the one who asked her to convince Simon we were destined to be together, linked by the necessity of fate. (Tan, 1995: 73)

例 6：Taiping, **Tai means "great". Ping means "peace". Tai ping, Great Peace**. (Tan, 1995: 357)

例 7：Lao Lu, …Lao Lu said that you must stay together with Simon. "This is your ***Yinyuan*, the fate that brings lovers together**."

And why is this my fate?" I say unpleasantly.

"Because in your last lifetime together, you loved someone else before Simon. Later, Simon trusted you with his whole life that you loved him too". (Tan, 1995: 157-158)

例 8：**"*Niyou scorch meiyou?*" I try. "Do you have scotch?"** (Tan, 1995: 185)

例 9："***Ni hao?***" Simon says in a flat American accent — "**How are you?**" being one of the few Chinese phrases he knows. (Tan, 1995: 323)

很多学者研究过葛浩文的音译策略，如王宇弘（2017：51）。对于中国文化的核心概念，如“道”和“仁”，其文化内涵非任何英语词汇所能涵盖，葛浩文只是采用音译。但是，“春节”葛浩文则意译为“Spring Festival”，“中秋节”译为“Mid-autumn Festival”或“Moon Festival”，这样的意译反而使目的语读者产生亲切感，更有利于跨文化交流。而针对“三跪六揖九叩”葛浩文就是异化 + 注释的创造性处理，译为 three prostrations, six bows, and nine kowtows。当然，葛浩文也不总是一贯的，比如清明节有时就被译作 Qingming Festival；勾践就是音译成 Gou Jian，他也没有任何解释。

再看更多例子：

例 10： 回去以后，我自己用酒精棉球处理了一下伤口，<u>**用白酒冲服了专治跌打损伤**</u>的<u>**云南白药**</u>。（莫言，《蛙》，2012：274）

译文： Back home I cleaned my wounds with alcohol and cotton swabs and drank some <u>**Yunnan Powder steeped in liquor, which is particularly effective for bruises**</u>. (Goldblatt, tr. Frog, 2015: 305)

这个例子笔者在教学中使用过多次。这里是直译，保留了“云南白药”的字面意义，但同时加了注释“which is particularly effective for bruises”，解释这种药是做什么的。

魏春梅（2015）对苏童《米》文化负载词的翻译进行了整理。其中的佛教词汇很有意思。《米》中并没有哪个人物是佛教徒，但却有很多与佛教有关的词汇，而葛浩文在翻译这些宗教词汇时和其他很多文化特有词汇不同，采取的是直译，尽量保留原文文化特征。如佛光 ——a Buddhist light、得罪了菩萨 ——offend the bodhisattva、立地成佛 ——become a local Buddha、砖塔 ——an ancient brick pagoda、救人一命胜造七级浮屠 ——Saving someone’s life makes you a seventh-stage Buddha.

下面这句选自《红高粱家族》，其实是说话人的一种夸张，但葛浩文的翻译还是保留僧和佛的意义。

例 11： “大叔……你别走，<u>**不看僧面看佛面**</u>，不看鱼面看水面，不看我的面子也要看豆官的面子上，留下吧。”（莫言，《红高粱家族》，2012：8）

译文： “Uncle ... Don’t leave,”she pleaded. “<u>**If not for the sake of the monk,**</u>

stay for the Buddha. If not for the sake of the fish, stay for the water. If not for my sake, stay for little Douguan." (Goldblatt, tr. *Red Sorghum*, 1993: 9)

魏春梅（2015）统计葛浩文翻译《米》中的文化负载词时，发现不少例子都是音译 + 注释的方式，如：八抬大轿——a sedan chair with eight bearers，黄梅雨季——the plum rains—those late－spring drizzles common to the South，蓝布长衫——cheongsam，水磨年糕——a New Year's pastry made of sweet，sticky rice。

例 12：他**善拉京胡，能吹唢呐**，农田时节，喜欢跟着响器班子串街走巷，不图挣钱，图个欢乐。（莫言，《生死疲劳》，2006：28）

译文：He is **quite a musician, played both the two-stringed *erhu* and the *suona***. During off seasons on the farm, he played with the local band as they walked through the town, not for money but for the sheer pleasure of it. (Goldblatt, tr. *Life and Death are Wearing Me Out*, 2008: 33)

这个"他"是西门闹生前的朋友，会拉京胡，会吹唢呐。葛浩文将京胡译为 two-stringed erhu，唢呐直接音译为 suona，并且 erhu 和 suona 都用斜体表示。虽然没有在这两个词后面紧跟解释，但译文中有"He is quite a musician"，读者还是能看出这是乐器。

以上例子几乎都是音译 + 文中注释，在葛浩文的翻译中也经常使用音译 + 文末注释，即文末词汇表的方法。比如《檀香刑》的英译本中，爹（dieh）、娘（niang）、衙役（yayi）、员外郎（yuanwailang）、老太爷（laotaiye）等都采用了音译，既没有用斜体突出出来，也没有添加解释，但在小说末尾给出的词汇表（Glossary of Untranslated Terms）中列出，并指出"The following terms have been left untranslated (most can be intuited from the context)"。《檀香刑》英译本文末词汇表中还有一些词条如下：

dan 旦：a female role in Chinese opera

dieh 爹：dad (father)，especially popular in northern China

gandieh 干爹：a benefactor, surrogate father, "sugar daddy"

ganerzi 干儿子：the "son" of a gandieh

ganniang 干娘：a surrogate mother

gongdieh 公爹：father-in-law

jin 斤：a traditional unit of weight with sixteen liang（两）

kang 炕：a brick sleeping platform, often heated by a fire beneath

laotaiye 老太爷：a respectful term of address for a man of advanced age or high status

laoye 老爷：a more common form of laotaiye

niang 娘：mom (mother), especially popular in northern China

qingjia 亲家：related as in-laws; the parent(s) of a married couple

shaoye 少爷：a young "laoye"

sheng 生：a male role in Chinese opera

shifu 师傅：a teacher, master of a grade

yamen 衙门：an official government office and residence in dynastic China

yayi 衙役：yamen clerks, runners, minor functionaries

yuanwailang 员外郎: an official who has retired to his native home; an official title

zhuangyuan 状元：the top scholar in the Imperial Examination; the best in a field

还有三个没有收入词汇表的音译：

Feng Shui 风水

Maoqiang opera 猫腔

Wang Xiang Tai 望乡台

同理，在《青衣》中葛浩文也采用了这样的音译 + 文末附词汇表的方法，下面为该书文末词汇表中出现的一些概念词：

花脸 Hualian—another name for Jing, the male role with a painted face

水袖 Water sleeves—long, loose sleeves on opera singers that highlight stylized gestures

生 Sheng—the major role in Chinese opera

旦 Dan—the major female role in Chinese opera

净 Jing—the male role with a painted face in Chinese opera

末 Mo—the secondary role in Chinese opera

丑 Chou—the clown role in Chinese opera

西皮二黄 Xipi, Erhuang—tunes in the operatic repertoire are all named; the lyrics are added”

七、核心概念的直译

与音译相比，只要不至于引起译入语读者的费解或误解，译者恐怕更多还是采取忠实于原文形象的直译法，这样既保留了源语的文化特色，感受到汉语的形象和生动性，又丰富了英语的表达方式。

例 1：司令不理睬他，对着话筒，怒气冲冲地喊：把**牛鬼蛇神**押上来！（莫言，《生死疲劳》，2006：134-135）

“牛鬼蛇神”原是佛教用语，说的是阴间鬼卒、神人等，后成为固定成语，比喻邪恶丑陋之物。由于该词本来词义宽泛，未经严格定义，被借为政治概念，先后经历了许多演变，葛浩文采取保留形象的异化处理，把“牛鬼蛇神”译为“the ox-demons and snake-spirits” (Goldblatt, tr. *Life and Death are Wearing Me Out*, 2008: 120)。

例 2：我看到一男一女两个小孩，身上穿着**簇新的棉袄，脚上穿着虎头鞋子，头上戴着兔皮帽**，从大门外跑进来。他们的小短腿跨越高高的门槛时很是吃力。（莫言，《生死疲劳》，2006：15）

译文：and I saw two children, a boy and a girl, both **in new jackets, with cloth tiger-head shoes on their feet and rabbit-fur caps on their heads**, come running in through the gate. Stepping over the door lintel was not easy for such short legs. (Goldblatt, tr. *Life and Death are Wearing Me Out*, 2008: 18)

这里描绘的是“我”——西门闹第一次转世为西门驴降生在西门家所目睹的场景。两个小孩分别是西门金龙和西门宝凤。作者对他们穿着的描写反映了解放初期物质产品匮乏时期典型的农民孩子的衣着特征。原文语言形象生动，葛译也成功地通过忠实于源文本的翻译方法把"虎头鞋子""兔皮帽"传神地表达了出来，特别是对"虎头鞋子（tiger-head shoes）"和"兔皮帽（rabbit-fur cap）"的翻译，葛浩文直译动物名称加连字符，构成了合成词，虽然"棉袄"译成 jackets 可能会有不少人质疑。

例 3：虽然俗言道："**身正不怕影子斜，干屎抹不到墙皮上**"，但这种事，又如何辨别清楚。（莫言，《生死疲劳》，2006：158）

译文：Despite the saying, "**An upright person does not fear a slanted shadow, and dried excrement does not stick to walls**," I thought this might be more than I could handle.(Goldblatt, tr. *Life and Death are Wearing Me Out*, 2008: 188)

莫言是一位语言大师，他对语言的驾驭能力也体现在他对各种俗语的灵活运用上。在《生死疲劳》原著中各种俗语俯拾即是，既增加了语言表达的口语化特色，又使文章的内容更加形象生动。翻译"身正不怕影子斜，干屎抹不到墙皮上"就是典型。

例 4：问他家里还有什么人，更是**把头摇得如货郎鼓似的**。就这样，收留了这小子，算是认了个干儿子。这小子**聪明猴儿，顺着竿儿往上爬**；见了我就叫干爹，见到白氏就喊干娘。但不管你是不是干儿子，都得给我下力气干活。连我这个当东家的也得下力气干活。（莫言，《生死疲劳》，2006：11）

译文：When he was asked about his family, he **shook his head like one of the those stick-and-ball toys**. So I let him stay. He was **a smart little pole-shinnying monkey**. He called me Foster Dad as soon as he laid eyes on me, and called Madame Bai Foster Mother. But foster son or not, I expected him to work, since even I engaged in manual labor, and I was the landlord. (Goldblatt, tr. *Life and Death are Wearing Me Out*, 2008: 13)

"把头摇得如货郎鼓似的"是典型的中国式比喻，因为货郎鼓是中国北方传统玩具，译者把这种玩具的具体形象忠实译了出来，成功体现中国文化特色。"这小子聪明猴儿，顺着竿儿往上爬"是暗喻，把小孩儿喻为聪明的猴儿。在中国民间把戏中，猴儿顺竿往上爬，喻指会顺应时势，见风使舵，译文则通过舍弃暗喻，将"他"——小男孩儿直接译为"爬竿的猴子"，避免了语言的重复。

例 5： “我不怕，我为了文学真个是**刀山敢上，火海也敢闯，‘为伊消得人憔悴，衣带渐宽终不悔’**。”（莫言，《酒国》，2008：23-24）

译文: “But I shall not be deterred. For the sake of literature, I would **willingly climb a mountain of knives or rush into a sea of flames**. ‘**For thou I shalt waste away, happy that the clothes hang loose on my body**’.” (Goldblatt, tr. *The Republic of Wine*, 2000: 22)

“上刀山，下火海”是一种傩技表演，通常和祭祀活动联系在一起，有悠久的历史。“上刀山，下火海”经常被当作豪言壮语用来表示一个人为了做某件事要克服一切困难的决心。葛浩文在此处进行了直译异化，“climb a mountain of knives or rush into a sea of flames”。

吴光华主编的《汉英大词典》（第二版）（上海交通大学出版社 1999 年版）收录的“上刀山下火海”译文有两种，即 climb a mountain of swords or plunge into a sea of flames 和 undergo the most severe trials，译者这里的译法与词典里的第一种译文基本保持一致，形式较为对称。这样的译文增强了文化色彩，也丰富了英语表达法，起到很好的文化交流作用。“为伊消得人憔悴，衣带渐宽终不悔”的翻译也是如此。

例 6： 刁小三眼睛放出绿光，牙齿咬得咯咯响，它说：“……**三十年河东，三十年河西！阳光轮着转，不会永远照着你的窝！**”（莫言，《生死疲劳》，2006：249）

译文: Diao Xiaosan’s eyes flashed green; his teeth ground noisily. “**The river flows east for thirty years and west for thirty years! The sun’s rays are on the move. They won’t always shine down on your nest !**” (Goldblatt, tr. *Life and Death are Wearing Me Out*, 2008: 273-274)

例 7： 后来黄天发送来**一挑子能用秤钩子挂起来的老豆腐，赔情的话说了两箩筐。**（莫言，《生死疲劳》，2006：10）

译文： He **brought over a basketful of tofu so dense you could hang the pieces from hooks, along with a basketful of apologies.** (Goldblatt, tr. *Life and Death are Wearing Me Out*, 2008: 11)

莫言用“一挑子用秤钩子挂起来的老豆腐”具体描绘豆腐形状，然后用夸张的手法说“两箩筐”的“赔情的话”。葛浩文把“一挑子”和“两箩筐”都统一起来，译成“a basketful of tofu”，“along with a basketful of apologies”，既保留了原文文化信息，也让译文行文非常顺畅。原文是两个动词（送来老豆腐，说赔情的话），译文变成一个谓语动词 brought over 统管两个名词宾语（a basketful of tofu，along with a basketful of apologies），连贯自然，笔者写作本书的过程中发现了许多这样的好的译例。

例 8：你不要跟我调皮，蓝脸，我代表党，代表政府，代表西门屯的穷爷们儿，给你最后一个机会，再挽救你一次，希望你**悬崖勒马**，希望你迷途知返，回到我们的阵营里。（莫言，《生死疲劳》，2006：21）

译文: Don’t get cute with me, Lan Lian. I represent the Party, the government, and the impoverished residents of Ximen Village. This is your last chance to come around. I hope you **rein in your horse before you go over the cliff**, that you find your way back into our camp. (Goldblatt, tr. *Life and Death are Wearing Me Out*, 2008: 25)

例 9：“别急！”大爷说，“**心急喝不得热黏粥。**”（莫言，《红高粱家族》，2012：7）

译文：“Take it easy! **Greedy eaters never get the hot gruel.**” (Goldblatt, tr. *Red Sorghum*, 1993: 8)

“Greedy eaters never get the hot gruel”是对“take it easy”的意义补充，也是保留原文形象的翻译。此处译者没有为了减少目的语读者对外语文本的生疏感而采取通顺透明的归化翻译方法翻译为“Haste makes waste”，而是刻意打破目的语的规范而保留原文的异域语言特色。

例 10：你**打开天窗说亮话**。（莫言，《红高粱家族》，2012：181）

译文：Let’s **open the skylight and let the sun shine in**. (Goldblatt, tr. *Red Sorghum*, 1993: 198)

例 11：**一山不容二虎，一槽不容二马，一个小庙里怕也容不下两个神仙。**（莫言，《四十一炮》，2012：161）

译文：You can’t **have two tigers on a mountain or two horse at a trough,**

and I'm afraid two deities will be too much for a small temple like this. (Goldblatt, tr. *Pow*! 2012: 171)

山、虎、槽、马、小庙、神仙的意象都在译文中保留了。

例 12：李武道："你这是**以小人之腹，度君子之心**！你以为我是为我吗？我是为这席上的老少爷们儿打抱不平！"（莫言，《檀香刑》，2012：106）

译文：You are trying to **measure the stature of a great man with the yardstick of a pretty one!** I object not for myself，but for my fellow guests. (Goldblatt, tr. *Sandalwood Death*, 2013: 103)

例 13：汉人有几十种骂狗的话：狼心狗肺，猪狗不如，狗屁不通，狗娘养的，狗仗人势，狗急跳墙，鸡狗升天，狗眼看人低，狗腿子，痛打落水狗，**狗坐轿子不识抬举，狗嘴里吐不出象牙，狗拿耗子多管闲事，肉包子打狗有去无回**。（姜戎，《狼图腾》，2014：123）

译 文：We have dozens of curses based on dogs: "rapacious as a wolf and savage as a dog"; **"A dog in a sedan chair does not appreciate kindness"; You can't get ivory from a dog's mouth"; "Only busybody dogs catch rats"; "Throw a meaty bun at a dog, and it won't come back"**. (Goldblatt, tr. *Wolf Totem*, 2008: 196)

例 14：道尔基是个**不见兔子不撒鹰**的猎手，他能来，掏到狼崽就多了几分把握。（姜戎，《狼图腾》，2014：98）

译文：He was a cautious hunter, one **who never loosed his hawk until he saw a rabbit**, and his presence greatly enhanced the chance of getting the cubs. (Goldblatt, tr. *Wolf Totem*, 2008: 157)

"不见兔子不撒鹰"是直译，译文保留了意象。

八、核心概念的意译

例 1：奶奶在三天之中**参透了人生禅机**。（莫言，《红高粱家族》，

2012：62）

译文： Grandma **<u>unlocked the mysteries of life</u>** in three days. (Goldblatt, tr. *Red Sorghum*, 1993: 70)

译文弱化了“禅机”，因为原文本身也是一种表达方式或者夸张而已，原文是说奶奶嫁给麻风病人后的三天的生活，所以她回门时对爹说死也不愿回去。并不是说奶奶宗教上如何厉害。如果我们非要直译成“Grandma grasped the gist of Zen Buddhism in three days”反而很怪，好像奶奶是位了不起的宗教人士。

例 2： 我听到威严的命令在正房里下达，下达命令的人，也许就坐在我平时所坐的那把**<u>红木太师椅子</u>**上，椅子旁边，是**<u>八仙桌</u>**，桌上摆着**<u>文房四宝</u>**。（莫言，《生死疲劳》，2006：37）

译文： I heard a man in the main house threaten, someone who was probably sitting in **<u>the mahogany armchair</u>** I used to sit in. Next to that chair was **<u>an octagonal table</u>** on which I kept my **<u>writing bush, ink stick, ink stab, and paper</u>**. (Goldblatt, tr. *Life and Death are Wearing Me Out*, 2008: 41)

八仙桌是汉族传统家具之一，指桌面四边长度相等、桌面较宽的方桌，每边可坐二人，四边围坐八人，犹如八仙。葛浩文将“太师椅”略去，保留“红木”的内容。把“八仙桌”依据实物外型进行直译，“octagonal table”就成了“八边形的桌子”，并不是八仙桌，弱化了原文的文化信息。笔、墨、纸、砚合称“文房四宝”，葛浩文也是意译，用 writing bush, ink stick, ink stab, and paper 替代了。

《酒国》中卖馄饨的老人称侦察员丁钩儿是“微服私访”，葛浩文译为“undercover assignment”。“微服私访”是中国历史上形成的特有词汇，一般指皇帝或地位很高的官员到民间进行查访和调研。莫言小说里卖馄饨的老人用这个词来向侦察员丁钩儿表明自己认为他正在做的事是了不得的大事，和真正的皇帝微服私访没关系。英语读者恐怕很难理解“驾临民间、私人查访”的内涵，所以葛浩文选择了符合故事情节、也让西方读者能懂的undercover assignment，这样的字词放在文中也不显得突兀，衔接也顺畅。

例 3： **<u>知青</u>**的蒙古包还未发下来，陈阵被安排在毕利格老人家里，分配当了羊倌。（姜戎，《狼图腾》，2014：4）

译文：Yurts had not yet been assigned to **the Beijing students, the so-called educated youth**, so Chen had been sent to live with Old Man Bilgee and his family, and given duties as a shepherd. (Goldblatt, tr. *Wolf Totem*, 2008: 2)

"知青"即"知识青年"。在中国，知识青年一般指1950—1976年，自愿或被迫从城市下放到农村做农民的年轻人。由于西方读者普遍不了解相关的文化背景知识，在英语中也没有相对应的词语，所以译者一开始只是简单地把"知青"翻译为"Beijing students"，又紧接着在后面进行了解释"the so-called educated youth"，即"所谓的受教育青年"，通过这种方法一定程度上弥补了缺失的文化信息。

例4："汤、糖、躺、烫是体重的四大忌。"（毕飞宇，《青衣》，2011：156）

译文： **Liquids, sugar, lying down and hot foods** are the four enemies of weight loss. (Goldblatt & Lin, trs. *The Moon Opera*, 2007: 68)

原文"汤、糖、躺、烫"概括体重增长的原因，也押韵，而且也有东方文化特征，虽然西方人不会认为"汤"和"烫"和体重有什么关系。然而，英文单词不同于汉字，并没有固定的声调，因此很难在译文中保留原文的谐音。所以葛浩文采用了整体翻译，大致表述了"汤、糖、躺、烫"的含义。

例5：老团长气得晃动了脑袋。（毕飞宇，《青衣》，2011：113）

译文：The old troupe leader was so angry **his head looked like it might explode**. (Goldblatt & Lin, trs. *The Moon Opera*, 2007: 18)

葛浩文没有直接把"气得晃动了脑袋"译成"He was so angry that he shook his head"，而是改译成"The old troupe leader was so angry his head looked like it might explode"，这样更有表现力，更贴合英美人的思维和说话的方式。

如前所述，魏春梅（2015）对苏童《米》文化负载词的翻译进行了统计和整理，也找到了葛浩文大量解释性翻译的例子。

例6：绮云望着**夏季暗红色的天空**，自言自语地说，还没有**大伏天**就这么热了，今年奇怪，我觉得**天灾人祸**就要降临了。（苏童，《米》，2005：177）

译文： She looked into **<u>the dark summer sky</u>**. We're not **<u>into the dark days</u>**, and the heat is already unbearable. This year is different somehow. I see **<u>calamities ahead—heavenly or human</u>**.(Goldblatt, tr. *Rice*, 2000: 208)

葛浩文避开了"大伏天""三伏""三九"这样的词汇，因为有summer、heat、unbearable这样的语境提示，英美读者完全能读懂。另外，他用的"dark"不仅表现了夏季的暴风雨，也表现了黑暗的事物和现象，和文中的"calamities ahead—heavenly or human"相对照。另如：

跪下请安 —— Kneel down and wish him health

回娘家 —— make the customary trip to her parents' home

红蛋 —— a lucky red egg

旗袍 —— cotton robe

宣纸 —— calligraphy paper

例7： 第二天"<u>回门</u>"，小男人还在卫生所里打吊针，小叔子送小水回仙游川，一见外爷、伯伯就哭得死去活来。（贾平凹，《浮躁》，2004：24）

译文： the day to **<u>begin her "home visit"</u>**, the bridegroom was still at the clinic. … Her brother-in-law accompanied her back to Stream of Wandering Spirits, and the moment she laid eyes on her grandpa and her uncle, she collapsed into tears again. (Goldblatt, tr. Turbulence, 1991: 29)

这里描述的是小说中的女主人公之一 —— 小水和小男人结婚第二天的情形。在中国传统乡俗中，人们把新娘子结婚后的第一次回娘家叫"回门"，葛浩文把这个中国传统文化特色的词翻译成了"home visit"，并在书后附录中做了解释："回门"— the bride visits her parents with her husband for the first time after the wedding，这样就会使译入语读者一目了然，成功传递了中国传统文化信息。

例8： 我在<u>关帝庙</u>前发现了这个小子，雪掩盖了他半截身体。（莫言，《生死疲劳》，2006：10）

译文： I found the child in front of **<u>the God of War Temple</u>**, half buried in the snow. (Goldblatt, tr. *Life and Death are Wearing Me Out*, 2008: 12)

“关帝庙”是供奉关羽的庙宇，而关羽是《三国演义》里的人物。为了帮助读者了解到“关帝庙”的意义，译者没有音译，而是翻译成了“the God of War Temple”，将这个形象所象征的寓意清晰地展示给读者，大大降低了读者的阅读难度。

例 9：知趣点，把位子让出来吧，让给懂生产的人；唱戏，唱不出**窝窝头**来。（莫言，《生死疲劳》，2006：177）

译文：If you are smart, you’ll give up your position and hand it to someone who knows about farming. Singing opera doesn’t **put food on the table**. (Goldblatt, tr. *Life and Death are Wearing Me Out*, 2008: 208)

窝窝头是中国北方常见的一种面食，在过去和馒头一样受欢迎，由于其圆锥形的锥底有一个向里面凹进去的口，故而称作窝窝头。此处，作者莫言用“唱不出窝窝头来”强调唱戏无法解决生产问题，但是葛浩文用无法把食物摆上桌子来（put food on the table）来翻译，与上句（farming）“生产”形成呼应，也避开了费劲地解释什么是窝窝头。

例 10：群众静默片刻，仿佛被钳子捏住了咽喉，然后便一片欢呼，**几个有文化的小青年乱喊“乌拉”，没有文化的喊“万岁”**。（莫言，《生死疲劳》，2006：146）

这个例子很有趣，“乌拉”是俄语 ypa 的音译，莫言原著中说中国人能喊出“乌拉”的是“有文化的”；而“万岁”在中国则通俗得多，没有文化也可以喊得出来。但是葛浩文翻译成正好相反，成了 **“Hooray! By the uncultured, Long Life! By their opposite numbers”**（Goldblatt, tr. *Life and Death are Wearing Me Out*, 2008: 129），意为“没文化的才喊‘乌拉’，而有文化的喊‘万岁’”。显然，葛浩文这里完全译反了，是考虑到了“Hooray!”在英语中是普遍使用的口语，所以他有意颠倒过来翻译，大胆改译，为了英语读者能够理解和接受。

例 11：**双手抱在胸前**，对着怪物连连**作揖**，一边作揖，一边倒退。（莫言，《生死疲劳》，2006：13）

译文：**With his hands cupped in front of his chest as a sign of respect**, he said a prayer and backed up. (Goldblatt, tr. *Life and Death are Wearing Me Out*, 2008: 15)

这句话的翻译是应该商榷的。葛浩文把“作揖”译成“With his hands cupped in front of his chest as a sign of respect”，笔者认为是不是应加上“made a deep bow and backed up at the same time”？否则单看译文，看不出“作揖”的意象。而且译文中的“he said a prayer”是译者自己添加的，而这个添加的内容又过于归化到了西方文化背景。

例 12：洪大哥，你<u>大人不见小人的怪</u>，不要和这个<u>直杠子人</u>一般见识。（莫言，《生死疲劳》，2006：2）

译文：Brother Hong, you're **<u>too important to worry about the problems of small fly like us</u>**. You mustn't bring yourself down to the level of **<u>this coarse laborer</u>**. (Goldblatt, tr. *Life and Death are Wearing Me Out*, 2008: 26)

“大人不见小人的怪”是转化成英美读者熟悉的意象和习语翻译的。“直杠子”也转化成具体语境中的人来翻译。两个俗语的翻译都没有保留原来的形象。

例 13：看来明年<u>有门儿了</u>。（姜戎，《狼图腾》，2014：345）

译 文：Looks like we can **<u>expect something</u>** next year. (Goldblatt, tr. *Wolf Totem*, 2008: 493)

例 14：对草原狼了解得越透，就越不会<u>大意失荆州</u>。（姜戎，《狼图腾》，2014：284）

译文：The more one understood the wolves, **<u>the less vulnerable one was to disaster</u>**. (Goldblatt, tr. *Wolf Totem*, 2008: 414)

“大意失荆州”指的是三国时期关羽因为大意而导致荆州三郡失陷，现比喻因疏忽大意而导致失败。葛浩文考虑到了译语读者的接受能力，也为了避免影响译文的可读性，省略了复杂的历史文化背景，而将这个句子在语境中的真实含义翻译出来。

例 15：咱们现在真是<u>四面楚歌</u>啊。（姜戎，《狼图腾》，2014：222）

译文：We're **<u>getting hammered from all sides</u>**. (Goldblatt, tr. *Wolf Totem*, 2008: 339)

“四面楚歌”出自《史记·项羽本纪》。同理，若译文将这个故事详细地介绍给英文读者，就会舍本逐末。所以译者仅将其比喻意义译了出来。

例 16：一直听**狼外婆、东郭先生和狼，以及各种仇恨狼的故事**长大的陈阵，不由脱口说道：这些黄羊真是太可怜了……（姜戎，《狼图腾》，2014：29）

译文: Having grown up **hearing tales that demonize wolves**, he said without thinking "These gazelles are such pitiful creatures…." (Goldblatt, tr. *Wolf Totem*, 2008: 44)

这个例子在笔者教学中多次使用。"狼外婆"是德国格林童话《小红帽》中的人物，狼伪装成小红帽的外婆，等她来找外婆时，想办法把她吃掉。"东郭先生"是明代马中锡作品《中山狼传》中的人物，因施救被人追逐的中山狼反而差点儿被狼吃掉。英语读者对"狼外婆"与"东郭先生"的故事并不熟悉，作者姜戎在这段的本意也不是要详细阐述这两则故事，所以葛浩文在译文本中直接译成了 hearing tales that demonize wolves。葛浩文的这个简单的归化处理得很好，直接表明了姜戎引用这两则故事的意图所在，也省却了费劲解释这两则故事的麻烦。

例 17："老师，您是我名副其实、货真价实的老师，我发现您不但是写小说的行家里手，而且，您还是品酒的**大内高手**。"（莫言，《酒国》，2008：90）

译文: "Sir, you are indeed my true, my genuine, mentor, for not only are you a master novelist, but **you know your way around a liquor bottle.**" (Goldblatt, tr. *The Republic of Wine*, 2000: 90)

句中的"大内高手"本指皇宫内负责警卫的武功高强之人，文中表达品酒水平高超，"大内高手"只是个虚指，在这句话中和皇宫、侍卫没有任何关系，所以葛浩文就意译为"you know your way around a liquor bottle"，省去并列结构，按照英语行文习惯保存其最基本含义。

九、同一词汇的不同译法

同一词汇在不同语境中的不同译法能够很好地说明语境的重要性，也能说明本章前述的音译加注、直译保留形象、意译等翻译方法还是基于译者对语境的判断。我们以葛浩文翻译的莫言作品和霍克斯翻译的《红楼梦》为例。

1. 恨铁不成钢

例 1：它用轻蔑的眼光看着俺，眼睛里有许多恨铁不成钢的意思。（莫言，《檀香刑》，2012：68）

译文：There was a look of disdain in those eyes, **disappointment that I hadn't made much of myself.** (Goldblatt, tr. *Sandalwood Death*, 2013: 159)

例 2：上官吕氏用恨铁不成钢的目光直盯着儿子。（莫言，《丰乳肥臀》，2012：9）

译文：Shangguan lv stared at her son with a look that said, **Why can't you be a man?** (Goldblatt, tr. *Big Breasts and Wide Hips*, 2004: 16)

2. 吃人家的嘴短，拿人家的手短

例 3：吃了人家的嘴软，拿了人家的手短。（莫言，《四十一炮》，2012：165）

译文：A guest speaks well of one's host, and a receiver of gifts respects the giver. (Goldblatt, tr. *Pow*!, 2012: 346)

例 4：母亲说："你难道不知道吃人家嘴短，拿人家手短的道理？"（莫言，《丰乳肥臀》，2012：114）

译文："Don't you know that people expect favors to be returned?" (Goldblatt, tr. *Big Breasts and Wide Hips*, 2004: 126)

3. 掌柜的

例 5：为此白氏还恶狠狠地咒我：掌柜的，你迟早要败在这个妖精手里。（莫言，《生死疲劳》，2006：36）

例 6："村长，俺真的不知道，那个地方，不是俺家的地，俺家掌柜的要埋藏财宝，也不会埋在那个地方……"（莫言，《生死疲劳》，2006：41）

例 7："掌柜的，我知道你来了，我知道你会来的。我知道经过了这些

年的风风雨雨，见过了背叛和无耻，你就会想到我的忠诚。”（莫言，《生死疲劳》，2006：73）

例 8：“问问老掌柜的去吧”。“老掌柜的，”徐大爷说，“解放那边捎去信了吗？如果他一时半会赶不回来，我看……”（莫言，《生死疲劳》，2006：493）

葛浩文对同一个“掌柜的”做出了几种不同的处理，例 5 中的“掌柜的”强调其身份地位，他译为“the head of the household”。例 6 中“俺家掌柜的”译为“my husband”。例 7 中的“掌柜的”是白杏儿对自己的称呼，所以译成“I knew you'd come, husband, I knew you'd be here. I was sure that after all these years of suffering, after seeing so much betrayal and shameless behavior, that you would recall my loyalty”。例 8 中“掌柜的”是用于面对面交流时的尊称，若译成“old gentleman”就显得奇怪，葛浩文译为“sir”，用在对话中。

4. 借坡下驴

例 9：我看到洪泰岳满脸僵硬的线条顿时和缓起来，他借坡下驴地说：……（莫言，《生死疲劳》，2006：22）

译文：I saw the tautness in Hong Taiyue's face fall away. **Like a man climbing off his donkey to walk downhill, in other words, using her arrival as a way forward**, he said. (Goldblatt, tr. *Life and Death are Wearing Me Out*, 2008: 26)

此处背景为蓝脸拒绝村书记洪泰岳邀请其加入人民公社的建议，蓝脸的妻子迎春打圆场之后，洪泰岳所做出的反应。“借坡下驴”是一个中国成语，意思是凭借有力的地势赶驴，比喻利用有力的形势或条件办事。但是译者不仅直译保留了“坡”“驴”这些意象，而且在译文中增加了“in other words, using her arrival as a way forward”，具体解释为何会这样说，补充说明洪泰岳因迎春的到来趁势说服迎春认同自己的观点。使译文整体上逻辑顺畅。而下句中葛浩文则只是意译“借坡下驴”，没有保留形象。

例 10：所以，陈鼻的疯话，是为我们提供了一个借坡下驴的坡儿。（莫言，《蛙》，2012：252）

译文: So Chenbi's crazy talk was intended to **give us a face-saving way out**. (Goldblatt, tr. *Frog*, 2015: 282)

5. 炕

炕是中国北方用砖、坯等砌成的睡觉的台，上面铺席，下有孔道与烟囱和锅灶相连，可以烧火取暖。下面三个例子分别是“炕”的音译加意译、音译、意译。

（1）在《檀香刑》的英文版末尾，葛浩文在书末专门附了一个音译词表（Glossary of Untranslated Terms），其中也包括“炕”。他给的解释是——kang 炕：a brick sleeping platform, often heated by a fire beneath。既有音译，也有意译。

例 11： 初二晚上在我家**炕**头上促膝倾谈时，您对法国作家萨特的话剧的高度评价和细致入微、眼光独到的分析，使我如醍醐灌顶、茅塞顿开！（莫言，《蛙》，2012：4）

译文： On the night of the second, when we were talking as we **at the kang at my house**, I experienced an epiphany thanks to your high praise and detailed analyzes, as well as your unique insights into the plays of the Frenchmen, Sartre. (Goldblatt, tr. *Frog*, 2015: 3-4)

这句话明显是矛盾修饰法，“炕”和“萨特”“细致入微”“眼光独到”“醍醐灌顶”“茅塞顿开”形成对照，一个下里巴人，一个阳春白雪，译文也相应地保留了这种对照，即“kang”“epiphany”“detailed analyzes”“unique insights”也形成了对照，“炕”是简单音译，没有解释。

但是葛浩文也不总是一贯的，他也有只是意译“炕”的时候，比如“寒冬腊月里我也不恋**热炕**头”，译成“Even in the cold twelfth month, **a warm bed** could not tempt me”，“炕”成了“a warm bed”；葛浩文还把“腊月”译成第十二个月（twelfth month）。

6.《红楼梦》中的“痴”字（以霍克斯译本为例）

例 12:《红楼梦》开篇五言绝句“满纸荒唐言，一把辛酸泪。都云作者**痴**，谁解其中味？”（7）

译文： Pages full of idle words

Penned with hot and bitter tears:

All men call the author **fool**;

None his secret message hears. (1973: 51)

例 13：第五回中，警幻仙曲的收尾曲："看破的，遁入空门，**痴迷的**，枉送了性命。"（86）

译文：The disillusioned to their convents fly,

The still deluded miserably die. (1973: 144)

例 14：第一回中，一僧一道对甄士隐说："**惯养娇生笑你痴**，菱花空对雪澌澌。"（11）

译文：**Fond man, your pampered child to cherish so—**

That caltrop-glass which shines on melting snow! (1973: 56)

几行以后，霍把"**痴心父母**古来多"译为"Yet though **of parents fond** there is no lack"（1973: 64），与前译相应。

例 15：太虚幻境的对联：厚天高地，堪叹古今情不尽；**痴男怨女**，可怜风月债难酬。（74）

译文：Ancient earth and sky

Marvel that love's passion should outlast all time.

Star-crossed men and maids

Groan that love's debts should be so hard to pay. (1973: 130)

例 16：龄官画蔷**痴及墙外**。

译文：Charmante scratches a "qiang" and **mystifies a beholder**. (1977: 93)

例 17：**痴情女**情重愈斟情。

译文：And **the highly strung** rise to new heights of passion. (1977: 68)

例 18：第一回甄士隐向僧道请教时说："但弟子愚拙，不能洞悉明白。若能**大开痴顽。**"（9）

译文："Unfortunately I am a man of very limited understanding and have not been able to derive the full benefit from your conversation. If you would have the very great kindness to **enlighten my benighted understanding...**" (1973: 54)

例 19：第八回用“痴”的近义词“愚拙”形容宝钗，“罕言寡语，人谓装**愚**；安分随时，自云守**拙**”（119)。

译文：to some her studied taciturnity
might seem to savor of **duplicity**;
but she herself saw in conformity
the means of guarding **her simplicity**. (1973: 188)

十、赏析《生死疲劳》(*Life and Death are Wearing Me Out*)第一章的翻译，思考画线概念以及所在句子的翻译方法

前面所选的例子都是单个词语或单句，下面是葛浩文翻译的《生死疲劳》第一章全文，我们提供完整的上下文语境，希望继续引发思考，看看译者是如何翻译中国文化概念的。材料来源：莫言，《生死疲劳》，北京：作家出版社，2006。Goldblatt Howard, tr. *Life and Death are Wearing Me Out: A Novel*, By Mo Yan, New York: Arcade Publishing, 2008. 黑体和下划线都是笔者所加的希望引起读者注意的地方，其中大多数都是译得出彩的，少数是笔者认为翻译得值得商榷的地方。

受酷刑喊冤**阎罗殿** 遭欺瞒**转世**白蹄驴
Torture and Proclaimed Innocence in **Yama's Hell**
Reincarnation Trickery for a White-Hoofed Donkey

我的故事，从1950年1月1日讲起。在此之前两年多的时间里，我在**阴曹地府**里受尽了人间难以想象的酷刑。每次提审，我都会鸣冤叫屈。我的声音悲壮凄凉，传播到**阎罗大殿的每个角落**，激发出重重叠叠的回声。我身受酷刑而绝不改悔，挣得了一个**硬汉子**的名声。我知道许多**鬼卒**对我暗中钦佩，我也知道**阎王老子**对我不胜厌烦。为了让我认罪服输，他们使出了**地狱酷刑中最歹毒的一招**，将我扔到沸腾的油锅里，翻来覆去，像炸鸡一样炸了半个时辰，痛苦之状，难以言表。**鬼卒还用叉子把我叉起来，**

高高举着，一步步走上通往**大殿的台阶**。两边的鬼卒嘬口吹哨，如同成群的吸血蝙蝠鸣叫。我的身体滴油淅沥，落在**台阶**上，冒出一簇簇黄烟……鬼卒小心翼翼地将我安放在**阎罗殿**前的**青石板**上，跪下向阎王报告：

"**大王**，炸好了。"

My story begins on January 1, 1950. In the two years prior to that, I suffered cruel torture such as no man can imagine **in the bowels of hell**. Every time I was brought before the court, I proclaimed my innocence in solemn and moving, sad and miserable tones that penetrated every crevice of **Lord Yama's Audience Hall** and rebounded in layered echoes. Not a word of repentance escaped my lips though I was tortured cruelly, for which I gained the reputation of an **iron man**. I know I earned the unspoken respect of many of **Yama's underworld attendants**, but I also know that **Lord Yama** was sick and tired of me. So to force me to admit defeat, they subjected me to **the most sinister form of torture hell had to offer**: they flung me into a vat of boiling oil, in which I tumbled and turned and sizzled like a fried chicken for about an hour. Words cannot do justice to the agony **I experienced until an attendant speared me with a trident and, holding me high**, carried me up to the **palace steps**. He was joined by another attendant, one on either side, who screeched like vampire bats as scalding oil dripped from my body onto **the Audience Hall steps**, where it sputtered and produced puffs of yellow smoke. With care, they deposited me on **a stone slab at the foot of the throne**, and then bowed deeply.

"**Great Lord**," he announced, "he has been fried."

我知道自己已经焦煳酥脆，只要轻轻一击，就会成为碎片。我听到从高高的**大堂**上，从那高高大堂上的辉煌烛光里，传下来**阎王爷**几近调侃的问话：

"西门闹，你还闹吗？"

Having been fried to a crisp, I knew that even a light tap would turn me to charred slivers. Then, from **high in the hall** above me, somewhere in the brilliant candlelight in the hall above, I heard a mocking question from **Lord Yama** himself:

"**Ximen Nao, whose name means West Gate Riot, is more rioting in your plans?**"

实话对你说，在那一瞬间，我确实动摇了。我焦干地趴在油汪里，身上发出肌肉爆裂的噼啪声。**我知道**自己忍受痛苦的能力已经到达极限，如果不屈服，不知道这些**贪官污吏**们还会用什么样的酷刑折磨我。但如果我就此屈服，前边那些酷刑，岂不是白白忍受了吗？我挣扎着仰起头——头颅似乎随时会从脖子处折断——往烛光里观望，看到**阎王和他身边的判官们**，脸上都汪着一层**油滑的笑容**。**一股怒气，陡然从我心中升起。豁出去了，我想，宁愿在他们的石磨里被研成粉末，宁愿在他们的铁臼里被捣成肉酱**，我也要喊叫：

"冤枉！"

I'll not lie to you; at that moment I wavered as my crisp body lay sprawled in a puddle of oil that was still popping and crackling. **I had no illusions**: I had reached my pain threshold and could not imagine what torture these **venal officials** would next employ if I did not yield to them now. Yet if I did, would I not have suffered their earlier brutalities in vain? I struggled to raise my head, which could easily have snapped off, and looked into the candlelight, where I saw **Lord Yama, underworld judges** seated beside him, **oleaginous smiles** on their faces. **Anger churned inside me. To hell with them! I thought appropriately; let them grind me to powder under a millstone or turn me to paste in a mortar if they must,** but I'll not back down.

"I am innocent!" **I screamed.**

我喷吐着腥膻的油星子喊叫：冤枉！想我西门闹，**在人世间**三十年，热爱劳动，勤俭持家，修桥补路，乐善好施。高密东北乡的每座庙里，都有我捐钱**重塑的神像**；高密东北乡的每个穷人，都吃过我施舍的善粮。我家粮囤里的每粒粮食上，**都沾着我的汗水**；我家钱柜里的每个铜板上，都浸透了我的心血。我是靠劳动致富，用智慧发家。**我自信平生没有干过亏心事**。可是——我尖厉地嘶叫着——像我这样一个善良的人，一个正直的人，一个大好人，竟被他们**五花大绑**着，推到桥头上，枪毙了！……**他们用一杆装填了半葫芦火药、半碗铁豌豆的土枪，在距离我只有半尺的地方开火，轰隆一声巨响，将我的半个脑袋，打成了一摊血泥，涂抹在桥面上和桥下那一片冬瓜般大小的灰白卵石上**……**我不服，我冤枉**，我请求你们放我回去，让我去当面问问那些人，我到底犯了什么罪？

Rancid drops of oil sprayed from my mouth with that scream: I am innocent! Me, Ximen Nao; in my thirty years **in the land of mortals** I loved manual labor and was a good and thrifty family man. I repaired bridges and repaved roads and was charitable to all. The **idols** in Northeast Gaomi Township temples **were restored** thanks to my generosity; the poor township people escaped starvation by eating my food. Every kernel of rice in my granary **was wetted by the sweat of my brow**, every coin in my family's coffers coated with painstaking effort. I grew rich through hard work, I elevated my family by clear thinking and wise decisions. **I truly believe I was never guilty of an unconscious act.** And yet — here my voice turned shrill — a compassionate individual like me, a person of integrity, a good and decent man, was **trussed up like a criminal**, marched off to a bridge head, and shot! ... **Standing no more than half a foot from me, they fired an old musket filled with half a gourd full of powder and half a bow full of grapeshot, turning one side of my head into a bloody mess as the explosion shattered the stillness and stained the floor of the bridge and the melon-sized white stones beneath it.** ... **You'll not get me to confess, I am innocent**, and I ask to be sent back so I can ask those people to their face what I was guilty of.

在我**连珠炮般的话语**中，我看到阎王那张**油汪汪的大脸不断地扭曲着**。阎王身边那些判官们，目光躲躲闪闪，不敢与我对视。我知道他们全都清楚我的冤枉，他们从一开始就知道我是个冤鬼，只是出于某些我不知道的原因，他们才**装聋作哑**。我继续喊叫着，话语重复，一圈圈轮回。阎王与身边的判官低声交谈几句，然后**一拍惊堂木**，说：

"好了，西门闹，**知道你是冤枉的。世界上许多人该死，但却不死；许多人不该死，偏偏死了。**这是**本殿**也无法改变的现实。现在**本殿法外开恩**，放你生还。”

I watched Lord Yams's **unctuous face undergo many contortions throughout my rapid-fire monologue** and saw how the judges around him turned their heads to avert their eyes. They knew I was innocent, that I had been falsely accused, but for reasons I could not fathom, they **feigned ignorance**. So I shouted, repeating myself, the same thing over and over, until one of the judges leaned over and whispered something in Lord Yama's ear. He **banged his gravel to silence the hall**.

"All right, Ximen Nao, **we accept your claim of innocence**. **Many people in that world who deserve to die somehow live on while those who deserve to live die off.** Those are facts about which **this throne** can do nothing. So **I will be merciful** and send you back."

突然降临的大喜事，像一扇沉重的磨盘，几乎粉碎了我的身体。阎王扔下一块朱红色的三角形令牌，用颇不耐烦的腔调说：

“牛头马面，送他回去吧！”

Unanticipated joy fell on me like a millstone, seemingly shattering my body into shards. Lord Yama threw down his triangular vermilion **symbol of office** and, with what sounded like impatience, commanded:

"**Ox Head and Horse Face**, send him back!"

阎王拂袖退堂，众判官跟随其后。烛火在他们的宽袍大袖激起来的气流中摇曳。两个身穿皂衣（笔者注：黑衣。秦汉时官员所着，后降为下级官吏的服装。）、腰扎着橘红色宽带的鬼卒从两边厢走到我近前。一个弯腰捡起令牌插在腰带里，一个扯住我一条胳膊，试图将我拉起来。我听到胳膊上发出酥脆的声响，似乎筋骨在断裂。我发出一声尖叫。掖了令牌的那位鬼卒，搡了那个扯我胳膊的鬼卒一把，用一个经验丰富的老者教训少不更事的毛头小子的口吻说：

“妈的，你的脑子里灌水了吗？你的眼睛被秃鹫啄瞎了吗？你难道看不见他的身体已经像一根天津卫十八街的大麻花一样酥焦了吗？”

With a flick of his sleeve, Lord Yams left the hall, followed by his **judges**, whose swishing wide sleeves made the candles flicker. A pair of **demonic attendants**, dressed in **black clothing** cinched at the waist with wide orange sashes, **walked up from opposite directions**. One bent down, picked up **the symbol of authority**, and stuck it in his sash. The other grabbed my arm to pull me to my feet. A brittle sound, like bones breaking, drew a shriek from me. The demon holding **the symbol of authority** shoved the **demon** holding the arm and, in the tone of an old hand instructing a novice, said:

"**What in damnation is your head filled with, water**? Has an eagle plucked out your eyes? Can you really not see that his body is as crispy as **one of those fried fritters on Tianjin's Eighteenth Street?**"

在他的教训声中，那个年轻的鬼卒翻着白眼，茫然不知所措。掖令牌的鬼卒道：

"还愣着干什么？去取驴血来啊！"

The young attendant rolled his eyes as he was being admonished, not sure what to do.

"**Why are you standing around?**" **Symbol of Authority** said. "Go get some donkey blood!"

那个鬼卒拍了一下脑袋，脸上出现恍然大悟般的表情。他转身跑下大堂，顷刻间便提来一只血污斑斑的木桶。木桶看上去十分沉重，因为那鬼卒的身体弯曲，脚步趔趄，仿佛随时都会跌翻在地。

The attendant smacked his head, **sudden enlightenment written on his face**. He turned and ran out of the hall, quickly returning with a blood-spattered bucket. Evidently it was heavy, since he tumbled along, bent at the waist, and was barely able to keep his balance.

他将木桶沉重地蹾在我的身边，使我的身体都受了震动。我嗅到了一股令人作呕的腥气；一股热烘烘的腥气，仿佛还带着驴的体温。一头被杀死的驴的身体在我脑海里一闪现便消逝了。持令牌的鬼卒从桶里抓起一只用猪的鬃毛捆扎成的刷子，蘸着黏稠的、暗红的血，往我头顶上一刷。我不由得怪叫一声，因为这混杂着痛楚、麻木、犹如万针刺戳般的奇异感受。

我听到自己的皮肉发出噼噼啪啪的细微声响，感受着血水滋润焦糊的皮肉，联想到那久旱的土地突然遭遇甘霖。在那一时刻，我心乱如麻，百感交集。那鬼卒如一位技艺高超、动作麻利的油漆匠，一刷子紧接着一刷子，将驴血涂遍了我的全身。到最后，他提起木桶，将其中剩余的，劈头浇下来。我感到生命在体内重新又汹涌澎湃了。我感到力量和勇气又回到了身上。没用他们扶持，我便站了起来。

He set the bucket down beside me **with a thud that** made my body vibrate. **The stench was nauseating, a hot, rank odor that seemed to carry the warmth of a real donkey**. The image of a butchered donkey flashed briefly in my head, and then dissolved. **Symbol of Authority** reached into the bucket and took out a pig-bristle brush, which he swished around in the sticky, dark red blood, and then brushed across my scalp. **I yelped from an eerie sensation that was part pain, part numbness, and part prickliness. My ears were assailed with** subtle pops as the blood moistened my charred, crispy skin, calling to mind **a welcome rain on drought-dry land**. My mind **was a tangle of disjointed thoughts and mixed emotions**. The attendant wielded his brush like a house painter, and I was quickly covered with donkey blood, head to toe. He then picked up the bucket and dumped what remained over me, and I **felt a surge of life swell up inside me**. Strength and courage returned to my body. I no longer needed their support when I stood up.

尽管两位鬼卒名叫"牛头"和"马面"，但他们并不像我们在有关阴曹地府的图画中看到的那样真的在人的身躯上生长着牛的头颅和马的脑袋。他们的身体结构与人无异，所不同的只是他们的肤色像是用神奇的汁液染过，闪烁着耀眼的蓝色光芒。我在人世间很少见过这种高贵的蓝色，没有这样颜色的布匹，也没有这样颜色的树叶，但确有这样颜色的花朵，那是一种在高密东北乡沼泽地开放的小花，上午开放，下午就会凋谢。

Despite the fact that the attendants were called **Ox Head and Horse Face**, **they bore no resemblance to the underworld figures we are used to seeing in paintings**: **human bodies, one with the head of an ox, the other the face of**

a horse. These were totally human in appearance, except, that is, for their skin, whose color was iridescent blue, as if treated with a magical dye. A noble color, one rarely seen in the world of mortals, neither on fabric nor on trees; but I'd seen flowers of that color, **small marshy blossoms in Northeast Gaomi Township** that bloomed in the morning and withered and died that afternoon.

在两位身材修长的蓝脸鬼卒挟持下，我们穿越了似乎永远都看不到尽头的幽暗隧道。**隧道两壁上，每隔十几丈就有一对像珊瑚一样奇形怪状的灯架伸出**，灯架上悬挂着**碟形的豆油灯盏**，燃烧豆油的香气时浓时淡，使我的头脑也时而清醒时而迷糊。借着灯光，我看到隧道的穹隆上悬挂着许多巨大的蝙蝠，它们亮晶晶的眼睛在幽暗中闪烁，不时有腥臭的颗粒状粪便，降落在我的头上。

With one attendant on each side of me, we walked down a seemingly endless dark tunnel. **Coral lantern holders protruded from the walls every few yards**; from them hung **shallow platter-shaped lanterns that burned soybean oil**, the aroma sometimes dense, sometimes not, which kept me clearheaded some of the time, and befogged the rest of the time. In the light of the lanterns, I saw gigantic bats hanging from the tunnel dome, eyes shining through the darkness; foul-smelling gauno kept falling on my head.

终于走出隧道，然后登上高台。**一个白发苍苍的老婆婆，伸出白胖细腻与她的年龄很不相称的手**，从一只肮脏的铁锅里，用乌黑的木勺子，舀了一勺洋溢着馊臭气味的黑色液体，倒在一只涂满红釉的大碗里。鬼卒端起碗递到我面前，脸上**浮现着显然是不怀好意的微笑**，对我说：

"喝了吧，喝了这碗汤，你就会把所有的痛苦烦恼和仇恨忘记。"

我挥手打翻了碗，对鬼卒说：

"不，我要把一切痛苦烦恼和仇恨牢记在心，否则我重返人间就失去了任何意义。"

Finally, we reached the end and climbed onto a high platform, where **a white-haired old woman reached out with a fair, smooth-skinned arm that did not befit her age**, scooped out a black, foul-smelling liquid from a filthy steel pot with a black wooden spoon, and emptied it into a red-glazed bowl. One of the attendants handed me the bowl and **flashed a smile that held no trace of kindness**.

"Drink it," he said. "Drink what is in this bowl, and your suffering, your worries, and your hostility will be forgotten.

I knocked it over with a sweep of my hand.

"No," I said. "I want to hold on to my suffering, worries, and hostility. Otherwise, returning to that world is meaningless."

我昂然下了高台，木板钉成的台阶在脚下颤抖。我听到鬼卒喊叫着我的名字，从高台上跑下来。

I climbed down off of the wooden platform, which shook with each step, and heard the attendants shout my name as they ran down from the platform.

接下来我们就行走在高密东北乡的土地上了。这里的**一山一水、一草一木**我都非常熟悉。让我感到陌生的是那些钉在土地上的白色木桩，木桩上用墨汁写着我熟悉的和我不熟悉的名字，连我家那些肥沃的土地上，也竖立着许多这样的木桩。后来我才知道，我在**阴间里鸣冤叫屈**时，人世间进行了**土地改革**，**大户的土地，都被分配给了无地的贫民**，我的土地，自然也不例外。**均分土地，历朝都有先例，但均分土地前也用不着把我枪毙啊！**

The next thing I knew, we were walking in Northeast Gaomi Township, where I knew **every mountain and stream, every tree and blade of grass**. New to me were the white wooden posts stuck in the ground, on which were written names —— some familiar, some not. They were even buried in the rich soil of my estate. I did not learn until later that when I was **in the halls of hell proclaiming my innocence, a period of land reform had been ushered in** to the world of mortals, and **that the big estates had been piecemealed out to landless peasants**; naturally, mine was no exception. **Parceling out land has its historical precedents,** I thought, **so why did they have to shoot me before dividing up mine?**

鬼卒仿佛怕我逃跑似的，一边一位**摽着我**，他们冰凉的手**或者说是爪**

子紧紧地抓着我的胳膊。阳光灿烂，空气清新，鸟在天上叫，兔在地上跑，**沟渠与河道的背阴处，积雪反射出刺目的光芒。我瞥着两个鬼卒的蓝脸**，恍然觉得他们很像是**舞台上浓妆艳抹的角色，只是人间的颜料，永远也画不出他们这般高贵而纯粹的蓝脸**。

Seemingly worried that I would run away, the attendants **held me by the arms** in their icy hand, **or, more precisely, claws**. The sun shone brightly, the air was fresh and clean; birds flew in the sky, rabbits hopped along the ground. **Snow on the shady banks of the ditches and the river reflected light that hurt my eyes. I glanced at the blue faces of my escort**, suddenly aware that they looked like **costumed and heavily made-up stage actors, except that earthly dyes could never, not in a million years, paint faces with hues that noble or that pure**.

我们沿着河边的道路，越过了十几个村庄，在路上与许多人擦肩而过。我认出了好几个熟识的邻村朋友，但我每欲开口与他们打招呼时，鬼卒就会及时而准确地扼住我的咽喉，**使我发不出半点声息**。对此我表示了强烈的不满。我用脚踢他们的腿，他们一声不吭，仿佛他们的腿上没有神经。我用头碰他们的脸，他们的脸宛如橡皮。他们扼住我喉咙的手，只有在没有人的时候才会放松。有一辆胶皮轮子的马车拖着尘烟从我们身边飞驰而过，马身上的汗味让我备感亲切。我看到**身披白色光板子羊皮袄的车把式**马文斗抱着鞭子坐在车辕杆上，长杆烟袋和烟荷包拴在一起，斜插在脖子后边的衣领里。烟荷包摇摇晃晃，像个酒店的招儿。车是我家的车，马是我家的马，但赶车的人却不是我家的长工。我想冲上去问个究竟，但鬼卒就像两棵缠住我的藤蔓一样难以挣脱。我感到赶车的马文斗一定能看到我的形象，一定能听到我极力挣扎时发出的声音，一定能嗅到我身上那股子人间难寻的怪味儿，但他却赶着马车飞快地从我面前跑过去，仿佛要逃避灾难。后来我们还与一支踩高跷的队伍相遇，他们扮演着**唐僧取经的故事，扮孙猴子、猪八戒的都是村子里的熟人**。从他们打着的横幅标语和他们的言谈话语中，我知道了那天是1950年的元旦。

We passed **a dozen or more villagers** as we walked down the riverbank road and met several people coming **from the opposite direction**. Among them were my friends and neighbors, but each time I tried to greet them, one of my attendants clapped his hand around my throat and **turned me mute**. I showed my displeasure by kicking them in the legs, but elicited no response; it was as if their limbs had no feeling. So I rammed my head into their faces, which seemed made of rubber. The hand around my neck was loosened only when we were alone again. A horse-drawn wagon with rubber wheels shot past us, raising a cloud of dust. Recognizing that horse by the smell of its sweat, I looked up and saw the **driver**, a fellow named Ma Wendou, sitting up front, **a sheepskin coat draped over his shoulders**, whip in hand, a long-handled pipe and tobacco pouch tied together and tucked into his collar to hang down his back. The pouch swayed like a public house shop sign. The wagon was mine, the horse was mine, but the man on the wagon was not one of my **hired hands**. I tried to run after him to find out what was going on here, but my attendants clung to me like vines. Ma Wendou had to have seem me and known who I was, and he surely heard the sounds of struggle I was making, not to mention smelled the strange unearthly odor that came from my body. But he drove past without slowing down, like a man on the run. After that we encountered **a group of men on stilts who were reenacting the travels of the Tang Monk Tripitaka on his way to fetch Buddhist scriptures. His disciples, Monkey and Pigsy, were both villagers I knew**, and I learned from the slogans on the banners they were carrying and from what they were saying that it was the first day of 1950.

在即将到达我们村头上那座小石桥时，我感到一阵阵的烦躁不安。一会儿我就看到了桥下那些**因沾满我的血肉而改变了颜色**的卵石。卵石上粘着一缕缕布条和肮脏的毛发，散发着浓重的血腥。在破败的桥洞里，聚集着三条野狗。两条卧着；一条站着。两条黑色；一条黄色。**都是毛色光滑、舌头鲜红、牙齿洁白、目光炯炯有神**。

Just before we arrived at the stone bridge on the village outskirts, I grew uneasy. I was about to see the stones beneath the bridge **that had been discolored**

by my blood and flecks of my brain. Dirty clumps of hair and strips of cloth sticking to the stones gave off a disagreeable blood stench. Three wild dogs lurked at the bridge opening, two lying down, one standing; two were black, the other brown, **and all three coats shone**. **Their tongues were bright red, their teeth snowy white, their gleaming eyes like awls**.

莫言在他的小说《**苦胆记**》里写过这座小石桥，写过这些**吃死人吃疯了的狗**。他还写了一个孝顺的儿子，**从刚被枪毙的人身上挖出苦胆，拿回家去给母亲治疗眼睛**。用熊胆**治病**的事很多，但用人胆治病的事从没听说，这又是那小子胆大妄为的编造。他小说里描写的那些事，基本上都是**胡诌**，千万不要信以为真。

In his story "**The Cure**," Mo Yan wrote about this bridge and dogs that **grew crazed on the corpses of executed people**. He wrote about a filial son who **cut the gallbladder, the seat of courage, out of an executed man, took it home, and made a tonic for his blind mother**. We all know stories about using bear gallbladder **as a curative**, but no one has ever heard of the curative powers of the human gallbladder. So it was **made-up nonsense** from the pen of a novelist who likes to do such things, and there wasn't **an ounce of truth in it.**

在从小桥到我的家门这一段路上，我的脑海里浮现着当初枪毙我的情景：我被细麻绳反剪着双臂，脖颈上**插着亡命的标牌**。那是腊月里的二十三日，离春节只有七天。**寒风凛冽，彤云密布**。冰霰如同白色的米粒，一把把地撒到我的脖子里。我的妻子**白氏**，在我身后的不远处嚎哭，但却听不到我的二姨太迎春和我的三姨太秋香的声音。迎春怀着孩子，即将临盆，不来送我情有可原，但秋香没怀孩子，年纪又轻，不来送我，让我心寒。我在桥上站定后，猛地回过头，看着距离我只有几尺远的**民兵队长黄瞳**和跟随着他的十几个民兵。我说：老少爷儿们，咱们一个村住着，**远日无仇，近日无怨**，兄弟有什么对不住你们的地方，尽管说出来，用不着这样吧？黄瞳盯了我一眼，立刻把目光转了。他的**金黄的瞳仁**那么亮，宛若两颗金星星。黄瞳啊黄瞳，你爹娘给你起这个名字，可真起得妥当啊！**黄瞳说：你少啰嗦吧，这是政策！**我继续辩白：老少爷们儿，你们应该让我死个明白啊，我到底犯了哪条律令？黄瞳说：你到阎王爷那里去问个明白吧。他突然举起了那只土枪，枪筒子距离我的额头只有半尺远，然后我就感到头飞了，然后我就看到了火光，听到了仿佛从很远处传来的爆响，嗅到了飘浮在半空中的硝烟的香气……

Images of the execution floated into my head on the way from the bridge to my house. They had tied my hands behind my back and **hung a condemned sign around my neck**. It was the twenty-third day of the twelfth month, seven days before New Year's. **Cold winds cut through us that day; red clouds blotted out the sun**. The sleet was like kernels of white rice that slipped beneath the collar. **My wife, from the Bai family**, walked behind me, wailing loudly, but I heard nothing from my two concubines, Yingchun and Qiuxiang. Yingchun was expecting a baby any day, so I could forgive her for staying home. But the absence of Qiuxiang, who was younger and was not pregnant, bitterly disappointed me. Once I was standing on the bridge, I turned to see **Huang Tong** and his team of **militiamen**. You men, we all live in the same village and **there's never been any enmity between us, not then and not now**. If I have somehow offended you, tell me how. There is no need to do this, is there? Huang Tong gazed at me briefly, and then looked away. His **golden yellow irises** sparkled like gold stars. Huang Tong, I said, **Yellow-eyed Huang**, your parents named you well. **That's enough out of you, he said. This is government policy!** You men, I went on anyway, if I am to die, I should at least know why. What law have I broken? You'll get your answers in Lord Yama's underworld, Huang Tong said as he raised his **ancient musket**, the muzzle no more than half a foot from my forehead. I felt my head fly off; I saw sparks, I heard what sounded like an explosion, and I smelled gunpowder in the air ···

我家的大门虚掩着，从门缝里能看到院子里人影绰绰，难道她们知道我要回来吗？我对鬼差说：

“二位兄弟，一路辛苦！”

Through the unlatched gate at my house I saw many people in the yard.

How did they know I would be coming home? I turned to my **escort**.

"Thank you, brothers, **for the difficulties encountered in seeing me home**," I said.

我看到鬼差蓝脸上的狡猾笑容，还没来得及思考这笑容的含义，他们就抓着我的胳膊猛力往前一送。我的眼前一片昏黄，就像沉没在水里一样，耳边突然响起了一个人欢快的喊叫声：

"**生下来了！**"

我睁开眼睛，看到自己浑身沾着黏液，躺在一头母驴的腚后。天哪！想不到**读过私塾、识字解文、堂堂的乡绅西门闹，竟成了一匹四蹄雪白、嘴巴粉嫩的小驴子**。

Sinister smiles spread across their blue faces, but before I could figure out what those smiles meant, they grabbed my arms and propelled me forward. Everything was murky; I felt like a drowning man. Suddenly my ears filled with the happy shouts of a man somewhere:

"**It's out!**"

I opened my eyes to find that I was covered with a sticky liquid, lying near the birth canal of a female donkey. My god! Who'd have thought that Ximen Nao, **a literate, well-educated member of the gentry class, would be reborn as a white-hoofed donkey with floppy, tender lips**!

(Goldblatt Howard, tr. *Life and Death are Wearing Me Out*, By Mo Yan, New York: Arcade Publishing, 2008: 1-9.)

十一、赏析《妻妾成群》（*Raise the Red Lantern*）结尾的翻译，思考画线概念以及所在句子的翻译方法

莫言的作品有很浓的北方乡土气息，为了体会区别，我们阅读南方作家苏童的作品，并且赏析翻译家杜迈可（Michael Duke）处理文化概念时与葛浩文的不同之处。材料来源：苏童，《妻妾成群》，上海：上海文艺出版社，2004：47-51。Duke Michael S, tr. *Raise the Red Lantern: Three Novellas*, By Su Tong, New York: W. Morrow,

1993: 92-99. 黑体和下划线都是笔者所加，同上，希望引起读者思考。

下了头一场大雪，萧瑟荒凉的冬日花园被覆盖了**兔绒般的积雪**，树枝和屋檐都变得**玲珑剔透、晶莹透明**起来。陈家几个年幼的孩子早早跑到雪地上堆了雪人，然后就在颂莲的窗外跑来跑去追逐，打雪仗玩。**颂莲**还听见**飞澜**在雪地上摔倒后尖声啼哭的声音。**还有刺眼的雪光泛在窗户上的色彩。还有吊钟永不衰弱的嘀嗒声。一切都是真切可感**。但颂莲仿佛去了趟**天国**，她不相信自己活着，又将一如既往地度过一天的时光了。

After the first big snowstorm, the barren and desolate winter garden was covered with **a layer of rabbit-fur snow** while the tree branches and the house eaves were **transformed into exquisitely carved crystals, glittering and transparent**. Some of the youngest children of the Chen household ran out into the yard early in the morning to build a snowman; then they had a snow fight, chasing each other around under **Lotus**'s window. Lotus even heard **Feilan**'s high-pitched bawling after he had fallen down in the snow. **The light from the snow also reflected blindingly through the windowpane. Then there was the never-flagging sound of the clock ticking on the wall. Everything was palpably real**, but Lotus felt as though she had returned from a trip to **the Heavenly Kingdom**; she could not believe that she was still living and that she would have to live for another day in the same manner.

夜里她看见了死者**雁儿**，死者雁儿是一个秃了头的女人，她看见雁儿在外面站着推她的窗户，一次一次地推。**她一点不怕。她等着雁儿残忍的报复。她平静地躺着。她想窗户很快会被推开的。**雁儿无声地走进来了，带着一种**头发套子**，挽成有钱太太的**圆髻**。颂莲说，你上哪儿买的头发套子？雁儿说，在**阎王爷**那儿什么都有。然后颂莲就看见雁儿从**髻**后抽出一根**长簪**，朝她胸口刺过来。她感觉到一阵刺痛，人就飞速往黑暗深处坠落。她肯定自己死了，千真万确地死了，而且死了那么长时间，好像有几十年了。

She had seen the dead **Swallow** during the night; in death, Swallow was a bald-headed woman. She had seen Swallow standing outside, pushing in on her window, she kept pushing and pushing on the window. **Lotus was not the least**

bit afraid. She was waiting for Swallow's cruel revenge. She lay there very calmly. She knew the window would soon open.

Swallow crept in silently wearing **some sort of hairpiece rolled up like a rich woman's chignon**.

Lotus asked her, "Where did you buy that hairpiece?"

Swallow answered, "**The God of Death** has everything."（笔者注：见上文《生死疲劳》，"阎王"这个词葛浩文的翻译不同）

Then Lotus saw Swallow take a **long hairpin** out from the back of her **chignon** and stab at her chest with it. She felt a sudden jab of pain and quickly fell into a dark abyss. She knew she had died; she was absolutely certain she had died, and she was dead for such a long time it seemed as though ten years had gone by.

颂莲**披衣**坐在床上，她不相信死是个梦。她看见**锦缎被子**上真的插了一根**长簪**，她把它摊在手心上，冰凉冰凉。这也是**千真万确**的，不是梦。那么，我怎么又活了呢，**雁儿又跑到哪里去了呢**？

Lotus **pulled a robe over her shoulders** and sat there on the bed; she did not believe her death was only a dream. She noticed there really was **a long hairpin** stuck into **brocade bed covers**; she picked it up and held it on her palm. It was cold as ice. This, too, was no dream, but **an absolute certainty**. "Why am I still alive, then? **Where did Swallow disappear to**?"

颂莲发现窗子也一如梦中半掩着，从室外穿来的空气新鲜清冽，但颂莲辨别了窗户上雁儿残存的死亡气息。下雪了，世界就剩下一半了；另外一半看不见了，它被静静地抹去，也许这就是一场不彻底的死亡。颂莲想**我为什么死到一半又停止了呢**，真让人奇怪；另外的一半在哪里？

Lotus discovered that the window was partly open, just as in her dream. The air rushed in from outside, fresh and chilly, but she could still sniff out the lingering odor of death left behind by Swallow. It had snowed, and only half the world still remained. The other half was invisible; it had been silently wiped away. Perhaps this was simply an incomplete death.

"**Why did I die halfway and then stop**?" Lotus asked herself. "It's really strange. Where's the other half, then?"

梅珊从**北厢房**出来，她穿了件**黑貂皮大衣**走过雪地，**仪态万千容光焕发的美貌，改变了空气的颜色**。梅珊走过颂莲的窗前，说，女酒鬼、酒醒了？颂莲说，你出门？这么大的雪。梅珊拍了拍窗子，雪大怕什么？只要能快活，**下刀子**我也要出门。梅珊扭着腰肢走过去，颂莲不知怎么就朝她喊了一句，你要小心。梅珊回头对颂莲**嫣然一笑**，颂莲对此印象极深。事实上这也是颂莲最后一次看见梅珊**迷人的笑靥**。

Coral walked out of the **north compound**. As she walked across the snow wearing a **black mink coat**, **the healthful glow of her expression and the beauty of her glorious deportment virtually transformed the color of the air around her**. As she walked by Lotus's window, she called to her, "Drunken lady, are you sobered up now?"

Lotus asked, "Are you going out in all this snow?"

Coral knocked on the window, "Who's afraid of a little snow? As long as I can be happy, I'll go out **even if it's snowing daggers**."

As Coral walked by with her hips swaying, for some unknown reason Lotus looked at her and called out, "You'd better be careful."

Coral looked back and threw her **a winsome smile**.

Her smile made a deep impression on Lotus. That was the last time Lotus saw Coral's **captivating smile**.

梅珊是下午被两个家丁带回来的。**卓云**跟在后面，一边走一边**嗑着瓜子**。**事情说到结果是最简单了**，梅珊和医生在一家旅馆里被卓云堵在被窝里，卓云把梅珊的衣服全部扔到外面去，卓云**说**，你这**臭婊子**，你怎么**跑得出我的手心**？

It was afternoon when Coral was brought back home by two male servants. **Cloud** walked behind them **cracking melon seeds** all the way. **The way in which events reached this conclusion was quite simple**: Cloud caught Coral and the doctor in bed at a nearby Inn. Cloud threw Coral's clothes outside and then **gloated**, "You **stinking whore**, did you think you could **get away from me**?"

这天颂莲看着梅珊出去又回来，一前一后却不是同一个梅珊。梅珊是被人拖回北厢房去的，**梅珊披头散发，双目怒睁，骂着拖拽她的每一个人。她骂卓云说我活着要把你一刀一刀削了死了也要挖你的心喂狗吃**。卓云一声不吭，只顾**嗑着瓜子**。飞澜手里抓着梅珊掉落的一只皮鞋，一路跑一路喊，鞋掉罗，鞋掉罗。颂莲没有看见**陈佐千**，陈佐千后来是一个人进北厢房去的，那时候北厢房已经被反锁上了。

Lotus watched Coral leave and come home on the same day, but it was not the same Coral in the morning and the afternoon. As Coral was dragged into the north compound, **her hair was disheveled, and her eyes glowed with anger as she cursed everyone who was dragging her along. She cursed Cloud, "If I live, I'll skin you alive, and if I die, I'll still cut your heart out and feed it to the dogs."**

Cloud did not say a word, but just kept on **cracking melon seeds**.

Feilan picked up one of Coral's shoes and shouted, "Your shoe fell off! Your shoe fell off!" all the way home.

Lotus did not see Chen Zuoqian. After a while, **Chen Zuoqian** went to the north compound alone; by that time the north compound was already locked.

颂莲无心**去隔壁张望**，她怀着异样沉重的心情谛听着梅珊的动静。她很想知道陈佐千会怎么处置梅珊。但是隔壁没有丝毫的动静。**一个家丁守在门口，摇着一串钥匙、开锁，关锁。**陈佐千又出来了，他站在那里朝花园雪景张望了一番，然后**甩了甩手**，朝南厢房里走过来。

Lotus had no heart **to go next door and investigate**; she was extraordinarily depressed as she listened carefully for any sounds from Coral's room. She was very anxious to know how Chen Zuoqian would punish Coral, but not the slightest sound came from the adjacent room. **A male servant stood outside the door with a ring full of keys, locking and unlocking the door.** Chen Zuoqian came out again, stood there a moment gazing out at the snowy garden, **shook his hands**, and walked toward the south compound.

好大的雪，瑞雪兆丰年呐。陈佐千说。陈佐千的脸比预想的要平静得多、颂莲甚至感觉到他的表现里有一种**真实的轻松**。颂莲倚在床上，直盯着陈佐千的眼睛，她从中另外看到了**一丝寒光；这使她恐惧不安**。颂莲说，你们会把梅珊怎么样？陈佐千掏出一枝象牙牙签剔着牙，他说，我们能把她怎么样？**她自己知道应该怎么样**。颂莲说，**你们放她一码吧**。陈佐千笑了一声说，**该怎么样就怎么样**。

"**What a lot of snow; still, a timely snow promises a good harvest**," Chen Zuoqian said, and his face was much calmer than she expected. Lotus even sensed a certain feeling of **genuine calm** in his expression. Lotus leaned against the bed and looked straight into Chen Zuoqian's eyes; she saw **a cold glint there that made her uneasy and fearful**. She asked, "What are you all going to do to Coral?"

Chen Zuoqian took out an ivory toothpick and picked his teeth before he answered. "What can we do to her? **She knows herself what has to be done**."

Lotus said, "**Why don't you give her a chance**?"

Chen Zuoqian laughed and said, "**What has to be done will be done**."

颂莲彻夜未眠，**心如乱麻**。她时刻谛听着隔壁的动静，**心里想的都是自己的事情**。**每每想到自己，一切却又是一片空白，正好像窗外的雪，似有似无，有一半真实，另外一半却是融化的虚幻**。到了午夜时分，颂莲忽然又听见了梅珊唱她的京戏，有点不相信自己的耳朵、屏息再听，真的是梅珊在**受难夜**里唱她的京戏。

叹红颜薄命前生就
美满姻缘付东流
薄幸冤家音信无有
啼花泣月在暗里添愁
枕边泪呀共那阶前雨
隔着窗儿点滴不休
山上复有山
何日里大刀环
那欲化望夫石一片

要寄回文只字难
总有这角枕锦衾明似绮
只怕那孤眠不抵半床寒

Lotus couldn't sleep all night; **her thoughts were tangled in confusion**. She listened constantly for movement in the adjacent room while **she thought only of her own situation**. **Every time she thought of her own life, however, everything was a complete void, as elusive as the snow outside her window; half of it was real, but the other half melted into illusion.** At midnight she suddenly heard Coral singing her Peking opera. She could hardly believe her ears, so she held her breath and listened again. It really was Coral, singing her Peking opera **on her night of suffering**.

Sigh for a beautiful woman,
Born under an unlucky star,
Her perfect love match,
A river flowing east.
A heartless lover sends no news,
Crying on the flowers and weeping to the moon,
Only increase my dark sadness.
Tears on my pillow accompany the rain on the steps,
Falling ceaselessly on the other side of the window.
Beyond the mountains are still more mountains;
When will his great sword return?
I want to be a stone sentinel watching for my man;
I long to send a message, but it's much too hard.
I still have this pillow of horn and our brocade quilt,
Bright as white silk,
But I'm afraid sleeping alone there's no cure
For a half-cold bed.

整个夜里后花园的气氛很奇特，颂莲**辗转难眠**，后来又听见飞澜的哭叫声，似乎有人把他从北厢房抱走了。颂莲突然再也想不出梅珊的容貌，只是**看见**梅珊和医生在麻将桌下交缠着的四条腿，**不断地在眼前晃动**，又依稀觉得**它们像纸片一样单薄，被风吹起来了**。好可怜，颂莲自言自语着，听见院墙外响起了第一声鸡啼，鸡啼过后世界又是一片**死寂**，颂莲想我又要死了，雁儿又要来推窗户了。

The atmosphere in the back garden was very strange throughout the night. Lotus **kept tossing and turning**, and found it very hard to sleep. Later on she heard Feilan crying and yelling; it seemed like someone was carrying him out of the north compound. Suddenly Lotus could no longer remember what Coral's face looked like: She only **saw the image of** Coral and the doctor's legs intertwined under the mahjong table; **that picture flitted constantly in front of her eyes**, and **she vaguely recalled their image as thin as paper blown in a cold wind**. "How pitiful," Lotus mumbled to herself as she heard the first morning rooster crow out beyond the garden wall. After that the entire world was once again **as still as death**. "I'm going to die again," Lotus thought. "Swallow is going to push open the window again."

颂莲**迷迷糊糊半睡半醒着**。这是凌晨时分，窗外一阵杂沓的脚步声惊动了颂莲，脚步声从北厢房朝**紫藤架**那里去。颂莲把窗帘掀开一条缝，看见黑暗中晃动着几个人影，有个人被他们抬着朝紫藤架那里去。凭感觉颂莲知道那是梅珊，梅珊无声地挣扎着被抬着朝紫藤架那里去。梅珊的嘴被堵住了，喊不出声音。颂莲想他们要干什么，他们把梅珊抬到那里去想干什么。黑暗中的一群人走到了废井边，他们围在井边忙碌了一会儿，**颂莲就听见一声沉闷的响声，好像井里溅出了很高很白的水珠。是一个人被扔到井里去了。是梅珊被扔到井里去了。**

Lotus lay there **in a daze, half-asleep and half-awake**. Just at the crack of dawn, she was startled by the confused sound of many footsteps. The sound of the footsteps went from the north compound in the direction of the **wisteria vine**.

Lotus pulled the curtain back just a little and saw the shadowy figures of several people moving in the darkness; they were carrying someone over toward the wisteria vine. Lotus could sense that it was Coral; Coral struggled silently as she was being carried toward the wisteria vine. She had been gagged and could not make a sound. "What are they going to do?" wondered Lotus. "What are they carrying Coral over there for?"

In the darkness the men reached the edge of the abandoned well; they surrounded the well and were busy for a moment. **Then Lotus heard a deep hollow sound as though a huge white splash echoed out of the bottom of the well. Someone had been thrown into the well. Coral had been thrown into the well.**

大概静默了两分钟，颂莲发出了**那声惊心动魄的狂叫**。陈佐千闯进屋子的时候看见她光着脚站在地上，拼命揪着自己的头发。**颂莲一声声狂叫着，眼神黯淡无光，面容更像一张白纸**。陈佐千把她架到床上，他清楚地意识到这是颂莲的末日，她已经不是昔日那个女学生颂莲了，陈佐千把被子往她身上压，说你看见什么？你到底看见了什么？颂莲说，杀人。杀人。陈佐千说，**胡说八道。你看见了什么？你什么也没有看见。你已经疯了**。

Everything was completely silent for about two minutes until Lotus **let out a wild, blood-curding wail.** When Chen Zuoqian burst into her room, he saw her standing barefoot in the middle of the floor, frantically tearing her hair out. **Lotus went on wailing distractedly; the look in her eyes was dull and lifeless, and her face resembled nothing more than a sheet of white paper.** Chen Zuoqian guided her over onto the bed; he clearly understood that this was Lotus's final day; that young college girl Lotus was no more. Chen Zuoqian pressed the blanket down over her body and asked, "What did you see? What did you see?"

"Murder," Lotus answered. "Murder."

"Nonsense," Chen Zuoqian said. **"What did you see? You didn't see anything. You're out of your mind."**

第二天早晨，**陈家花园爆出了两条惊人的新闻**。**从第二天早晨起，本地的人，上至绅士淑子阶层，下至普通百姓，都在谈论陈家的事情，三太太梅珊含羞投井，四太太颂莲精神失常**，人们普遍认为梅珊之死**合情合理**，**奸夫淫妇从来没有好下场**。但是**好端端的年轻文静的四太太颂莲**怎么就疯了呢，**熟知陈家内情的**人说，**那也很简单，兔死狐悲**罢了。

Later that morning **the Chen household was rocked by two startling stories**. **Third Mistress Coral had thrown herself into the well to drown her shame, and Fourth Mistress Lotus had gone insane.** Everyone generally agreed that Coral's death was **perfectly natural and reasonable**; **licentious women and adulterous wives never come to a good end**. But why would **the young, perfectly healthy, and refined Fourth Mistress Lotus** suddenly lose her mind? Those who were **most familiar with the inner workings of the Chen household said that was very simple**: "**The fox mourns the death of the hare**." **Creatures of the same kind grieve for one another, that's all.**

第二年春天，陈佐千又娶了**第五位太太文竹**。文竹初进陈府，经常看见一个女人在紫藤架下枯坐，有时候绕着废井一圈一圈地转，对着井中说话。文竹看她**长得清秀脱俗，干干净净**，不太像疯子，问边上的人说，她是谁？人家就告诉她，那是原先的四太太，脑子有毛病了。

文竹说，她好奇怪，她跟井说什么话？

人家就复述颂莲的话说，我不跳，我不跳，她说她不跳井。

颂莲说她不跳井。

In the spring of the following year, Chen Zuoqian, Old Master Chen, took **his fifth wife, Bamboo**. When Bamboo first entered the Chen compound, she often saw a young woman sitting alone under the wisteria vine, or, sometimes walking around and around the abandoned well; as she walked, she talked down into the center of the well. Bamboo saw that she was **very clean, pretty, and refine**, not at all like a madwoman. She asked the women around her who she was, and they simply told her, "She used to be the Fourth Mistress; something's wrong with her mind."

Bamboo said, "She's very strange. What's she saying to the well?"

They repeated Lotus's words for her: " 'I won't jump, I won't jump.' She says she won't jump into the well."

Lotus says she won't jump into the well.

可能有读者已经发现，《妻妾成群》英译文中不仅上述画线概念，其中的人名翻译也值得我们思考。事实上有学生提问过："颂莲、梅珊、卓云、雁儿等女性角色的名字都用对应的英文单词传译，如 Lotus，Coral，Cloud，Swallow，但是陈佐千、飞澜的名字却直接音译。查阅一些论文后，发现一些学者的解读是：女性角色的名字都与她们的命运相关，而男性角色名字没有，所以译者用英文单词对译女性人物的名字，而男性人物名字直接英译。这样的说法是否过于牵强？还有其他更为合理的解释吗？"

笔者认为杜迈可意译女性名字应该是因为这部作品就是谈女性的命运，而且她们的名字也好译一些；而男性要刻画出是家族统治者，所以音译以示区别；另外，男性名字也不好译，比如陈佐千译为 Helping the Commander？

本章从音译加注、直译保留形象、意译三个翻译方法探讨了文化概念的翻译。其实归结到一点就是译文在多大程度上保留原文的地域差异。在 2014 年闫怡恂对葛浩文和林丽君夫妇的访谈中，林丽君特别指出译文不能靠异国风味作为标志，她说："如果是从西班牙语或者法语翻译成英语，那么在文化和宗教上共同的传统会让两种语言之间的转换容易得多。从中文到英文的话就困难多了；比如怎么将'缘分'或者'老实'翻译成英文？除了要很好地将这样的概念传达给英文读者，翻译者还必须要很小心不让中文或者中国文化看起来很奇怪。我认为，翻译，就像所有其他跨文化呈现形式一样，是一种矛盾的尝试；文本的独特性要加以保留，但是单独字词又不能在文本或文化中显得太过独特，或者干脆成了一种讽刺画，这会让这种独特性成为主题公园里的标志，游客都靠这个来区别文化之间的差异。"（闫怡恂，2014：200）

中国文学本身的巨大变化已经超出了西方读者的预期。对于当代作家来讲，完全没有必要为了迎合国外的某种趣味而刻意改变自己。林丽君的这个观点和哈佛大学的达姆罗什教授的观点一致，即，既不能一味归化，让英文读者觉得没有阅读的必要，但也绝不能一味异化，让异国风情成了译文的标志，这也体现出一个文化的自尊自持。以下是达姆罗什所著的 *What is World Literature* 中这部分的观点，他强调异化翻译做得过了火的后果：

> 什么样的翻译是坏的翻译？人们一般认为坏的翻译要么有明显的错误，译错了；要么没有传达出原作的力量和美感。勒弗维尔说过我们无法衡量出多大程度上传达出了原作的力量和美感，我们无法制定出明确的标准，他是对的，但是人们一般还是有判断的标准，即好的翻译就是在仔细观察后，你会发现这是真正表达出了原作的翻译。只是把原作的语法和词汇复制下来的翻译只是复制了原作的骨架，不是一个真正自给自足的好翻译。与之相反的是很好地归化到译入语的翻译，它使原作与译入语的文化和历史上的隔膜消失不见。但是无论是本世纪七十年代中期的斯坦纳还是今天的韦努蒂，翻译理论家们都呼唤异化，拒绝归化的翻译路线，即突显原作与译入语的不同，突显原作中值得翻译的东西。当然有人不赞同这种异化或走少数派路线的翻译策略。呼唤异化翻译的呼声和多元文化主义的兴起和关注种族差异有关，就如同融入“大熔炉”已经不再是移民的目标，归化翻译策略越来越被人们诟病，异化翻译成了关注种族差异在语言和翻译领域里的对应表达。但是如果我们不只是盯着种族差异讨论，而是把目光放在更广泛的世界文学观念上，我们可以反驳说异化翻译可能会过火。异化翻译可以产生出读不懂的译作，可以产生出另外一种特立独行的翻译模式，即读者读着这样的译文，无法感觉到人类共通的东西。当然，我们也反对只是把异国文化归化到美国当代价值观的译作，那样的译作在美国读者看来和本土文化没有任何区别，也就没有阅读的价值。（Damrosch，2003：167-168，笔者译）

哈佛大学的宇文所安教授也曾把国家本土文化比作如同中国饮食在西方，若想在全球文化中占有一席之地，“它们必须占据一个标志差异的边缘空间：不能太缺乏国家色彩，也不能太富有国家色彩”（宇文所安，“把过去国有化：全球主义、国家和传统文化的命运”，2003：344）。美国文论家 Eugene Ouyang（欧阳祯）也指出，“消除了原来独特性格的异族的‘自然化’和夸大差异地利用异域文化都是不够的”（1996：647）。

总之，要传承本国文化就要使本土文化融入全球文化体系。文学要走出国门，一定会受到特定语境的限制，译者必须进行调整，让译文符合受众群体的文化习惯和阅读习惯。但是削减原作的民族文化特色，“太地道”“太普通”的译文也不行。

如何能够在得到西方社会认可的同时不丧失中国文学本身的主体性，是中国文学英译面临的主要问题。

而且，我们探讨文化词汇的翻译也要考虑到时代的变迁。2012年在李文静对葛浩文夫妇的访谈中，林丽君谈到一个有趣的问题：外语水平日渐提高的热心读者也是译者要面对的一个新的批评群体。“懂英语的中国读者越来越多，”林教授说，“有不少人喜欢对比原作和译作，然后给我们发来邮件，提出这样那样的问题，说翻译出错了。但有些问题很难一一回答。比如，有读者来信会跟我们说，‘某个小说中你们用noodle翻译面条是不准确的，而且吃面条的那个人家境贫困，他是吃不起白面的，应当是杂粮面’。但问题在于，在现代社会，哪些人才会吃whole wheat食品？怎么跟美国人解释一个穷人却买得起全麦食品？”（李文静，2012：60）“杂粮”“粗粮”之类的词对应词是“whole wheat”，但是“杂粮”“粗粮”在中文语境里的联想意义和“whole wheat”在英文语境里的联想意义是完全不同的。有多少译者在翻译时会意识到这一点呢？

李文静的访谈重点突出了葛浩文夫妇认为译文保留原文的文化特色但又不能太有异国风味，这一点很重要。访谈中林丽君还提到：“一些文化特有的词汇是很难按照字面翻译的，否则会显得很幼稚，‘一朝被蛇咬，十年怕井绳’按照字面翻译成‘once bitten by a snake, you will be afraid of a coiled rope for the next ten years’，就让中国人听起来有异国风味。哈金的作品里面有许多来自中国的习语，美国人就很喜欢，觉得中国人说话真有意思（cute），真与众不同啊。但作为一个译者，我觉得如果我也这么做，我不但对不起原著的作者，我更对不起中国文化与文学。”

葛浩文在访谈中接过林丽君的话说：“基本看来，丽君比较倾向减低这种‘异国情调’（exoticism），而我则不觉得强调中国文化或语言特质就一定是在传达异国风情。我想原因之一在于她是中国人，可以抛弃自己的中国性（Chineseness）而不怕被人责备，我却不能。我不是中国人，如果也那样做就变得像殖民者了，好像在说‘我们的语言更好，我们不需要这种表达法’。所以跟丽君相比，我会保留更多。不过在她的影响下，我现在会越来越不那么直译了……当然希望能做到既保留文化特色又保持译文的流畅。但很多时候不能两者兼得，所以必须做出选择……总而言之，要看中文读者从中读到了什么。是我们日常使用的套语？还是只有在这个语境中才使用的？如果是后者，译者就需要多花心思找到最合适的表达方式。”（李文静，

2012：58-59）

这也如同郭建中所指出的："翻译中的'归化'和'异化'不仅是不矛盾的，而且是互为补充的。文化移植需要多种方法和模式……译者既可采用'归化'的原则和方法，也可采用'异化'的原则和方法。至于在译文中必须保留哪些源语文化，怎样保留，哪些源语文化的因素又必须作出调整以适应目的语文化，都可在对作者意图，翻译目的，文本类型和读者对象等因素分析的基础上，做出选择。对译者来说，重要的是在翻译过程中要有深刻的文化意识，即意识到两种文化的异同。"（郭建中，1998）

确实，超脱于归化异化二元对立的视角是必要的，也是更开放的。早在19世纪，歌德就总结了阅读外国作品的反应，达姆罗什总结为阅读外国作品旨在发现与本国作品的不同—相同—相同又不同的中间地带这三个层次。歌德指出，他喜爱外国作品既在于发现其与本土文化的根本区别，也在于发现其处理他所熟悉的主题的新方式。这两方面都可以在他对两部外国作品的犀利评价中看出，一首是塞尔维亚诗歌，另一部是中国小说。《歌德谈话录》的作者、诗人和作家艾克曼（J. P. Eckermann）记录（Goethe, *Conversations with Eckermann*: 132），歌德说："自从我上次见到你后，过去的几天我读了不少东西，其中一部中国小说，现在我还在思考着，真是不错的一本书。""中国小说！"艾克曼说，"一定很特别。""不像你想的那样，"歌德说，"中国人思考、行为、感受的方式和我们完全一致；可能不久我们就会发现我们和他们也一样，只是他们做事都更清晰、单纯、有礼。他们的一切都很有秩序，citizen-like，没有特别的激情或诗歌般的遐想，这本中国小说很像我的《赫曼和多罗西亚》和英国小说家塞缪尔•理查逊的作品"。（Damrosch，2003：10-11，笔者译）

即便是发现了中国古代小说与西方的相近，歌德也同时敏锐地注意到中国小说艺术的许多不同。他说中国小说作品中经常暗指一些典故，书写一些评论伴随着正在发生的故事正文；中国小说不是原原本本地描写自然环境，而是用自然环境来象征人物性格（"中国小说中谈了很多月亮，但并不改变故事的地理环境，月亮的光被看作和白天的光一样明亮"）。歌德说中国小说中即使家具也能反映人物性格，"比如'我听见可爱的女孩们在笑，我扭过头去看，看到她们坐在藤椅上'。这就是最可爱的场景，因为藤椅很自然地和轻快和优雅联系起来"（*Conversations with Eckermann*: 132，转引自 Damrosch, 2003: 10-11，笔者译）。

歌德的这些发现是多层面的。他一方面发现文化间的不同，比如他对中国作品运用典故的观察；另一方面把他自身的价值观向外投射，比如他认为中国作品中的藤椅象征着他认为所象征的东西；还有一方面他又发现在外国作品里有一个中间地带，一个与本土文化既相同又不同的特性。其实西方浪漫主义诗歌常常使用的手法就是把人物和环境联系起来，但歌德认为中国小说中这种人物和环境的连接更加柔和，更能体现宇宙的秩序。事实上，我们阅读任何外国作品时的反应都会在三个方面全面展开：它的新奇和不同让我们惊叹；它的相同和相近让我们愉悦，无论是作品本身存在的相近性还是我们主观投射到其上的；以及一个相同又不同的中间地带，这种相同又不同很可能积极地改变着我们的观念和行为。（Damrosch，2003：11，笔者译）

达姆罗什这里提到的人们阅读任何外国作品时的三方面的反应提示着我们进行中译外时的原则。译文与译入语读者的本国文学是否有不同，是否有相同，是否有相同又不同地改变着人们观念和行为的中间地带？表面上看是翻译和语言的问题，深层次上是文化之间的思考。

十二、《信客》翻译练习中的词汇处理

余秋雨《信客》是2020年春季学期笔者在北京外国语大学英语学院中国文学英译教学中的翻译练习材料，要求学生翻译画线部分。如前所述，当时的学生为英语专业或翻译专业，本科三年级。

一

我家邻村，有一个信客，年纪不小了，已经长途跋涉了二三十年。

他读过私塾，年长后外出闯码头，碰了几次壁，穷困潦倒，无以为生，回来做了信客。他做信客还有一段来由。

本来村里还有一个老信客。一次，村里一户人家的姑娘要出嫁，姑娘的父亲在上海谋生，托老信客带来两匹红绸。老信客正好要给远亲送一份礼，就裁下窄窄的一条红绸捆扎礼品，图个好看。没想到上海那位又托另一个人给家里带来口信，说收到红绸后看看两头有没有画着小圆圈，以防信客做手脚。这一下老信客就栽了跟头，四乡立即传开他的丑闻，以前叫

他带过东西的各家都在回忆疑点，好像他家的一切都来自克扣。但他的家，破烂灰黯，值钱的东西一无所有。

老信客申辩不清，满脸凄伤，拿起那把剪红绸的剪刀直扎自己的手。第二天，他掂着那只伤痕累累的手找到了同村刚从上海落魄回来的年轻人，进门便说："我名誉糟蹋了，可这乡间不能没有信客。"

整整两天，老信客细声慢气地告诉他附近四乡有哪些人在外面，乡下各家的门怎么找，城里各人的谋生处该怎么走。说到几个城市里的路线时十分艰难，不断在纸上画出图样。这位年轻人连外出谋生的人也大半不认识，老信客说了又说，比了又比，连他们各人的脾气习惯也作了介绍。

把这一切都说完了，老信客又告诉他沿途可住哪几家小旅馆，旅馆里哪个茶房可以信托。还有各处吃食，哪一个摊子的大饼最厚实，哪一家小店可以光买米饭不买菜。

从头至尾，年轻人都没有答应过接班。可是听老人讲了这么多，讲得这么细，他也不再回绝。老人最后的嘱咐是扬了扬这只扎伤了的手，说"信客信客就在一个信字，千万别学我"。

年轻人想到老人今后的生活，说自己赚了钱要接济他。老人说："不。我去看坟场，能糊口。我臭了，你挨着我也会把你惹臭。"

老信客本来就单人一身，从此再也没有回村。

年轻信客上路后，一路上都遇到对老信客的问询。大半辈子的风尘苦旅，整整一条路都认识他。流落在外的游子，年年月月都等着他的脚步声。现在，他正躲在山间坟场边的破草房里，夜夜失眠，在黑暗中睁着眼，迷迷乱乱地回想着一个个码头，一条条船只，一个个面影。

刮风下雨时，他会起身，手扶门框站一会，暗暗嘱咐年轻的信客一路小心。

二

年轻的信客也渐渐变老。他老犯胃病和风湿病，一犯就想到老信客，老人什么都说了，怎么没提起这两宗病？顺便，关照家人抽空带点吃食到坟场去。他自己也去过几次，老人逼着他讲各个码头的变化和新闻。历来是坏事多于好事，他们便一起感叹唏嘘。他们的谈话，若能记录下来，一定是历史学家极感兴趣的中国近代城乡的变迁史料，可惜这儿是山间，就他们两人，刚刚说出就立即飘散，茅屋外只有劲厉的山风。

信客不能常去看老人。他实在太忙，路上花费的时间太多，一回家就忙着发散信、物，还要接收下次带出的东西。这一切都要他亲自在场，亲手查点，一去看老人，会叫别人苦等。

只要信客一回村，他家里总是人头济济。多数都不是来收发信、物的，只是来看个热闹，看看各家的出门人出息如何，带来了什么稀罕物品。农民的眼光里，有羡慕，有嫉妒；比较得多了，也有轻蔑，有嘲笑。这些眼神，是中国农村对自己的冒险家们的打分。这些眼神，是千年故土对城市的探询。

终于有妇女来给信客说悄悄话："关照他，往后带东西几次并一次，不要鸡零狗碎的"；"你给他说说，那些货色不能在上海存存？我一个女人家，来强盗来贼怎么办"……信客沉稳地点点头，他看得太多，对这一切全能理解。都市里的升沉荣辱，震颤着长期迟钝的农村神经系统，他是最敏感的神经末梢。

闯荡都市的某个谋生者突然得了一场急病死了，这样的事在那样的年月经常发生。信客在都市同乡那里听到这个消息，就会匆匆赶去，代表家属乡亲料理后事、收拾遗物。回到乡间，他就夹上一把黑伞，伞柄朝前，朝死者家里走去。乡间报死讯的人都以倒夹黑伞为标记，乡人一看就知道，又有一个人客死他乡。来到死者家里，信客满脸戚容，用一路上想了很久的委婉语气把噩耗通报。可怜的家属会号啕大哭，会猝然昏厥，他都不能离开，帮着安慰张罗。更会有一些农妇听了死讯一时性起，咬牙切齿地憎恨城市，憎恨外出，连带也憎恨信客，把他当作了死神冤鬼，大声叱斥，他也只能低眉顺眼、听之忍之，连声诺诺。

下午，他又要把死者遗物送去，这件事情更有危难。农村妇女会把这堆简陋的遗物当作丈夫生命的代价，几乎没有一个相信只有这点点。红红的眼圈里射出疑惑的利剑，信客浑身不自在，真像做错了什么事一般。他只好柔声地汇报在上海处置后事的情况，农村妇女完全不知道上海社会，提出的诘问每每使他无从回答。

直到他流了几身汗，赔了许多罪，才满脸晦气地走出死者的家。他能不干这档子事吗？不能。说什么我也是同乡，能不尽一点乡情乡谊？老信客说过，这乡间不能没有信客。做信客的，就得挑着一副生死祸福的重担，来回奔忙。四乡的外出谋生者，都把自己的血汗和眼泪，堆在他的肩上。

……

（材料来源：余秋雨《文化苦旅》，http://t.icesmall.cn/book/3/431/25.html，2021年5月31日读取）

翻译练习讲评：

本来村里还有一个老信客。一次，村里一户人家的姑娘要出嫁，姑娘的父亲在上海谋生，托老信客带来两匹红绸。老信客正好要给远亲送一份礼，就裁下窄窄的一条红绸捆扎礼品，图个好看。没想到上海那位又托另一个人给家里带来口信，说收到红绸后看看两头有没有画着小圆圈，以防信客做手脚。这一下老信客就栽了跟头，四乡立即传开他的丑闻，以前叫他带过东西的各家都在回忆疑点，好像他家的一切都来自克扣。但他的家，破烂灰黯，值钱的东西一无所有。

首先，“一次，村里一户人家的姑娘要出嫁”，很多学生都译成讲故事的Once upon a time，如：**Once upon a time**, a girl in the village 或 **Once upon a time**, a girl from a family in the village was getting married. 这样就成了童话，与余秋雨的散文体并不符。

其次，中文行文经常是流水式的，比如“一次，村里一户人家的姑娘要出嫁，姑娘的父亲在上海谋生，托老信客带来两匹红绸”，而英文行文则需要分清主次，理清逻辑关联。姑娘的父亲在上海谋生是次要信息，他托老信客给村里带回两匹红绸才是主要信息。所以如果译成“Once a girl in the village was going to get married. Her father made a living in Shanghai and requested the old messenger to”就不如下面的两个学生译文：

译文 1： Once, a local girl was about to get married, and her father, who was making a living in Shanghai, entrusted the old messenger with the task of bringing two rolls of red silk to her.

译文 2：Once, a man working in Shanghai asked the old messenger to take two bolts of red silk back to the village to his daughter as a present for her marriage. It happened that the old messenger was going to give a gift to …【如果对应原文："一次，村里一户人家的姑娘要出嫁，姑娘的父亲在上海谋生，托老信客带来两匹红绸。老信客正好要给远亲送一份礼"，我们会发现这个译文改变了原文的顺序，但笔者认为这样修改是合理的。】

相应的，原文"没想到上海那位又托另一个人给家里带来口信，说收到红绸后看看两头有没有画着小圆圈，以防信客做手脚。这一下老信客就栽了跟头"也需要在翻译前先理清逻辑顺序，不必紧跟原文的顺序来翻。以下两个学生译文都是在画线部分增加了逻辑关联，译文更清晰了：

译文 3：**Unexpectedly**, the girl's father drew circles at the end of brocade in case the old messager kept some of it secretly. Then he let another man remind his family to check these marks. **As a result, they did not find these circles.**

译文 4: **However, he did not expect that** the man in Shanghai sent a message to his family through another person, asking them to check whether there was a small circle on both ends of the silk in case of the messenger's theft.

原文"**没想到上海那位**又托另一个人给家里带来口信，说收到红绸后看看两头有没有画着小圆圈，以防信客做手脚"，画线部分其实饱含着余秋雨对信客遭遇的同情，所以他没用"姑娘的父亲"这种普通的指代，而说"上海那位"。但我们翻译时如果完全对等地译成 the man in Shanghai，就使译文有了贬义，好像姑娘的父亲人品不好，看下面的学生译文：

译文 5：Unfortunately, **the man in Shanghai** sent another message to his family, telling them to check upon receipt if there were small circles at the two ends of the silk, in case the messenger had cheated.

译文 6：Unexpectedly, **the Shanghai man** entrusted another person to bring a message to his families, saying that after receiving the red silk …

译文 7：Yet what he never expected was that **the man in Shanghai** …

较好的学生译文是：The messenger didn't expect that **the father in Shanghai** requested another person to take a message to his families that they should check the red silk for small circles on both ends in case the messenger cheated on that.

“以防信客做**手脚**。这一下老信客就**栽了跟头**，四乡立即传开他的**丑闻**”，画线部分都是普通的词汇，我们翻译时在弄懂原文的基础上找到合适的表达方式就可，不必硬性地找对等词来翻译。有学生全文用 sneak 一词，她的译文是：so they would know if the messenger **sneaked**. In this way, **the sneaking** was revealed and the old messenger stumbled into trouble... In the end, the old messenger raised his wounded hand, and said, “To be a messenger is to be trustworthy. Don't **sneak like me**.” 这个词是不准确的，sneak 通常指偷偷摸摸地走开或偷偷摸摸地溜进来这样的动作。比如“Don't sneak away and hide”，“After their sneak attack on the capital's main airport was repelled, the insurgents dispersed”，“I managed to sneak upstairs unobserved”，所以英语中的 sneaker 才可以指运动鞋或行动鬼鬼祟祟的人。它和我们这里的信客的行为没有太大关联。

同理，“这一下老信客就**栽了跟头**，四乡立即传开他的丑闻”，有学生译作：There he came a **cropper** and his scandal spread all over the villages immediately. 这个词是庄稼人；收割者；农业用的修剪机。

但是，什么情况下译者增加的原文没有的逻辑关联就是对的，什么情况下译者对原文的解读就是没必要的甚至错误的，这取决于长期翻译练习或长期阅读所收获的对文字的悟性，但是汉语是我们的母语，我们对中文原文的解读应该得心应手。比如原文的“村里一户人家的姑娘要出嫁，姑娘的父亲在上海谋生，托老信客带来两匹红绸”，下面两位学生译文的画线部分就是有问题的：

译文 8：Once a girl from the village was about to get married, and her father who made a living in Shanghai entrusted the old messager with two pieces of red brocade **to tailor wedding dress**.【托人带来的两匹红绸完全可以用来包裹嫁妆，不一定是交给裁缝做结婚用的衣服】

译文 9：After he heard the news, he asked the old messenger to bring the **two bolts of red satin around 66 meters long** to his daughter as a wedding gift.

【原文只说两匹，到底多长不是重点，原文的重点在于老信客裁了一角，结果栽了跟头，译文却变成强调是66米长的红绸】

对于文化概念词汇，我们是归化到西方读者的阅读习惯还是保留中文原有的色彩，翻译时要全文统一，不能有的词汇这样处理，有的词汇那样处理，请看下面的学生译文：

译文 10： so her father seeking livelihood in Shanghai requested the old messenger to carry **two pi of red silk** cloth back home.（村里一户人家的姑娘要出嫁，姑娘的父亲在上海谋生，托老信客**带来两匹红绸**。）【该学生此处加了注解：Chinese unit of measurement for cloth. 1 pi is approximately 33.33 meters according to modern standards.】

还是这位同学，她的另一处译文：

译文 11： As for food, he mentioned which food stands had the thickest **pancake,** and which small restaurants allowed people to eat only rice so no money would be wasted on dishes.（还有各处吃食，哪一个摊子的**大饼**最厚实，哪一家小店可以先买米饭不买菜。）

因此，笔者给她的批注是：为什么你前面的"匹"要音译，还要注释 modern equivalent 是什么，这里的"大饼"却直接译成 pancake？

同理，仔细读中文原文就知道，"以前叫他带过东西的各家都在回忆疑点，好像他家的一切都来自克扣。但他的家，破烂灰黯，值钱的东西一无所有"，其中的"破烂灰黯"不一定要按字面来翻，但有学生译成"But his house was **dingy and gray**, and he had nothing of value"，画线部分就是完全按照字面译的。

这句话译得较好的学生译文：

译文 12： Those who had hired him were all trying to recall anything suspicious, as if everything he possessed had come from appropriation. His home, however, was actually dim, shabby and destitute.

译文 13: In people's eyes, everything in the old messenger's home was stolen from others; but in his shabby and dim house, there was nothing valuable at all.

译文 14：Other families that once asked him to take things for them tended to recall to find if they were once cheated by him as if everything in his home came from deductions. But his home, shabby and gloomy, had nothing valuable in it.

老信客申辩不清，满脸凄伤，拿起那把剪红绸的剪刀直扎自己的手。第二天，他掂着那只伤痕累累的手找到了同村刚从上海落魄回来的年轻人，进门便说："我名誉糟蹋了，可这乡间不能没有信客。"

"老信客申辩不清，满脸凄伤，拿起那把剪红绸的剪刀直扎自己的手。"学生改写改编地译成了：

译文 15：The old messager **desperately defended himself but no one believed it**.【一个人声嘶力竭地呐喊，而别人都不理】

译文 16：The old messenger **could not reason his way out** and was deeply saddened.【无法用头脑和理智来把这事讲明白，把自己摘出来，从而免除自己的责任】

译文 17：The Old Messenger **could not explain his mistake away**.【无法给自己找个理由】

另外，有的学生译文虽然不是改写改编，但由于句式问题，导致译文费解或有歧义，如：

译文 18：He could not explain, **in great sorrow**, and picked up the scissors, which was【断句太多，in great sorrow 到底是修饰前面的动词还是后面的动词？】

译文 19：**Being so sad and depressed, the old messenger could not defend himself**.【这样的句式成了：在很悲伤或在很悲伤的状态下，他不能解释清楚】

此外，翻译时要明确指出老信客用当初那把裁了边角料的剪刀扎自己，所以下面的学生译文是不错的：

译文 20：Feeling wretched and distressed, he **jabbed his hand with that pair of scissors** used to cut the red silk.

译文 21：**Unable to defend himself**, the old messenger was desperately sad and kept pricking his hand with the **very pair of scissors** that had been used to cut the silk.

译文 22：Failing to justify himself, the desolate messenger **picked up that pair of scissors …**

译文 23：The old messenger couldn't explain himself clearly. He picked up **the very pair of scissors …**

译文 24：**Unable to prove his innocence** and overwhelmed with sorrow, the old messenger **stabbed his hand with the scissors that he used to** cut the silk

"第二天，他**掂着那只伤痕累累的手**找到了同村**刚从上海落魄回来的年轻人**，进门便说"，"掂着"一词不过是形容老信客举着受伤的手的状态，而学生译成了：The following day, **his terribly wounded hand resting on the other**, the messenger，就成了老信客真的一只手搭在另一只手的上边，这样一路走来。

"伤痕累累"一词，如果我们回溯上文，这是因为他用剪刀扎自己的手，而学生译文如 The next day, **holding his maimed hand, he found** the young man，画线部分用词不准，因为 maim 指 injure or wound seriously and leave permanent disfiguration or mutilation; "people were maimed by the explosion"。

翻译"刚从上海落魄回来的年轻人"时，学生本能地试图找对等的形容词来译"落魄"，就导致译文如下：

译文 25：he found **the down-and-out young man** who just came back from Shanghai.

译文 26：The next day, with the scarred hand, he **found the down-and-out young man** who had just returned from Shanghai in the same village.

译文 27: The next day **he held his heavily wounded hand to find the down-and-out young man** who just came back from Shanghai.【这句话不仅是字面对等地译"落魄"，held his heavily wounded hand to find 成了举着受伤的手是为了找到年轻人】

还有同学把"落魄"过度强化，译成 The next day, holding his heavily wounded

hand, he found the **wretched young man** from his village who had just come back from Shanghai **with abjection**. 余秋雨这里不过是想强调有年轻人接了老信客的班，当然年轻人首先是在上海生活得并不好，但这里字里行间谈不上对上海有什么仇恨，所以译成 come back from Shanghai with abjection 就过了。

还有学生这句的译文是：appeared at the door of a young man's home in the same village — **the unknowing soon-to-be messenger** had just returned from Shanghai, poor and frustrated. 画线部分显示出该学生作为第三人称的全知全能视角，知道年轻人即将成为信客，而年轻人自己还不知道，而且暗含着年轻人即将落入某个圈套的口吻。

> **整整两天，老信客细声慢气地告诉他附近四乡有哪些人在外面，乡下各家的门怎么找，城里各人的谋生处该怎么走。说到几个城市里的路线时十分艰难，不断在纸上画出图样。这位年轻人连外出谋生的人也大半不认识，老信客说了又说，比了又比，连他们各人的脾气习惯也作了介绍。**

翻译"老信客细声慢气地告诉他附近四乡有哪些人在外面，乡下各家的门怎么找，城里各人的谋生处该怎么走"并不难，但要译得好，要做一些改动，因为原文是①哪些人在外面谋生；②这些人在乡下的家在哪儿；③他们在外面谋生的住处在哪儿。所以其实更合理的顺序应该是①③②，而不是原文的①②③。

按照原文①②③的顺序的学生译文：

> **译文 28**：told him gently and patiently about people from neighboring villages **who worked outside, the routes to houses of villagers and fellows working in town**.【而且最后的 fellows working in town 指代不明】
>
> **译文 29**：And then for two solid days, the old messenger, gentle and patient, told the young man **who in the nearby villages worked in cities, where the families lived in the villages, and where to find migrant workers in cities**.
>
> **译文 30**：For two full days, the old messenger told the young man in a soft and low voice about **who in the neighborhood were out of town, how to find the location of each house in the village, and how to get to working places of different people in the city**.

不仅是上面提到的逻辑顺序，还有学生此句的用词也导致了译文表述不清，见下面几个学生译文的画线部分：

译文 31：For two whole days, the old man told him which people **from the surrounding countryside** were working in **other cities**, how to find **each villager**'s house, and how to get to their **working places**.

译文 32：It took the old messenger two whole days to tell the young man everything in a slow and gentle voice, **about who was out in nearby villages**,

译文 33：For two whole days the old messenger spoke softly and slowly about which persons in the neighborhood were out of town, how to find the doors of different households in the village and **how to get to the business locations of different people in the cities.**

译文 34：For two whole days, the old messenger carefully told him **who works outside in each family in the neighborhood, the exact place of each family and also the workplace of each person that worked outside**.

而按照① ③ ②的顺序的学生译文如下，比完全按照原文的顺序翻译清晰了很多：

译文 35：The old messenger spent two whole days telling the young man kindly and patiently, **who in the nearby villages went to the cities for work, how to get to their workplaces in the cities and how to reach each family in the villages.**

译文 36：**which villagers went to cities, where do they live, and how to find the location of each household here in the village**.

"这位年轻人连外出谋生的人也大半不认识，老信客说了又说，**比了又比**，连他们各人的脾气习惯也作了介绍。"怎么译画线部分的"比了又比"？好多同学都译成了"比较"：

译文 37：The young man barely knew these people who earned a living outside, so old messager **even added information about their temperaments and habits repeatedly**.【躲避了难点，没译"说了又说，比了又比"】

译文 38：so the old messenger tirelessly introduced **and compared them to him**, and even each one's temperament and habit were told in details.【把这些人

和年轻信客做比较？】

译文 39：The old man talked many things about them and **compared them with each other**【在这些人之间做比较】

译文 40：But the old messenger described and **compared over and over**, and even introduced each one's disposition and habits.【同上】

译文 41：so the old messenger described **and performed**, and even introduced their tempers and habits.【"比"译成了"表演"】

这里的"比"就是比画的意思，读者可以想象得出老信客心急地用手比画着的状态。所以，下面的学生译文是正确的：

译文 42：As the young man knew little about those who made their living elsewhere, the old messenger described them untiringly with words **and gestures**.

译文 43：The young man was not acquainted with most villagers who had left home for work, so the old messenger **kept talking with gestures**,

译文 44：The old messenger **talked and gestured**, and even introduced their characters and habits.

译文 45：**Routes within the cities were very difficult to describe, and different maps had to be drawn to facilitate understanding**. The young man was not familiar at all with most of the migrant workers, so the old messenger **elaborated on their features again and again**, and also introduced their tempers and habits.【翻译成 elaborated on their features again and again，很灵活】

译文 46：**It was so hard to explain the routes in the cities that he kept sketching the map for illustration** on the paper. This young man didn't know most of those people who made a living outside. So the old messenger **explained and gave examples again and again**, and even briefed on their dispositions and habits.【没有把"比了又比"译成"比画"，而是译成 explained and gave examples again and again，也是不错的处理方法】

译文 47：**Explaining some complicated routes** in the cities, he drew maps on the paper. **As the young man knew few of the people** working out of the villages, the old messenger **described and explained** again and again, **talking of everything about them, even including each one's temperament and habits**.【同上】

把这一切都说完了，老信客又告诉他沿途可住哪几家小旅馆，旅馆里哪个茶房可以信托。还有各处吃食，哪一个摊子的大饼最厚实，哪一家小店可以光买米饭不买菜。

这部分出现了若干文化词汇。“哪一个摊子的大饼最厚实”，“大饼”许多学生都是翻译成 pancake，bread，cake，如：The old man also told him which stall had the thickest **pancake** and which shop could buy rice without vegetables. / The old messenger also told him where and what to eat: which stall sold the **thickest and most solid pancake** / what and where to eat as well, including which stall had the thickest **bread** and which shop…

“旅馆”有学生译成了 motel，如：After all these had been said, the old messenger told him which **motels** he could stay along the way and which room attendants were reliable. / After all these, the old messenger also told him **which motels he could stay.**

还有学生把“茶房”译成了 steward，如：When finished all this, the old messenger then told him which inns he might lodge at, and **which steward he might trust**, as well as where to solve eating problem — which stall has the thickest **cakes** and in which shop he can only buy rice and no dishes. 但是，steward 一般指空中乘务员或一片房地产或住宅区的管理员，如：I've travelled the world working as an air steward. / Maurice had been a steward of a major estate in Ireland.

“**把这一切都说完了**，老信客又告诉他沿途可住哪几家小旅馆，旅馆里哪个茶房可以信托”，学生译作：**On top of that**, the old messenger went on to give advice on which inns to stay in along the way and which waiters there could be trusted. 当然算不上大的错误，但给人感觉老信客过于重视吃饭问题。

最后的“哪一家小店可以光买米饭不买菜”很明显是指老信客为了省钱，只买米饭填饱肚子，不买菜。而学生译作：and from which restaurant he **could buy steamed rice only**.【特意强调是蒸米饭】 / what and where to eat as well, including which stall had the thickest **bread** and which shop **sold rice without vegetables**.【这就成了这家店只卖米饭，不卖菜】

这段话较好的学生译文是：

译文 48：After these had been said, the old messenger also told him which inns he could lodge at along the way, and which room attendants were reliable. For food, the old messenger mentioned which stall had the thickest flatbread and in which small shop he could buy rice separately without dishes.

译文 49：When all this was said, the old man told him which inns he might lodge at during his work, and which porter in the hotel can be trusted. He also talked about eating places, such as which vendor stand sold the thickest and solidest flatbread and in which little eateries he could order rice only without dishes.

从头至尾，年轻人都没有答应过接班。可是听老人讲了这么多，讲得这么细，他也不再回绝。老人最后的嘱咐是扬了扬这只扎伤了的手，说“信客信客就在一个信字，千万别学我”。

先看这个学生译文：However, **as the old man** spoke so much and in so much detail, **he** listened to all these and refused no more. While **he** raised his wounded hand, **the old messenger** said，画线部分是四个人称代词——old man, he, he, old messanger，这令人费解，到底是谁在对谁说话？

“老人最后的**嘱咐**是扬了扬这只扎伤了的手，说‘信客信客就在一个信字，千万别学我’。”“嘱咐”一词，有些学生翻译如下，笔者认为是可行的：

译文 50：Waving his wounded hand, **old man exhorted for the last time**: “Messengers depend on people’s trusts. Don’t learn from me.”

译文 51：Waving the wounded hand, **the old man told him the last advice**.

译文 52：Raising his wounded hand, the old messenger gave his **last word of advice**: “A messenger lives by one thing ‘trust’. Never do what I did.”

译文 53: old man’s **last word of advice** was “Messenger lives by one word — trust. Don’t be like me.”

但是“信客信客就在一个信字，**千万别学我**”的翻译就五花八门了，如：

译文 54：“Messengers live by one word: trust. **Don't behave like me**.”【信客成了老顽童】

译文 55： The old man waved his wounded hand, and his last advice was that the most important thing in this job is credit. **Never be like him**.【原文的第一人称“千万别学我”变成了译文里冷静的第三人称：“千万别学他”】

译文 56： A messenger **shall never mess with people's trust**.【这样译，就成了信客企图毁坏人们对某人某事的美好信念】

译文 57： At last, the old man raised his prickled hand and exhorted, “**people's trust makes the messager, and never ruin it like me**”.【同上】

全文翻译得较好的一位学生的译文，笔者做了修改：

本来村里还有一个老信客。一次，村里一户人家的姑娘要出嫁，姑娘的父亲在上海谋生，托老信客带来两匹红绸。老信客正好要给远亲送一份礼，就裁下窄窄的一条红绸捆扎礼品，图个好看。没想到上海那位又托另一个人给家里带来口信，说收到红绸后看看两头有没有画着小圆圈，以防信客做手脚。这一下老信客就栽了跟头，四乡立即传开他的丑闻，以前叫他带过东西的各家都在回忆疑点，好像他家的一切都来自克扣。但他的家，破烂灰黯，值钱的东西一无所有。

There used to be an old messenger in the village. Once, a young woman in the village was about to get married and her father, who was working in Shanghai asked the old messenger to take two bolts of red silk back to his daughter for her marriage. It happened that the old messenger was going to give a gift to a distant relative, so he cut a very thin strip from the silk to wrap the gift. However, he did not expect that the father in Shanghai sent a message to his family through another person, asking them to check whether there was a small circle on both ends of the silk in case of something. As a result, the old messenger was caught out. The scandal immediately spread, and everyone who had asked him to deliver things managed to recall something suspicious, as if everything in the old messenger's home was stolen from others; but his house was shabby and dim, nothing valuable in it at all.

老信客申辩不清，满脸凄伤，拿起那把剪红绸的剪刀直扎自己的手。第二天，他掂着那只伤痕累累的手找到了同村刚从上海落魄回来的年轻人，进门便说："我名誉糟蹋了，可这乡间不能没有信客。"

Unable to prove his innocence and overwhelmed with sorrow, the old messenger stabbed his hand with the scissor that he used to cut the silk. The next day, he visited a young man who failed to make a decent living in Shanghai and had just returned to the village. As soon as he entered the young man's house, he showed his badly injured hand and said: "My reputation has been ruined. But the village still needs a messenger."

整整两天，老信客细声慢气地告诉他附近四乡有哪些人在外面，乡下各家的门怎么找，城里各人的谋生处该怎么走。说到几个城市里的路线时十分艰难，不断在纸上画出图样。这位年轻人连外出谋生的人也大半不认识，老信客说了又说，比了又比，连他们各人的脾气习惯也作了介绍。

The old messenger spent the next two whole days telling the young man kindly and patiently, who in the nearby villages went to the cities for work, how to get to their workplaces in the cities and how to reach each family in the villages. Explaining some complicated routes in the cities, he drew maps on the paper. As the young man knew few of the people working out of the villages, the old messenger described and explained again and again, talking of everything about them, even including each one's temperament and habits.

把这一切都说完了，老信客又告诉他沿途可住哪几家小旅馆，旅馆里哪个茶房可以信托。还有各处吃食，哪一个摊子的大饼最厚实，哪一家小店可以光买米饭不买菜。

Having finished all of this, the old messenger continued to tell the young man which inns along the way he could stay and which waiters in those inns could be trusted. He also talked about the food, informing the young man of the stall selling the thickest flatbread and the small eateries where one could buy rice without meat or vegetables so that he could save money.

从头至尾，年轻人都没有答应过接班。可是听老人讲了这么多，讲得这么细，他也不再回绝。老人最后的嘱咐是扬了扬这只扎伤了的手，说“信客信客就在一个信字，千万别学我”。

The young man never promised to take over the job; but having heard the old man talk so much in such detail, he no longer refused. Raising his injured hand, the old man said finally: “What is the most crucial for a messenger is people’s trust. So never repeat my mistake.”

十三、“中国的书院与教育传统”翻译练习中的词汇处理

季羡林这篇文章也是笔者 2020 年春季学期在北京外国语大学英语学院中国文学英译教学的练习材料，要求学生翻译画线部分。学生情况同上，不再赘述。

书院是中国封建社会的一种教育组织形式，但并非中国所专有。我认为，古代希腊苏格拉底、柏拉图、亚里士多德等师徒授受的所在地也是一种类似中国古代书院的组织，只是后来没有像中国这样发达而已。书院以私人创办为主，有时也有官方创办的。其特点是，在个别著名学者领导下，积聚大量图书，聚众授徒，教学与科研相结合。从唐五代末到清末有一千年的历史，对我国封建社会的教育，产生过重大的影响。要读中国教育史，要研究现在的教育制度，应着重研究书院制度。从这个研究中，我们可以学习到很多有用的东西。

书院这个名称，始见于唐代。当时就有私人与官方两类。在最初，书院还仅仅是官方藏书、校书的地方；有的只是私人读书治学的地方，还不是真正的教育机构，清代诗人袁子才在《随园随笔》中写道：“书院之名起唐玄宗时，丽正书院、集贤书院皆建于朝省，为修书之地，非士子肄业之所也。”但是，唐代已有不少私人创建的书院，《全唐传》中提到的有 11 所。这些也只是私人读书的地方。

真正具有聚徒讲学性质的书院，起源于庐山国学，又称白鹿国庠，地址在江西庐山，为著名的白鹿洞书院的前身。陆游的《南唐书》中有关于

庐山国学的记载。总起来看，聚众讲学的书院形成于五代末期。有人主张，中国的书院源于东汉的“精舍”或者“精庐”，实则二者并不完全相同。

北宋初年，国家统一，但还没有充足的力量来兴办学校，于是私人书院应运而起。庐山国学或白鹿国庠，发展为白鹿洞书院。接着有很多书院相继创建，有四大书院或六大书院之称。除白鹿洞书院外，还有岳麓书院、应天府书院、嵩阳书院、石鼓书院和茅山书院。

到了南宋，书院更为发达。其数量之多，规模之大，组织之严密，制度之完善，都是空前的，几乎取代了官学，成为主要教育机构。南宋书院发达，始于朱熹修复白鹿洞书院。后来朱熹又修复和扩建了湖南岳麓书院。书院之所以发达，原因不外是理学发展而书院教学内容多为理学；官学衰落，科举腐败；许多著名学者由官学转向私人书院；印刷术的发展提供了出书快而多的条件，而书院又以藏书丰富为特点。有此数端，书院就大大地发展起来了。

元代也相当重视文化教育事业，奖励学校和书院的建设。不但文化兴盛的江南普遍创建或复兴了书院，连北方各地也相继设立了书院。但书院管理和讲学水平都很低。

到了明初，情况又有了改变。政府重点是办理官学，提倡科举，不重视书院，自洪武至成化一百多年的情况就是这样。成化（1465—1487）以后，书院才又得复兴。至嘉靖年间（1522—1566）达到极盛。明代书院由衰到兴，王守仁、湛若水等理学大师起了重要的作用。为了宣扬他们的理学，他们所到之处，创建书院。明代末年影响最大的是东林书院。在这个书院里，师生除教学活动外，还积极参与当时的政治活动。这当然受到统治者的迫害，天启五年（1625），太监魏忠贤下令拆毁天下书院，首及东林，兴起了中国历史上有名的迫害东林党人的大案。

到了清初，统治者采取了对书院抑制的政策。一直到雍正十一年（1733）才令各省会设书院，属官办性质。以后发展到了两千余所，数量大大超过前代；但多数由官方操纵，完全没有独立自主的权力，因而也就没有活力。也有少数带有私人性质的书院，晚清许多著名的学者在其中讲学。

统观中国一千多年的书院制，可以看到，书院始终是封建教育的一个重要组成部分，与统治者既有调和，又有斗争。书院这种形式还影响了日本、朝鲜和东南亚一些国家。

这样的书院制有些什么特点呢？毛礼锐主编的《中国教育史简编》对中国书院的特点做了很好的归纳。我现在简要地叙述一下。他认为特点共有五个：

1 教学与科研相结合

书院最初只是学术研究机关，后来逐渐成为教学机构。教学内容多与每一个时代的学术发展密切联系。比如南宋理学流行，书院就多讲授理学。明代王守仁等讲一种新的理学“心学”，于是书院也讲心学。到了清代，汉学与宋学对立，书院就重经学，讲考证。

2 盛行“讲会”制度，提倡百家争鸣

在南宋，朱熹和陆九渊代表两个不同的学派。淳熙二年（1175 年），两派在鹅湖寺进行公开辩论。淳熙八年（1181 年），朱熹邀请陆九渊到自己主持的白鹿洞书院去讲学，成为千古佳话。明代“讲会”之风更盛。王守仁和湛若水也代表两大学派，互相争辩。这种提倡自由争辩的讲会制度，一直延续到清代。

3 在教学上实行门户开放

一个书院著名学者讲学，其他书院的师生均可自由来听，不受地域限制和其他任何限制。宋、明、清三代都是如此。

4 学习以个人钻研为主

书院十分注重培养学生的自学能力，非常重视对学生的读书指导。宋、元、明、清一些大师提出了不少的读书原则。有的编制读书分年日程。有的把书院的课程分门别类，把每天的课程分成若干节。他们都注意学生的全面发展。导师绝不提倡学生死记硬背，而是强调学生读书要善于提出疑难，鼓励学生争辩，教学采用问难论辩式。朱熹特别强调：“读书须有疑”，“疑者足以研其微”，“疑渐渐解，以致融会贯通，都无所疑，方始是学。”吕祖谦更提出求学贵创造，要自己独立钻研，各辟门径，不能落古人窠臼。总的精神是要学生不断有发明创造。

5 师生关系融洽

中国教育素以尊师爱生为优良传统。这种精神在私人教学中表现得尤为突出。书院属于私人教学的范畴，所以尊师爱生的传统容易得到体现，在官办学校中则十分困难。朱熹曾批评太学师生关系："师生相见，漠然如行路之人。"他指出，其原因在于学校变成了"声利之场"，教学缺乏"德行道艺之实"。他自己身体力行，循循善诱，对学生有深厚感情。但是，他对学生要求极严，却不采取压制的办法。他说："尝谓学校之政，不患法制之不立，而患理义之不足以悦其心。夫理义不足以悦其心，而区区于法制之末以防之，其犹决湍之水注千仞之壑，而作翳萧苇以捍其冲流也，亦必不胜也。"（见《晦庵文集》，卷七十四）这些话到了今天还很值得我们玩味。明代王守仁也注意培养师生感情。明末的东林书院，师生感情更是特别深厚。

上面我撮要叙述毛礼锐等的对书院特点的五点总结。在组织管理方面，书院也有特点，如管理机关比较精干，经费一般能独立自主等等。

新教育制度的兴起

随着西方殖民主义者侵略的加强，随着清代封建统治的日益腐朽，自19世纪中叶起，中国有识之士就痛切感到，中国的政治经济等非改革不行，教育当然也在改革之列。魏源认为，理学"上不足致国用，外不足靖疆国，下不足苏民困"，简直是一点用处都没有。他主张向西方学习，改造中国的传统教育。魏源以后直至19世纪末叶，有不少人说八股文无用，主张翻译外国书籍，引进外国制度。洋务运动兴起以后，新教育也随之而兴，创建新型学校，设立同文馆，学习外国语文，开展工业技术教育，创办船政学堂、机器学堂、水师学堂、武备学堂、水陆师学堂，派遣留学生，等等。1898年百日维新以后，设立京师大学堂，为现在北京大学的前身。又逐渐废科举，废八股文。经过了许多波折，以西方资本主义教育为模式的中国新教育制度基本上建立起来，在中国教育史上开辟了新的一章。

（季羡林，《风物长宜放眼量——季羡林谈传统文化》，重庆：重庆出版集团，2015：14-19。）

翻译练习讲评：

在具体分析之前，有两点体例或格式上的要求：

（1）如果长度和文体允许，我们翻译朝代时，朝代第一次在文中出现时，最好给出日期，比如“南宋理学流行，书院就多讲授理学”译作：For example, Neo-Confucianism was popular in the Southern Song dynasty (1127-1279)，加了南宋的起止日期，译文更清晰，也方便英语读者。这就如同我们英语写作中，文章中第一次出现的人名，比如学者的名字，我们要给出全名，后文再提到时，可以只写姓。

（2）原文五段的小标题分别为：

教学与科研相结合
盛行“讲会”制度，提倡百家争鸣
在教学上实行门户开放
学习以个人钻研为主
师生关系融洽

这五个标题虽然谈不上对偶，但我们既然翻译标题，要尽量使标题简单明确、使用名词词组、句式工整。全班唯有一个学生做到了这一点，她是这样翻译这五个标题的：

A Combination of Teaching and Research
The Popular Academic Debate System and the Advocating of the Contention of A Hundred Schools of Thought
The Open Lecture System
Focus on Independent Learning
Positive Teacher-Student Relationship

笔者认为她至少做到了译标题就像标题。

1 教学与科研相结合

书院最初只是学术研究机关，后来逐渐成为教学机构。教学内容多与每一个时代的学术发展密切联系。比如南宋理学流行，书院就多讲授理学。

明代王守仁等讲一种新的理学“心学”，于是书院也讲心学。到了清代，汉学与宋学对立，书院就重经学，讲考证。

首先，“书院”怎么翻译？college，academy 都可以。

这段的难点是若干概念词。“南宋理学”和“心学”怎么翻译？这两种学派是什么关系？最后一句的“汉学”“宋学”“经学”又是什么意思，和“理学”“心学”又是什么关系？只有彻底弄懂这些概念才能准确地翻译出来。

注意选段里的“汉学”和我们学术界说的中国学即 Chinese studies，sinology 没有太多关系。Chinese studies，sinology 指的是 20 世纪 80 年代以来中国以外的学者对中国进行研究的一门学科，一般也称国际汉学、海外汉学。我们选段里的“汉学”一词出现于宋代，宋人将汉代经学称为“汉学”。我们选段里的“宋学”是元朝学者对宋人学术的总称，元人文集中多见，是中国传统儒学（经学）发展到两宋时期的产物，是宋代学者对中国儒家经典的认识的学说。即：

汉代的传统儒学（经学）在宋代叫汉学，从西汉到唐兴盛，清代复兴。

宋代的新儒学（理学、心学）在元代叫宋学，兴盛于宋、元、明。

汉学与宋学相对应的概念，汉学是训诂之学，宋学是义理之学。汉学严禀师承，笃守家法，不越雷池一步；宋学疑古惑经，不守传统，敢于创立新说。

汉学和宋学：

学术范围不同——汉学研究语言文字、史料，很少达到哲学理论的高度，或理论上的兴趣；宋学是道德、伦理、修身齐家治国平天下之道，近乎于今天的哲学。两者争过正统，都自称是孔子的嫡传。

研究方法不同——汉学采用归纳法，反对孤证，重视搜集史料，强调大量资料才能得出结论，所以选段中有“讲考证”一词；宋学采用演绎法，强调理解，从一个思想推出各种说法，甚至庞大的理论体系，所以得出的结论往往是自己的思想。

学术重点不同——汉学重五经，宋学重四书。

汉学斥责宋学空疏，宋学斥责汉学琐碎。

所以季羡林上面一段文字我们用通俗的话解释一遍就是：南宋时期宋学即新儒学的一个分支，理学流行，书院就多讲授理学。到了明代新儒学继续发展，王守仁等讲另一种新儒学，即“心学”，于是书院也讲心学。到了清代，传统儒学即汉学复兴，它与宋代开始的新儒学即宋学对立，于是书院就强调学习传统儒学的经典著作，强调传统儒学所重视的考证研究。

理清了思路，“理学”我们可以翻译为the Neo-Confucianism，就是开始于宋代的、区别于传统儒学的新儒学。在我国国家博物馆（National Museum of China）的展览介绍中有这样一段话：“**理学**是由北宋的程颢、程颐、周敦颐、张载及邵雍在**传统儒学**基础上发展出来的新思想体系，到了南宋时期由朱熹发扬光大。”官方给出的英文翻译为：“**Lixue or Neo-Confucianism** was a new system of ideas developed from **traditional Confucianism** first by Northern Song scholars Cheng Hao (1032-1085), Cheng Yi (1033-1107), Zhou Dunyi (1017-1073), Shao Yong (1011-1077), and Zhang Zai (1020-1078) and later enhanced by the Southern Song philosopher Zhu Xi (1130-1200).” 当然，有一个学生译作：For example, in Southern Song Dynasty (1127-1279), **a school of rationality within Neo-Confucianism** was prevalent so that academies mostly taught it as well，换句话说，这个学生想强调理学不过是新儒学的一个分支，它不能完全等同于新儒学，笔者认为她这样细化也可以。

相应地，“心学”可以翻译为school of mind, a branch of neo-Confucianism. 有一个学生译作：In Ming Dynasty (1368-1644), Wang Shouren, a famous ideologist and philosopher, and others put forward **a new kind of New-Confucianism called the philosophy of mind**. As a result, academies also taught it，也是可以的。

至于文段中的“汉学”和“宋学”怎么翻译，学生众说纷纭。有不少学生都只是音译为the Han School and Song school，比如：

译文1：To the Qing dynasty, **the Han School and Song school opposite**, the academy then focused more on the study of Confucian classics and textual research.

译文2：When it came to the Qing dynasty, **the two schools of thought became opposite**, so the colleges emphasized ...【这个译文完全偷懒，连“汉学”“宋学”两个词都省了】

译文3：To the Qing dynasty, the viewpoint **advocating sinology was opposite to that of Song**, the academy then taught Confucian classics and textual research.

【这个译文还有一个错误，即我们上面提到的把“汉学”译成了中国学、中国研究】

译文4: And by Qing dynasty (1644-1911), with **Han school and Song school opposing each other**, academies then focused on the study of Confucian classics and textual criticism.

译文5: In the Qing Dynasty (1636-1912), **as Han learning and Song learning opposed each other**, the academies focused on the study of Confucian classics and textual evidence to gain an objective perspective.

笔者认为仅仅这样音译是不合适的，单单译成Han School and Song school没有意义，是指汉人学派？汉语学派？还是宋代学派？

有几个学生的翻译是不错的：

译文6: During the Qing Dynasty (1636-1912), **the Han school of classical philology was opposed to the Song school of Neo-Confucianism**.

译文7: When it came to the Qing dynasty (1636-1912 A.D.), **the Han School and Song School diverged due to the different research direction to the Confucian classics.** As a result, academies started to emphasize the study of the Confucian classics on the one hand and teaching of the textual research on the other hand.【这个译文虽然也是音译成the Han School and Song School，但后面紧跟解释，译文还是清晰的】

译文8: In Qing Dynasty (1636-1912), when **the Han School and Song School of Confucianism were opposite with each other**, academies emphasized the study of Confucian classics and textual research to see which side had a strong point.

译文9: In the Qing Dynasty (1644 A.D.-1911 A.D.), **Neo-Confucianism of the Song Dynasty was severely belittled by Confucianism of the Han Dynasty (206 B.C.-221 A.D.).** So the academies switched to Confucianism and focused on the study and textual research on the Confucian classics.【这个译文很用心地加了故事线索，指出清代传统儒学复兴】

此外，既然是笔译，我们选词造句要用心，尽量避免引起歧义的词。比如“明代王守仁等讲一种新的理学‘心学’，于是书院也**讲**心学”，这里的“讲”就是教学，讲授。但是看下面这个学生译文：

译文 10: In the Ming dynasty (1368-1644), Wang Shouren and other scholars **talked about** a new type of Neo-Confucianism, namely the philosophy of mind-heart, and academies **also talked about it**.

原文的“讲授”成了译文里的“空谈”。再看下面这个学生译文：

译 文 11: In the Ming Dynasty (1368-1644), Wang Shouren and other scholars put forward a new branch of Neo-Confucianism: the school of mind. So, the Academies **turned to** lecture about that.

这个译文的画线词语是不妥的，因为原文是“书院也**讲**心学”，但讲心学不代表原来的理学就不讲了，完全可以在教授理学的基础上增加讲授新的热点，即心学。但译文 **turned to** lecture about that 翻译成了书院很摇摆，什么热就讲什么，现在完全转到了讲心学上。下面这个学生译文对“讲”的处理是较好的：

译文 12: For example, in the Southern Song Dynasty (1127 A.D.-1279 A.D.) where Neo-Confucianism was popular, academies **focused on** Neo-Confucianism. In the Ming Dynasty (1368 A.D.-1644 A.D.), scholars led by Wang Shouren advocated the Neo-Confucianism of mind. Therefore, academies then **taught and researched on** the Neo-Confucianism of mind.

同样，本段中的“教学”，有些学生译作：The Combination of **Tutoring** and Research，或 Academies (Shuyuan) were primarily academic research institutes, and then gradually became **tutoring** institutions，这是不准确的。因为英文里 tutor 一般指私人的辅导，或者正式课堂教学以外的辅导时段。而书院只是私立的，由私人出资建立的，但其教学和研讨仍为集体形式的，在我们选段中也能看出。

同理，如上所述，既然是笔译，我们有充足的时间反复琢磨原文，反复打磨译文，请看下面几个同学对本段第一句“书院最初只是学术研究机关，后来逐渐成为教学机构”的翻译：

译文 13： Initially, the academy was only an institution of academic research, which became a teaching institution gradually later.

译文 14： The academies were originally academic research institutes which gradually became teaching institutes.

季羡林先生这段是讲书院的教学功能。书院起初是研究机关，只是引起话题，重点在于后半句即书院是教学机构。上面这两个译文虽然语法正确，但把要强调的教学机构一事放到了从句里，弱化了中心。我们要改的话也很容易，倒过来说就行：Initially only an institution of academic research the academy later became a teaching institution gradually.

2 盛行“讲会”制度，提倡百家争鸣

在南宋，朱熹和陆九渊代表两个不同的学派。淳熙二年，两派在鹅湖寺进行公开辩论。淳熙八年，朱熹邀请陆九渊到自己主持的白鹿洞书院去讲学，成为千古佳话。明代“讲会”之风更盛。王守仁和湛若水也代表两大学派，互相争辩。这种提倡自由争辩的讲会制度，一直延续到清代。

首先还是体例上，“淳熙二年”和“淳熙八年”在译文中最好给出具体年代，分别是 1175 年和 1181 年，对中外读者都是方便的。皇帝淳熙的名称最好保留，这样更多赋予译文文化含义，读者会知道这个皇帝和当时的文化思潮有关。比如淳熙八年可以译作：In the eighth year of Emperor Chunxi’s reign (1181)。

有学生译作：In the eighth year of **Chunxi’s tenure** (1181) 是错的，西方读者会想到西方大学里的人事编制制度。

还有学生译作：In the eighth year of **Chunxi** (1181)，严格来讲也不好，因为读者也不知道淳熙是谁，是皇帝？王爷？还是地方官？

还有学生译作：**Chunxi eight years** (1181)，这是对应中文的字对字的译法。

其次，“鹅湖寺”怎么翻译？约一半的学生就是音译成 Ehu Temple，另一半的学生译作 Goose Lake Temple。笔者认同后一种，因为鹅湖寺算不上本段的核心关键词，如果译文过多使用音译会给西方读者造成负担。都用汉语拼音，还要翻译干什么？而且翻成 Goose Lake Temple，西方读者也完全看得懂。

相应地，看下面这个学生译文：

译文 15：In the second year of Chunxi **emperor**'s reign (1175 A.D.) **in the Southern Song dynasty**, standing for their different schools, Zhuxi and Lu Jiuyuan held the public debate in Ehu temple **which was located in the Jiangxi province of southern China**. … This kind of academic meeting that advocated the free debate **among different schools** had prevailed until the Qing dynasty.［在南宋，朱熹和陆九渊代表两个不同的学派。淳熙二年（1175 年），两派在鹅湖寺进行公开辩论……这种提倡自由争辩的讲会制度，一直延续到清代。该学生译文中笔者画线的部分其实都是学生翻译时加的，比如指出鹅湖寺在江西省，但笔者认为加的这些内容是合理的，方便了读者。］

同理，原文的“朱熹邀请陆九渊到自己主持的白鹿洞书院去讲学”，学生们对“白鹿洞”也有两种翻译方法：

译文 16：In the 8th year of Chunxi's Reign (1181), Zhu Xi invited Lu Jiuyuan to give lectures in **Bailudong Academy**, which Zhu presided over.

译文 17：Zhu Xi invited Lu Jiuyuan to give lectures in **the White Deer Cave Academy**, which was himself personally presided.

笔者认同后一种翻译方法。

还有学生把“白鹿洞书院”译作：White Deer Hollow Academy，很明显，联想意义不好，一个书院还没教，就已经是空洞的？想想英语国家哪个学院也不会自己管自己叫 Hollow Academy.

值得一提的是，有学生音译“鹅湖寺”为 EHu temple，但下一行的“白鹿洞书院”就意译为 White Deer Cave Academy，自己都不能统一起来，那别人怎么认可你的译文？

再有，同上，我们选词时要注意词语的微妙差别，比如“淳熙八年（1181 年），朱熹邀请陆九渊到自己主持的白鹿洞书院去讲学，**成为千古佳话**”，学生译作：In the eighth year of Chunxi's reign (1181), Zhu Xi invited Lu Jiuyuan to give lectures in the Bailudong Academy which is founded by Zhu himself, **causing a historic anecdote**，不能算错，但肯定是不好的翻译，因为原文的“佳话”当然是褒义，而译文的 a historic anecdote 可褒可贬。我们可以换成褒义的 a much praised worthy tale，a legendary tale 之类。

标题“盛行‘讲会’制度”，很多同学都只是音译成 The prevalence of Jiang Hui。如前所述，这是不妥的，短短几百字的译文段落里不能出现太多音译词汇，西方读者根本记不住，而且它们也算不上核心概念词。有学生虽然没用音译，但是译成：The prevailing system of public speaking and the promotion of all thoughts 或 The prevalence of “lecturing” system 或 the stream of lecture，公众演讲、平常的讲课和原文的百家争鸣也不是一回事。

所以，标题“盛行‘讲会’制度，提倡百家争鸣”可以译作：The prevalence of academic debate and contention of a hundred schools of thoughts 或 Academic Debate Meeting with Different Thoughts 之类。

做翻译的人在充分研读原文的基础上，有责任在译文中梳理句意，方便读者。这里的“淳熙八年，朱熹邀请陆九渊到自己主持的白鹿洞书院去讲学，成为千古佳话。明代‘讲会’之风更盛。**王守仁和湛若水也代表两大学派**，互相争辩”，画线部分其实是费解的。是朱熹和陆九渊代表两大学派争论，然后王守仁和湛若水继续代表**这两大学派**争论，还是朱熹和陆九渊代表两大学派争论，之后的王守仁和湛若水又代表了**另外两大学派**争论？换句话说，是一共有两大学派还是四大学派？学生们有各种理解。所以我们有责任查清楚，在译文里写明白。经调查，大家基本认可了前一种理解，所以我们可以翻译为：Wang Shouren and Zhan Ruoshui **continued to hold the public debate** on behalf of their schools.

本段最后三句并不难，但翻译时要注意逻辑，注意下面学生译文的画线部分，是学生增加的逻辑关联，笔者认为是要提倡的。

译文 18: In Ming dynasty, academic debates were even more popular. Representing the two major schools, Wang Shouren and Zhan Ruoshui **continued to** debate against each other. This system, which advocated free debate, **continued until** the Qing Dynasty.

译文 19: In the Ming Dynasty, academic **forums** and debates were even more popular. The two major schools represented by Wang Shouren and Zhan Ruoshui **also** argued with each other. These academic forums and debates **advocated free**

argument, and lasted till the Qing Dynasty.

3 在教学上实行门户开放

一个书院著名学者讲学，其他书院的师生均可自由来听，不受地域限制和其他任何限制。宋、明、清三代都是如此。

“门户开放”有不少同学都译成 Open-door teaching，但这样会引起歧义，读者会以为这是开着教室门的敞开式教学。正确的译法是 Open Lecture System。所以这段可以译为：

译文 20：Open lecture teaching system. Without the constraints of location and other factors, students and teachers were all allowed to listen to the lectures given by some distinguished masters from other academies. The practice was prevalent in the Song, Ming and Qing dynasties.

译文 21：Open lecture system. The lectures given by famous scholars from one academy were open to teachers and students of other academies without any limitations such as the locality. The open lecture system was adopted in the Song, Ming and Qing Dynasties.

注意这段本是两句，我们翻译时没有必要人为地把两句整合到一起，这样会造成译文过于紧凑，读着喘不过气，也会产生歧义，如这个学生的译文：Teachers and students from other academies were free to listen to the lecture given by a famous scholar of an academy without restrictions of regions and other factors **in the Song, Ming and Qing Dynasties**. 画线部分就是句式过于紧凑，其实完全可以另起一句。

4 学习以个人钻研为主

书院十分注重培养学生的自学能力，非常重视对学生的读书指导。宋、元、明、清一些大师提出了不少的读书原则。有的编制读书分年日程。有的把书院的课程分门别类，把每天的课程分成若干节。他们都注意学生的全面发展。导师绝不提倡学生死记硬背，而是强调学生读书要善于提出疑难，鼓励学生争辩，教学采用问难论辩式。朱熹特别强调：“读书须有疑”，“疑者足以研其微”，“疑渐渐解，以致融会贯通，都无所疑，方始是学”。

吕祖谦更提出求学贵创造，要自己独立钻研，各辟门径，不能落古人窠臼。总的精神是要学生不断有发明创造。

上面各段已经很详细地讲解，本段的翻译只注意两点。

第一，“有的编制读书分年日程。有的把书院的课程分门别类，把每天的课程分成若干节。”这句话明显是平行对应的，有的书院怎样，有的书院又怎样，所以翻译也要体现出来。这个学生译文就没有做到平行对应，看其画线部分：

译文 22：**Some of them** make an annual schedule for reading. **College courses are divided into** different categories in some cases, and **the daily courses are divided into** sections.

正确的学生译文：

译文 23：**Some of them** made yearly reading plans, **and others** divided the daily courses into several sections according to the classification.

第二，“有的编制读书分年日程。有的把书院的课程分门别类，把每天的课程分成若干节。**他们都注意学生的全面发展**。”画线部分是接着前面说的，有的书院按年度安排课程，有的书院则把课程分类，然后按每天的日程安排，但无论怎样安排课程，这些书院的宗旨都是注意学生的全面发展。我们翻译也要尽量体现前后逻辑，不能只是字对字地把原文内容挪到译文里，看这个学生译文：... while others sorted lessons into different categories and sections of everyday learning. **However, they both** intended to achieve integral development of students. 画线部分是学生加的，但这样加是合理的，明确了逻辑关联。

5 师生关系融洽

中国教育素以尊师爱生为优良传统。这种精神在私人教学中表现得尤为突出。书院属于私人教学的范畴，所以尊师爱生的传统容易得到体现，在官办学校中则十分困难。朱熹曾批评太学师生关系：“师生相见，漠然如行路之人。”他指出，其原因在于学校变成了“声利之场”，教学缺乏“德行道艺之实”。他自己身体力行，循循善诱，对学生有深厚感情。但是，他对学生要求极严，却不采取压制的办法。他说：“尝谓学校之政，不患法制之不立，而患理义之不足以悦其心。夫理义不足以悦其心，而区区于法制之末以防之，其犹决湍之水注千仞之壑，而作翳萧苇以捍其冲流也，亦必不胜也。”（见《晦庵文集》，卷七十四）这些话到了今天还很值得我们玩味。明代王守仁也注意培养师生感情。明末的东林书院，师生感情更是特别深厚。

上面我撮要叙述毛礼锐等的对书院特点的五点总结。在组织管理方面，书院也有特点，如管理机关比较精干，经费一般能独立自主等等。

这段话的翻译也只是简略讲评两点。

第一，原文的“中国教育素以尊师爱生为优良传统”当然是褒义，但学生译作：Chinese education **<u>boasts</u>** the great tradition of respect for teachers and love for students成了贬义，说中国教育自诩如何出色。还有学生译作：Chinese education **<u>has always considered the idea of</u>** respecting teachers and loving students as a fine tradition. 画线部分的强度不够，给人感觉是中国教育一直在琢磨和考虑，看看要不要把尊师爱生作为传统。我们修改的话可以改成 It has always been a fine tradition in Chinese education to respect teachers and love students. 或 Chinese education has always valued the tradition of respecting teachers and loving students.

第二，“书院属于私人教学的范畴，所以尊师爱生的传统容易得到体现，在官办学校中则十分困难”一句，有学生译作：and **<u>a spirit particularly prominent in private tutoring</u>** like academies, **<u>yet difficult to practice</u>** in government-run schools. 画线部分用词比较奇怪，因为原文本来就是谈了两类对应的机构——私立的书院和官办的学校，然后这个学生译文中的 spirit 又和 practice 对应，这样就导致译文很混乱。较好的学生译文是：Since academies were privately funded institutes, this tradition was readily presented there, which was very difficult to achieve in public schools.

全文翻译得较好的一位学生的译文，笔者做了修改如下：

<u>1 教学与科研相结合</u>

<u>书院最初只是学术研究机关，后来逐渐成为教学机构。教学内容多与每一个时代的学术发展密切联系。比如南宋理学流行，书院就多讲授理学。明代王守仁等讲一种新的理学“心学”，于是书院也讲心学。到了清代，</u>

汉学与宋学对立，书院就重经学，讲考证。

1. Combination of teaching and research

In the beginning, academies were only institutes of academic research. Later, they gradually became institutes of teaching. Academies' teaching content was closely related to the scholarly development at the time. For example, in the Southern Song Dynasty (1127 A.D.-1279 A.D.) where Neo-Confucianism was popular, academies focused on Neo-Confucianism. In the Ming Dynasty (1368 A.D.-1644 A.D.), scholars led by Wang Shouren advocated the Neo-Confucianism of mind. Therefore, academies then taught and researched on the Neo-Confucianism of mind. In the Qing Dynasty (1644 A.D.-1911 A.D.), Neo-Confucianism of the Song Dynasty was severely belittled by Confucianism of the Han Dynasty (206 B.C.-221 A.D.). So the academies focused on traditional Confucianism and the study and textual research on Confucian classics.

2 盛行"讲会"制度，提倡百家争鸣

在南宋，朱熹和陆九渊代表两个不同的学派。淳熙二年（1175 年），两派在鹅湖寺进行公开辩论。淳熙八年（1181 年），朱熹邀请陆九渊到自己主持的白鹿洞书院去讲学，成为千古佳话。明代"讲会"之风更盛。王守仁和湛若水也代表两大学派，互相争辩。这种提倡自由争辩的讲会制度，一直延续到清代。

2. The prevalence of academic forums and contention of diverse schools

In the Southern Song Dynasty, Zhu Xi and Lu Jiuyuan represented two different schools of thoughts. In the second year of Emperor Chunxi's reign (1175 A.D.), the two schools held public debates in the Goose Lake Temple. In the eighth year of Chunxi's reign (1181 A.D.), Zhu Xi invited Lu Jiuyuan to give lectures in Zhu Xi's White Deer Cave Academy. This has been a long praised story through all ages. In the Ming Dynasty, academic forums and debates were even more popular. The two major schools represented by Wang Shouren and Zhan Ruoshui also argued with each other. These forums advocated free argument and lasted till the Qing Dynasty.

3 在教学上实行门户开放

一个书院著名学者讲学，其他书院的师生均可自由来听，不受地域限制和其他任何限制。宋、明、清三代都是如此。

3. Open lectures in teaching

When a famous scholar of one academy was giving a lecture, scholars and students of other academies were welcomed to sit in. Such open lectures were not subject to geographical or any other restrictions. This practice was adopted and preserved in the Song, Ming and Qing Dynasties.

4 学习以个人钻研为主

书院十分注重培养学生的自学能力，非常重视对学生的读书指导。宋、元、明、清一些大师提出了不少的读书原则。有的编制读书分年日程。有的把书院的课程分门别类，把每天的课程分成若干节。他们都注意学生的全面发展。

4. Independent learning

The academies emphasized on students' independent study and attached great importance to guiding students' reading. Masters in academies during the Song, Yuan (1271 A.D.-1368 A.D.), Ming and Qing Dynasties raised many guidelines on reading. Some masters gave annual reading plans. Some classified the academy courses into different categories and divided daily courses into several sections. All of them focused on students' all-round development.

5 师生关系融洽

中国教育素以尊师爱生为优良传统。这种精神在私人教学中表现得尤为突出。书院属于私人教学的范畴，所以尊师爱生的传统容易得到体现，在官办学校中则十分困难。

5. Harmonious relationship between teachers and students

In Chinese education, students' respecting teachers and teachers' loving students have always been a fine tradition. This is especially evident in private teaching. The academies, as private educational institutes, offered private teaching. Therefore, such tradition was much more easily found in academies than in public-funded schools.

第五章　中国文学英译的段落与篇章

——对待翻译我有一个基本的态度，有一个目标。我怀着虔诚、敬畏、兴奋，但又有点不安的心态接近文本。翻译完成以后，文本就仿佛是新认识的一个朋友。作为一个译者，我首先是读者。如同所有其他读者，我一边阅读，一边翻译。我总要问自己：是不是给译文读者机会，让他们能如同原文读者那样欣赏作品？有没有让作者以浅显易懂的方式与他的新读者交流，而且让新读者感受到对等程度的愉悦或敬畏或愤怒，等等？（“我行我素：葛浩文与浩文葛”，2014：43）

中国文学对外传播的首要问题应该是考虑呈现给西方世界的有多少能被接受。文学要走出国门，一定会受到特定语境的限制，译者必须进行调整，让译文符合受众群体的文化习惯和阅读习惯。但是削减原作的民族文化特色，“太地道”“太普通”的译文也不行。如何能够在得到西方社会认可的同时不丧失中国文学本身的主体性，是中国文学“走出去”面临的首要问题。译者要进行的调整绝对不仅仅是第四章我们提到的词汇层面，因为词汇是在句子里的，调整词汇至少意味着调整句子，常常也相应地就涉及调整段落甚至篇章。

除去因翻译词汇而连带的调整段落与篇章，译者主动选择调整段落与篇章一般出于两种情况，一是语言和行文习惯，比如中英叙事结构上的不同；另一个是意识形态的原因。安德烈·勒弗维尔（André Lefevere）先后在 *Translation, Rewriting, and the Manipulation of Literary Fame*、《翻译文学：比较文学语境下的实践和理论》（*Translating Literature: Practice and Theory in a Comparative Literature Context*）以及《文化的建构：文学翻译论文集》（*Constructing Cultures: Essays on Literary Translation*，与 Susan Bassnett 合著）中阐述了他的观点。他把文化研究引入翻译领域，并将存在于文学系统之外的社会、经济因素纳入翻译活动之中。他指出翻译受控于三个要素，即意识形态、诗学和赞助人（Ideology, Poetics, Patronage）。意识形态、诗学观念对翻译的影响以及赞助人对翻译的干预和操纵都是通过译者来实现的。

诗学（Poetics）指文学系统内的专业人员比如译者在翻译过程中要遵守的文学、文化、语言规范。译者必须试图使译本与目的语文化中的主流意识、赞助人的诗学达成一致，从而确保译本能够被尽可能多的读者所接受。徐美娥（2014）指出："'诗学'的概念源于亚里士多德的《诗学》一书。这是现存最早的、较为完整的论诗、写诗并评诗的专著，书中探讨了艺术模仿、悲剧的构成、功用和情节的组合以及悲剧和史诗的异同等。虽然书中亚里斯多德没有对'诗学'作出明确的界定，但西方的诗学概念从一开始就不仅仅是关于诗歌的理论。在不断的发展中，诗学外延扩展为以所有文学样式为研究对象，是关于文学理论的一个概念，泛指一切系统构成诸如文体、主题等文学的创作艺术手法的综合体。"对于文学的评判，季进指出，"一个国家的评价标准或者说文学观跟另外一个国家的文学观当然是有差异的"（2009：47）。比如在阅读方式上东西方存有较大差异，西方读者喜欢情节性小说，而中国小说与读者则更趋向描述性的语言。在篇幅上，西方读者更偏好中短篇小说，因此，国外出版社和编辑会期待中国文学英译做大量的删减。译者出于对东西方阅读和审美差异的考虑而调整段落或改动内容。再比如龚小萍（2017：89）曾指出，"葛浩文能遵从读者的语言习惯和预测读者的阅读困难并采取相应的翻译方法。例如，中国读者习惯小说有目录，而西方读者不习惯有目录，葛浩文在翻译莫言小说时就会遵从美国读者习惯略去目录；当他预测到读者在阅读过程中可能会因书中人物众多而理不清彼此关系时，就专门为读者附上人物关系表；当他预测到读者可能会对中文名字的发音感兴趣时，就会为他们附上中文名字相应的英语发音表；在是否注释方面，他的选择是化注释于无形，他把注释放在译序中或文末或融进文本中，这样的注释处理方法可以不干扰读者注意力，保持阅读兴趣，因为大众读者与研究型阅读者不同"。这都属于诗学要素引起的调整。连对莫言作品持批评态度的德国著名汉学家顾彬教授都赞叹道："葛浩文这样的一个商标使得莫言在英语世界获得了空前的影响力。葛浩文的翻译非常巧妙，不是逐字逐段的翻译，而是整体翻译的，而

这样的方式可以很好地规避掉作者的弱点。”（于丽丽，顾彬，2012）

诗学要素受制于另一个要素，即意识形态（Ideology）。勒弗维尔的三种力量中，意识形态对文学翻译的制约和影响最为显著，三大要素中，诗学和赞助人其实是具体体现了意识形态。Bassnett 和 Lefevere 将意识形态视为“一种观念网络，它由某个社会群体在某一历史时期所接受的看法和见解构成，而且这些看法和见解影响着读者和译者对文本的处理”（2001：48）。意识形态指反映特定经济、阶级或社会集团利益及要求的观念体系，主要包括某一社会中群体的政治、法律、道德、哲学、艺术、宗教观点等。翻译的本质是跨文化交流活动，势必会受到意识形态的操纵。在意识形态的操控下，译者对文本中所涉及的语言、文化现象进行有目的的选择、改写、增减、省略等操作。勒弗维尔在 *Translation, Rewriting, and the Manipulation of Literary Fame*（1992）中指出，翻译过程的任何一个层面均清楚地显示，如果语言上的考虑与意识形态和诗学观点相冲突的话，后者往往会胜出。尤其在新闻和政治文献翻译中，政治和意识形态的考虑更是远远胜过语言层面上与原文的对等。学者刘禾（2008）也认为：当概念从一种语言进入另一种语言，意义与其说发生了“转型”，不如说在后者的地域性环境中得到了再创造。在这个意义上，翻译已不是一种中性的、远离政治及意识形态斗争和利益冲突的行为。相反，它成了这类冲突的场所，在这里被译语言与译体语言对面遭逢，为它们之间不可简约之差别决一雌雄。

如果说社会主流意识形态翻译活动的操纵是深层次的、隐形的，作为一定意识形态代言人的赞助人利用他们的话语权力对于翻译过程则进行直接干预。第三个要素赞助人（Patronage）指“促进或阻止文学阅读、写作或改写的各种权力要素、人或机构，诸如宗教集团、阶级、政府部门、出版社、大众传媒机构，也可以是个人势力”（Lefevere, 1992: 15-17）。魏清光总结说，“赞助人主要控制作品的意识形态、出版、经济收入和社会地位。此外，对翻译活动的走向、翻译文学的兴衰、译者的地位，赞助人都起着至关重要的作用”（2006: 38-41）。文学系统外的赞助人要素则对译者提出明确的翻译指示或要求，明示译者不得违背其中意识形态规范，属于直接干预和操纵。赞助人的力量同样操纵着翻译工作的全过程。

一、出于语言差异和行文习惯的调整

译者的诗学判断时时刻刻体现在翻译策略和翻译过程中。出于对东西方阅读习惯的考虑，葛浩文经常删减无关的景物描写和与上下文逻辑关系不严密的段落。以《生死疲劳》中一段话为例："河堤两边的斜坡上，生长着枯瘦的紫穗槐，紫穗槐上爬满疯狂的瓜蒌藤蔓，藤蔓上白花簇簇，散发着类似丁香的沉闷香气。月亮当然很好，但与我对你重墨浓彩地描绘过的那两个月亮相比，这一晚的月亮高高在上，显得有点心不在焉。它不再降低高度、变化颜色陪伴我，追逐我，而像一个坐在高辕的马车上、头上戴着插满羽毛的帽子、脸上罩着洁白的面纱、匆匆赶路的贵妇。"（莫言，《生死疲劳》，2006：326）这是莫言对月亮的漂亮描绘，但实际上这些并没有起到承接下文的作用，在葛浩文英译中被整段删除。

再比如，刘克强（2014）使用平行语料库对《生死疲劳》的英译进行总结，发现了很多葛浩文出于整体考虑而省略翻译的段落，葛浩文删去的内容要么是几段地删，要么是删去一个段落，更多的是删去一个段落中的个别句子或几个句子。比如：

例 1：李奶奶是主角之一，有大量的台词大段的唱腔，没文化的姑娘难当重任，算来算去，只有我姐可担当，但我姐态度冷淡，一口回绝。

屯子有个男子，生天花落了满脸疤痕，姓张名有才，嗓子极其洪亮，自告奋勇扮演李奶奶，被我哥一口回绝。但他的嗓子实在好，热情又极其高，富有文艺才能的马良才副主任与我哥商量：主任，群众的革命积极性只能保护不能打击，我看就让他演田大妈吧。于是就让他演田大妈。田大妈有四句唱词：穷不帮穷谁帮穷，两个苦瓜一根藤，帮助姑娘脱风险，逃出虎口奔前程。他一开口，几乎把房盖掀了，窗户上的白纸被震，发出嗡嗡的响声。

李奶奶的人选没着落，看看年关将近，正月里就要演出，常副主任打来电话，说……（莫言，《生死疲劳》，2006：167）

译文：Granny Li was one of the major roles, with plenty of singing and talking, too much for the local uneducated girls to master, so in the end the role was offered to my sister, who coldly turned it down. As the year's end approached, still no one had come forward to play Granny Li, and the performance was scheduled for New Year's day. Then Vice Chairman Chang phoned to say ... (Goldblatt, tr. *Life and Death are Wearing Me Out*, 2008: 198-199).

可以看出，葛浩文省译的部分是中间插入的一整段介绍一名男子的段落，这个段落与上下文衔接不严密，葛浩文全部省去。

刘克强以标记“<No Translation>”为检索对象，发现《生死疲劳》译文中有 270 处删译现象。最多的章回是第 33 回，6769 字被删。其次是第 28 回，6109 字被删。此外，第 4、20、22、23、24、27、29、30、49、50 回等也有不等的删除现象。这些共计达 58346 字，占整个小说的 14.94%。（2014：156）刘克强接着指出，“无关紧要的叙述部分当然可以省去不译，从而使叙事更加紧凑，自然；还有的删节部分系叙述间的议论、抒情部分。汉语叙事中往往夹叙夹议，考虑到叙事的完整性，译者删去了这一部分。这样才能使整个叙事浑然一体，不拖泥带水；对话在推进小说发展方面起着十分关键的作用，但对叙事起作用不大或者不起作用的对话往往被译者删除。数据分析表明，前两种删除所占的比例居多，对话部分删节较少”（2014：159）。

但是《生死疲劳》采取了章回体形式，重现了古典小说与民间叙事的传统特色，使小说具有说书的特色，带有传奇色彩，贴近民间。葛浩文在翻译本书时，对原著的章回体做了比较完整的保留，体现了《生死疲劳》的民族特色。《生死疲劳》中独特的叙事视角也是一大亮点，由蓝解放和蓝大头两人不断变换叙事者和倾听者角色，这两个人物没法交代清楚的再由作者莫言直接站出来说，作家和小说角色构成三重对话，形成一种广视角叙事效果，这比单一的叙述显得更为厚重和恢宏，这一独特的叙事视角葛浩文在译作中也保留了下来。

另外，《生死疲劳》人物话语的表达形式多为直接引语，于人物对话中呈现，而西方作家的特点是不擅长中国的白描，而是直接用意识流来刻画心理。在翻译此类对话时，葛浩文也基本全部保留，并没有因为西方读者不习惯这样的对话形式而进行改动，可见他是尊重原作者和原作文体的。《天堂蒜薹之歌》也是从三个不同角度讲述同一个故事，这在葛浩文的译文中也得到保留。

但是出于对东西方行文习惯的考虑，莫言其他作品中的非线性叙事在葛浩文的译作中则经常被改成线性结构，这样就减弱了译文的时空跳跃性，也相应地改变了小说的情节。孙会军总结葛浩文翻译莫言作品时指出，莫言在一些小说中大量使用倒叙、插叙、闪回、闪进等陌生化的叙事手法，译者大部分情况下都是照直翻译的，有时候也为了使叙述的故事更容易为读者所把握，把一些段落顺序进行了调整，按照时间的顺序来讲述故事。还有些地方，译者没有调整顺序，但为了帮助读者注意到小说中出现的叙述时空的突然转换，就增加了一些解释性的词语，比如 He remembers, 好像是为读者提供指点迷津的“指路牌”。这些做法的初衷都是为了方便读者抓住小说的内容，使他们更好地理解和欣赏莫言的故事，这样处理之后，故事内容的传达没有受到影响，虽然英文读者在阅读译文时所获得的感受有时未免差强人意。（2014，“葛译莫言小说研究”：85-86）

2011 年葛浩文发表了一篇很有趣的自问自答式的访谈：“A Mi Manera: Howard Goldblatt at Home, A Self-Interview”，2014 年史国强翻译成中文“我行我素：葛浩文与浩文葛”。这种自我质疑、提问、剖析、解答的过程很新鲜，比较全面地谈到翻译及中国文学的各个方面。在这篇访谈中，葛浩文希望读者对他的译作从宏观上进行剖析。这也说明他自己的翻译策略是注重整体和宏观的。针对目前对他翻译作品的研究，葛浩文希望有更多的文章能够从更开放的角度，从整体上评析他的作品，例如从整体的风格、语言表达、修辞、可读性等方面去研究，而不要纠结于具体的翻译细节是否正确，是否要添加文化、历史注释而没添加，或者一个模糊词的翻译是否到位等。

浩文葛：我看你的译文经常被人再三再四地剖析。我想你是不在意的。

葛浩文：这也不一定不是好事，可让我和其他译者在工作时如履薄冰。不过，话又说回来，剖析也不尽相同，有微观的，也有宏观的。微观的，比如人家指出问题，我总是心存感激，多少也会不好意思。但我仍然比较乐意看到宏观式的剖析，希望他们能从更宽的视角评论我的译作，从一整部作品的忠实度（fidelity）上来判定作品的成功度（degree of success），如，语调、语域、清晰度、魅力、优美的表达，等等。要是因为一个文化的或历史的所指没有加上脚注（可悲但又是真的批评），或者，因为一个晦涩的暗指解释不当，据此批评译文不够好，这种批评是没有益处的。当然任

何一部翻译都是免不了要被批评的，这是一个译者必须接受的事实。（“我行我素：葛浩文与浩文葛”，2014：41）

2014年，在闫怡恂对葛浩文的访谈中，葛浩文再次提到他对原文结构上的调整。

闫：那说到您的翻译作品，有人会因为您删减或者做了一些结构调整，对您的翻译提出批评。那您作为译者，怎么看待一个翻译作品的好坏？或者说我们在谈一个翻译标准的问题，就是到底根据什么来判断一部好的翻译作品呢？

葛：这是你问的问题里面最难答的问题。说到翻译，当然有批评，每一本书都有批评，不仅仅我的翻译受到批评，其他的人也有的。因为我们有自己的视角，自己的译法。删减是一个非常头疼的问题。有几本有删减的，一个《狼图腾》，一个《丰乳肥臀》，还有刘震云的《手机》。一个朋友愿意出版这本译作，他就提出说美国读者会不会对三十年代的中国感兴趣？我说，那很难说。我就有一个想法，作品第二章里的开头，也不过两三页，讲的是现在的事情，说到男主人公闹离婚。我就问刘震云，那个时候我们还不认识，我说如果我把那几页放在前头，开头不是三十年代的，而是眼前的，然后又回到从前。他说可以啊，没问题，我就做了调整。

闫：就是一种叙述结构上的处理。

葛：我没有删，就是把一些结构做了调整。

闫：那您当时为什么一下子就找到这一段，说把这个放到前面，就能增加它的可读性，是从读者本身去考量还是你自己的一个直觉？

葛：就我自己的吧。

闫：这是经验吗？

葛：就是觉得这部分可以动，有些地方就不可以动，不能随便拿一个就放在那儿。那就会拆乱作者的整个创作。（闫怡恂，2014：197）

译者是社会中的人，其意识受社会的制约，因此对译者的翻译工作应该从整体上给予客观公平的评价；而且任何人本身是个整体，译作更是，所以我们单纯地去看他增减、调整了哪个词，单纯地看他行文出现了哪个词哪句话，都是没有意义的。规律、历时地考察，才是真。

以下几个译例都是调整了原文叙事顺序。

例 2：十九岁的燕秋天生就是一个古典的怨妇，她的运眼、行腔、吐字、归音和甩动的水袖弥漫着一股先天的悲剧性，对着上下五千年怨天尤人，除了青山隐隐，就是此恨悠悠。（毕飞宇，《青衣》，2011：113）

译文：Even at nineteen a natural for the role of a heartbroken woman. Everything about her—her eyes, her interpretation, her enunciation, and the way she tossed the water sleeves of her costume—was imbued with an inbred aura of tragedy: sad, melancholy, and fanciful. (Goldblatt & Lin, trs. *The Moon Opera*, 2007: 10)

毕飞宇用“上下五千年”意指京剧艺术的博大精深。然而葛浩文却省译了这个表达。毕飞宇还用了一个词“青山隐隐，此恨悠悠”，这让中文读者想起《红楼梦》中的一首唱词：“滴不尽相思血泪抛红豆，开不完春柳春花满画楼，睡不稳纱窗风雨黄昏后，忘不了新愁与旧愁。咽不下玉粒金莼噎满喉，照不见菱花镜里形容瘦，展不开的眉头，捱不明的更漏。恰便似遮不住的青山隐隐，流不断的绿水悠悠。”这首词是形容林黛玉的，她在纱窗下流泪和哀愁。但毕飞宇的着眼点根本不在模仿林黛玉的哀愁，作家只是用“青山隐隐，此恨悠悠”勾画出筱燕秋的舞台形象令人叫绝，为小说后面的情节发展做铺垫而已。所以，葛浩文并没有拘泥于原文字面上的哀愁，而是用“sad, melancholy, and fanciful”来整体处理，完全避开了“上下五千年”“青山隐隐”“绿水悠悠”这些文化蕴含。尤其是最后的“fanciful”一词用得非常好，其实原文根本没有这个词，葛浩文加上了它，更加说明筱燕秋的舞台形象令人心醉。

例 3：说唱腔俗称说戏，你先得把预设中一部戏打烂了，变成无数的局部、细节，把一部戏中戏剧人物的一恨、一怒、一喜、一悲、一伤、一哀、一枯、一荣，变成一字、一音、一腔、一调、一颦、一笑、一个回眸、一个亮相、一个水袖、一句话，变成一个又一个说、唱、念、打，然后，再把它组装起来，磨合起来，还原成一段念白，一段唱腔。（毕飞宇，《青衣》，2011：154）

译文：To speak the lyrics is commonly called narrating an opera. The performer atomizes the narrative, turns it into countless fragments and details and transforms the character's emotion, be that anger, happiness, pain, or melancholy into a word, a smile, glance, or a flinging of the water sleeves, and then folds these all back into the performance as a monologue, and aria, a recitation, or a stylized gesture. (Goldblatt & Lin, trs. *The Moon Opera*, 2007: 65-66)

这句话也可以算是平行结构。原文有 18 个“一”，葛浩文把这个含有 18 个“一”字的排比长句精简成 8 个词语：anger、happiness、pain、melancholy、word、smile、glance、a flinging of the water sleeves。事实上，葛浩文在此做的删减还不止是这 18 个“一”字，他还把“变成一个又一个说、唱、念、打，然后，再把它组装起来，磨合起来，还原成一段念白，一段唱腔”也整合了，译为“and then folds these all back into the performance as a monologue, and aria, a recitation, or a stylized gesture”。

而且，整段译文的动词统领方式也值得我们注意。中文原文是“说唱腔俗称说戏，你先得把预设中一部戏**打烂了**，**变成**无数的局部、细节，把一部戏中戏剧人物的一恨……**变成**一个又一个……然后，再把它**组装起来，磨合起来，还原成……**”，译文是“To speak the lyrics is commonly called narrating an opera. The performer **atomizes** the narrative, **turns it into** countless fragments and details and **transforms** the character's emotion, be that anger, ... , **and then folds these all back into** the performance as a ...”两相对比，译文把原文的动词合并、统一。

例 4：这掌声是愉快的，鼓舞人心的，还是继往开来的，相见恨晚和同喜同乐的。（毕飞宇，《青衣》，2011：141）

译 文：The applause was joyful and rallying, an implication that there was more to come, and that it was a pity they didn't meet earlier, but that it was wonderful they are sharing a good time now. (Goldblatt & Lin, trs. *The Moon Opera*, 2007: 47)

烟厂老板财大气粗，成为剧团的赞助商后，在宴会上海吹神侃。大家洗耳恭听并致以热烈掌声。毕飞宇故意用铺陈的手法描写人们的掌声，连用 5 个形容词“……的”，讽刺意味不言自明。葛浩文处理得非常灵活，他没有把 5 个“的”都翻译成定语，而只把前 2 个“的”（愉快的，鼓舞人心的）译成 joyful and rallying。注意，他并没有把“鼓舞人心”译成 encouraging，inspiring 之类的词，而是译成了 rallying，就暗含了讽刺意味。然后他又加了个词“implication”，再紧接着用 3 个同位语从句翻译另外 3 个“的”。这样巧妙的整体翻译方法让译文结构清晰，表意贴切。试想，我们如果绞尽脑汁地去找 5 个形容词来译这 5 个“的”，效果会差很多，也不符合英文读者的阅读习惯和英文的节奏。

葛浩文这种整体处理、调整原文叙事顺序的翻译观让学术界认为无论读葛浩文译谁的作品，大家读到的都只是葛浩文，如 Levitt（2013）说：“读者拿起莫言、王朔、苏童或其他任一中国当代小说家的英文译著，他往往是在读葛浩文。”其实，这就是译者文体，或者译者文体与原作文体的融合与疏离的问题。风格即人，作者如此，译者当然也如此。葛浩文翻译的一个倾向是把原文的几个动词合并整理成一个，然后后面接双宾语、三个宾语等，从而让句子一气呵成。其他的浩瀚的译例也可以看出葛浩文翻译时的各种其他倾向，比如如何整合和往前铺开，用何种句式和结构。

一个人总有他的规律，就如同一个人说话和写作、思维和行事也总有他的规律一样。译者文体当然是存在的，这就如同一个人做各种文体和材料的翻译练习，但他的翻译习惯，喜好用的词和句式，他关注文章哪些地方，在潜意识里最后总会是一致的，无论做哪种材料的翻译练习，我们总能寻到他的踪迹。笔者在翻译教学中经常发现，学生做英中笔译时有各种各样的习惯，只是他们自己察觉不出或者根本没想过。有的学生经常拿原文的一个词就能翻成一句甚至两句，自己对原文增删改编，如果我们单看他的中文译文，还会觉得很不错。有的学生总是把中文译文浓缩得很紧，为了让译文凝练，宁可自造汉语单词和成语。有的学生见难就躲，遇到不好处理的就在译文中添加括号或破折号，而不是想尽办法把原文所有内容流畅地挪到译文里。这其实都是一个人的语言习惯和翻译习惯，这和练习哪种类型的翻译材料没什么关系，但学生自己并不自知。笔者自己做英译中翻译时也有自己的特点，比如喜欢用名词结构而不是动词结构，比如会下意识地写道：“把自然环境作为人物性格的象征”，而不是“用自然环境象征人物性格”。

在孟祥春（2014）的采访中，葛浩文说：“我有我喜欢用的词语和句法，如果把这些全放弃，转而接受作者的用词，我翻译不出任何书。我一定要用我能把握的、我习惯的、我欣赏的东西去翻译。”（“我只能是我自己——葛浩文访谈”）

二、出于意识形态的调整

意识形态要素首先影响翻译选材，不仅是译者个人的选材，也包括国家层面的翻译选材。选材得当与否关乎社会的稳定和正确的价值观。从国家层面来说，中心文化对边缘文化的排斥，强势文化对弱势文化的轻蔑，不同历史时期和国家对异族文化的态度，文化转型期与文化稳定期翻译观念的变化，译者对原文文本的增删、篡改，甚至伪译本的出现，一些国家对一些翻译著作的焚烧、销毁以及对译者的追杀迫害，出版部门和国家对翻译文本的选择，对译者的要求，对发行范围的限定等，这些都是社会对翻译活动的介入、干预和制约。

历史上我国政府和翻译家慎重选择译入文本的例子屡见不鲜。梁启超从自己的政治斗争中深切体会到翻译的重要性，并一贯强调用翻译来强国，在翻译之中，梁启超又将政治小说的翻译提到了首位，并身体力行地翻译了日本作家柴四郎的政治小说。严复也把翻译当成一种投身社会政治活动的武器而不是个人谋生或消遣的手段。他翻译《天演论》《原富》《法意》等西学名著，把进化论、唯物论、西方古典经济学和政治理论等介绍到中国，以满足当时国人改变中国落后面貌的要求。林纾翻译《巴黎茶花女遗事》启发婚姻自由以及反封建的意识。他译的反奴隶制主题的小说《黑奴吁天录》是为了唤起中国人民反对帝国主义的压迫和揭露华人劳工在美洲所受到的虐待。

20 世纪五六十年代至 80 年代，我国对美国小说的翻译更是充分证实了意识形态对题材选择的决定作用。马克·吐温、杰克·伦敦、西奥多·德莱塞、欧·亨利等被认为是进步的批判现实主义作家，成了译介的重点；而纳撒尼尔·霍桑、爱伦·坡等作家的作品，因为侧重心理学、人性的黑暗以及使用象征而不是现实主义写作手法，就很少被翻译成中文；而亨利·詹姆斯、威廉·福克纳等人的作品，因为强调怎么写故事而不是写什么故事，就更是备受冷落；F. 司各特·菲茨杰拉德的作品因为刻画 20 世纪上半期资本主义的生活方式则几乎不被翻译成中文。

意识形态要素不仅影响了翻译选材，更影响了译者翻译策略的选择。这与勒弗维尔提到的诗学要素对译者的影响是一致的。译者身处译语文化之中，其翻译活动必定受到所属文化传统诗学观的操纵。译者在翻译过程中遵守的原则是什么？我们既然不能把每个细节都照搬不误地移到译文里，那么原作中哪些细节需要保留，哪些需要调整，哪些会造成译文读者阅读障碍，哪些可以省略不译等，都体现意识形态和诗学要素的制约。当然，英译策略的选择方案多种多样，由于文学作品类型、写作风格特色、作者的思想不同，便有许多不同的翻译路径可供选择。王东风认为文化对翻译的制约既表现在拟译文本的选择上，也表现在翻译策略的确定中。后者则直接对译文的文体构形或言语风格产生直接的影响。翻译策略的决定因素最终还是译者本人，因为目标文化与出发文化相比，孰强孰弱，在很大程度上是由译者主观决定的。（转引自金隄，1997：22）

比如，《丰乳肥臀》《生死疲劳》，著作时间跨度长，接近一百年，从 1900 年一直到改革开放以后，其间经历了抗日战争、解放战争、土地改革、还乡团、合作化、反右运动、大跃进、人民公社、文革、改革开放等重大历史事件，多次运用特殊历史背景下的政治术语。对于这些政治术语、经典的文化负载词，一方面，葛浩文认为完全翻译出每个政治术语的文化内涵对于译者来说是不可思议的，葛浩文不可能摆脱其所属历史、文化语境的限制，他所认同的意识形态和主流诗学也不同于中国的主流意识形态和诗学。王淑玲指出，“葛浩文的译作并非对原作的完全忠实，而是存在着大量的变通，造成这种变通的主要原因在于目标语文化中的意识形态”（2013：129）。但另一方面，如果异化保留原文形象和意识形态不至于造成译文读者的负担，葛浩文也会选择保留。

再比如《狼图腾》描写的是文化大革命的特殊历史时期，书中包含了许多中国特色的词语，还有蒙古特色，如果再将这些名词的解释放在译文中，会使文章显得沉重晦涩，所以葛浩文用文末词汇表涵盖了文中出现过的反映中国民族特色和文化大革命时使用的词汇等，用于解说和介绍信息，这样正文译文就不拖沓。

再看以下关于意识形态内容的几个译例。

例 1：“包顺贵打断他说：什么**腾格里不腾格里**的，这是**四旧**！”（姜戎，《狼图腾》，2014：132）

译文：“Bao cut him off: That’s enough talk about **Tengger this and Tengger that**. That’s one of **the Four Olds**.” (Goldblatt, tr. *Wolf Totem*, 2008: 210)

这句话中的“腾格里”一词，是蒙古文化中的最高天神，音译，但并没加注解或解释。“四旧”是文化大革命期间特有的一种文化现象，译文读者没有相应的文化背景知识。“破四旧”是“文革”时期提出的“破四旧，立四新”口号中的词语，是文革期间特有的一种文化现象，意思是要破除旧思想、旧文化、旧风俗和旧习惯，树立新思想、新文化、新风俗和新习惯。“四旧”仅仅是直译为“Four Olds”，也没有加注。

但在下面这句里，还是《狼图腾》中，葛浩文则对“四旧”采取直译加注的做法：

例 2：这里天高皇帝远，**红卫兵**“**破四旧**”的狂潮还没有破到老人壁毯地毯上来。（姜戎，《狼图腾》，2014：14）

译文：In this remote area, where “heaven is high and the emperor far away”, **the Red Guards**’ fervent desire to **destroy the Four Olds—old ideas, culture, customs and habits**—had not yet claimed Bilgee’s tapestries or rug. (Goldblatt, tr. Wolf Totem, 2008: 19-20)

“红卫兵”简单直译为“the Red Guards”。“四旧”在文中译为“the Four Olds—old ideas, culture, customs and habits”，但是在书末的词汇表附录中葛浩文给了解释：Four Olds: old ideas, old culture, old customs and old habits. “Destroy the four olds” was a campaign, launched in 1966, during which the Red Guards terrorized the countryside.

例 3：老人连灌三大口，乐得连回三声：**米尼乎，米尼乎，米尼赛乎**。（我的孩子，我的孩子，我的好孩子。）（姜戎，《狼图腾》，2014：34）

译文：The old man took three drinks from his flash and responded, “**Minihu, minihu, minihu**（My child, my child, my good child）.” (Goldblatt, tr. *Wolf Totem*, 2008: 53)

“米尼乎，米尼乎，米尼赛乎”是蒙古语文化的词汇，译者在英译时仍然采用音译法，“Minihu, minihu, minihu”，然后添加英文解释“My child, my child, my good child”，忠实地将原文本呈现给读者。

例 4：据场部干部说，**在 60 年代三年困难时期**，北方几大军区的部队，用军车和机枪到草原猎杀过无数黄羊，以供军区机关肉食。（姜戎，《狼图腾》，

2014：12）

译文: A cadre at brigade headquarters had said that **during the three difficult years in the 1960s**, soldiers from northern military regions had come in vehicles and mowed down vast numbers of gazelles with machine guns to supply food to their troops. (Goldblatt, tr. *Wolf Totem*, 2008: 16)

“三年困难时期”意译为“during the three difficult years in the 1960s”，然后葛浩文在文末词汇表里解释：Three Difficult Years: Three Difficult Years between 1959 and 1962, following the so-called “Great Leap Forward” (1958), during which upwards of twenty million people died of starvation.

例 5：陈阵的那个蒙古包，四个知青都是北京某高中的同班同学，其中有三个是**“黑帮走资派”和“反动学术权威”**的子弟。（姜戎，《狼图腾》，2014：14）

译文：The four students in Chen’s yurt had been classmates at a Beijing high school; three of them were sons of **“black-gang capitalist roaders” or “reactionary academic authorities”**. (Goldblatt, tr. *Wolf Totem*, 2008: 20)

“走资派”是文化大革命时期使用的一个词，是走资本主义道路的当权派，简称为走资派。葛浩文在文内单纯地意译为“Capitalist Roaders”，然后在文末词汇注释表中解释：Capitalist Roaders：Party officials who implemented pragmatic economic policies in the countryside in response to the disastrous Great Leap Forward. The president, Liu Shaoqi was labeled the “Number one capitalist roader in the party.” The term became the catchword for witch hunts during the Cultural Revolution.

例 6：我怕狼把羊赶跑，工分就没有啦。（姜戎，《狼图腾》，2014：10）

译文：I was scared the wolf would drive the sheep out of the pen. I’d lose all my **work points**. (Goldblatt, tr. *Wolf Totem*, 2008: 12)

“工分”在文内翻译为“work points”，文末词汇表注释为——work points: computations of labor rewards in the countryside.

例 7： 人家是贫下中农，而他却是上山下乡来接受再教育的“狗崽子”。（姜戎，《狼图腾》，2014：231-232）

译文： Ershun, after all, was a peasant, while he was one of the “Mongrel bastards” **sent “up to the mountains and down to the countryside” for reeducation**. (Goldblatt, tr. *Wolf Totem*, 2008: 350)

“上山下乡”在文末词汇表注释：In 1969, a young Chinese intellectual from Beijing answered Chairman Mao’s call for city dwellers to go “up to the mountains and down to the countryside”.

在《狼图腾》文末词汇表中葛浩文还对“旗”“黄帝”以及“蒙古包”等进行了解释。

再比如，“样板戏”是产生于文革时期、具有中国特色的一个意象，文革结束也就消失。它是以戏剧为主的舞台艺术作品，包括诸多京剧作品和少量芭蕾舞剧，民间多流行“八个样板戏”之说。《葛浩文文集：论中国文学》中这样介绍样板戏：“文革期间江青等人有计划地将文学作品减少到六部形式上僵化、以说教为目的的革命样板戏（这种舞台表演以不俗的演唱、服装和舞蹈自有其吸引观众的地方，虽然剧本让人不忍卒读）。”（2014：20）

“样板戏”在莫言的小说《酒国》中出现，葛浩文把它译为“revolutionary opera”，除此之外再无解释。相较于只在中国历史上短暂存在过的样板戏，西方读者可能更为熟悉和津津乐道的是历史悠久的中国京剧（Beijing Opera），可能因此葛浩文将“样板戏”简单译为“revolutionary opera”，虽然其实样板戏并不是“opera”。

另外，在苏童的《河岸》中也出现“样板戏”一词，葛浩文也是翻译成了“revolutionary opera”。

例 8： “八部样板戏浓缩在八台花车上，八个袖珍舞台在涌动的人潮中流动巡回，所到之处欢声雷动。”（苏童，《河岸》，2009：171）

译文： The theme was the eight **revolutionary operas**, each represented by a truck fitted with tractor tyres towing a miniature stage up and down the banks of the Golden Sparrow River. (Goldblatt, tr. *The Boat to Redemption*, 2011: 196)

《狼图腾》英译本是比较典型的删减很多的一部书。对这种大幅度的删减，有学者赞同，有学者反对。反对的一方认为这样做削弱了译作的历史深度和文学效果，赞同的一方认为这样做符合英美读者的审美习惯。

赞成的一方比如邱扬（2014）认为："葛浩文在处理多部作品译作时，均采用了忠实与背叛、改写与创作兼而有之的灵活策略，有目的地把汉语中某些表达方式乃至故事情节改写为符合英语语境的表达和读者口味的故事，以期待提高译作在西方读者群中的理解度和接受度。这一点，在《狼图腾》《生死疲劳》，尤其是《北京娃娃》的翻译中表现得特别突出，他几乎一反常态改变了译者身份，全然以作者主体身份对原作进行了第二次创作。在二次创作中，一是大手笔地删减了一些与小说主要情节无关的词、句、段落，将原作内容压缩了三分之一；二是按商业卖点改变顺序，融合段落，调整小说结构；三是对小说人物姓名直接以英美国家姓氏取而代之，用笔措辞，几乎使读者忘却了其东方之事。"（2014：44-45）

但相反的一方，如乔幪总结葛浩文翻译的《狼图腾》时说，原文中大量反思中国农耕文化、游牧文化以及中国国民性的议论性文字被删除了，还有一些细节性的描写也没有翻译。除此之外，葛浩文还删除了一些同中国政治、历史相关的部分，从他对《狼图腾》的删减上可以发现，美国文学话语依然影响着他的翻译。如果说删除每章前的按语是出版社的授意，那么删除一些景物的描写则表明他认为那些描写是不必要的，这难道不是一种基于美国文学话语的判断吗？（2013：31）

以每章的引言为例，全书35章，作者姜戎从中国史书和典籍中选取按语，作为每章前面的引言或题记。但是葛浩文把每一章开头引用的这些引言、典籍、按语全部删除不译。赞成他这样做的学者认为葛浩文是为了更接近西方现代小说的特点，降低读者的阅读难度，这些引言和题记与故事情节无关。但是反对他这样做的学者认为这些按语和题记构成了小说的另一条线索，追溯了狼同蒙古族的渊源、蒙古族征服世界以及游牧民族的精神。

孰是孰非？我们还是举具体例子，看看葛浩文省去不译的这些引言文字或其他大的段落到底都有哪些。

第一章引言："犬戎族"自称祖先为二白犬，当是以犬为图腾。——范文澜《中国通史简编》（第一编）；周穆王伐畎戎，得四白狼、四白鹿以归。——《汉书·匈奴传》。作者姜戎在引言中提到了"图腾"和"狼"，正是呼应了小说的题目《狼图腾》。

第六章引言：突厥之……兵器，有弓矢鸣镝，甲矟刀剑。其佩饰则兼有伏突。旗纛之上，施金狼头。侍卫之士，谓之附离（附离，古突厥语，意为狼——引者注），夏言亦狼也。盖本狼生，志不忘旧。——《周书·突厥》

第十七章引言：他们就像一只狼——匈奴人的兽祖（“图腾”——原注）。……我们知道突厥——蒙古民族的古代神话中的祖先是一个狼。据《蒙古秘史》记载，蒙古人的神祖是一个苍色的狼；据《乌古思史记》，突厥人的神祖是一个灰色的狼；“从一条光芒之中出来了一个巨大的灰色和鬃的雄狼。”——（法）勒尼·格鲁塞《草原帝国》

第二十三章引言：董仲舒对曰：“……秦则不然，师申、商之法，行韩非之说，憎帝王之道，以贪狼为俗……”（司马光《资治通鉴·汉世宗孝武皇帝上之上》）

第二十九章引言：在我们的血液里，特别是在君主和贵族的血液里，潜伏者游牧精神，无疑它在传授给后代的气质中占着很大的部分，我们必须把那种不断地急于向广阔地域扩张的精神也归根于这部分气质，它驱使每个国家一有可能就扩大它的疆域，并把它的利益伸展到天涯海角。——（英）赫·乔·韦尔斯《世界史纲》

第三十五章引言：炎帝姓姜……姜姓是西戎羌族的一支，自西方游牧先入中部。——范文澜《中国通史简编》（第一编）；西羌……以战死为吉利，病终为不祥。堪耐寒苦同之禽兽，虽妇人产子，亦不避风雪。性坚刚勇猛，得西方金行之气焉。——《后汉书·西羌传》

上述段落全部都在译文中被省略。

可见，这些引言和按语文化色彩太艰深，中文读者在阅读时尚有一定难度，如果要翻译出来译文也会显得臃肿累赘，更不要说让外国译者读懂。葛浩文选择直接省去不译，使译文整体上更接近英语小说的结构，更接近英语读者的阅读习惯。

除每章的引言全部省译外，小说里还有大量的议论文字和后记，是姜戎以学者的眼光分析事情的本质，并论证个人的观点，从小说整体的叙事模式来看，这也是作者姜戎的叙事模式，他用议论穿插在叙事中阐述自己的看法。但英美读者的阅读习惯会认为这样的反复说教过于累赘，不符合英语文体，所以葛浩文也删去了这些议论和后记，使整部书更加故事化。比如下面的这几个议论性的段落：

陈阵又突然猛醒，莫非英雄安泰和大地母亲盖娅的神话故事，就来源于狼？非常可能的是：具有游牧血统的雅利安希腊人，在早期游牧生活中也曾经养过小狼。他们在搬运小狼的时候，发现了小狼的这个令人不可思议和发人深省的弱点，从中得到了启发，因而创作了那个伟大的神话故事。（姜戎，《狼图腾》，2014：327）。

这段文字有认为西方神话起源于狼之嫌，也许作者姜戎认为西方神话来源于狼或者用狼性去解释人类的起源和行为，但是译出来会让西方读者难以接受。葛浩文省译。

但是，陈阵还是不敢将中国古人和西方某些历史学家，对蒙古民族的仇视和敌意的内容讲给老人听。到了草原，陈阵不敢再吟唱岳飞的《满江红》，不敢“笑谈”，“渴饮”。陈阵很想探寻历史上农耕民族和游牧民族的恩怨来由，以及人口稀少的蒙古民族，曾在人类世界历史上爆发出核裂变一般可怕力量的缘由。（姜戎，《狼图腾》，2014：14-15）

这段话被译者整体删掉。原文是以此来说明陈阵与皮利革老人的关系，但这段如果要翻译清楚，就要解释清“岳飞”“满江红”“笑谈”“渴饮”“（蒙古民族）核裂变一般的可怕力量”等概念，葛浩文删除了。

陈阵感到这条尚未开眼的小狼崽，已经具有顽强的天性与本能，它有着比其他动物更可怕可敬的性格。在动物中，陈阵一直很敬佩麻雀，麻雀以养不家著称于世。陈阵小时候抓过许多麻雀，也先后养过大大小小十几只麻雀。可麻雀被抓住后，就闭上眼睛以绝食绝水相拼，绝不就范。不自由，毋宁死，直至气绝。陈阵从来没有养活过一只麻雀。而狼却不是，它珍视自由也珍爱生命，狼被俘之后照吃照睡，不仅不绝食，反而没命地吃，敞开肚皮地吃，吃饱睡足以后，便伺机逃跑，以争取新的生命和自由。陈阵似乎看到了被囚在渣滓洞里的那些斗士们才有的性格和品质。可他们只是民族的沙中之金，而这种性格，对狼来说却是普遍的，与生俱来，世代相传，无一例外。而将具有此种性格的狼，作为自己民族的图腾、兽祖、战神和宗师来膜拜，可以想见，它对这个民族产生了何等难以估量的影响。都说榜样的力量是无穷的，而图腾的精神力量远高于榜样，它处在神的位置上。（姜戎，《狼图腾》，2014：138-139）

陈阵知道草原牧民中流行的游戏，是蒙古狼抓羊的石子棋，还有蒙古骑兵从西方带回来的国际象棋，却无人会下中国象棋。毕利格老人曾说，汉人的棋尽是汉字，蒙古人看不懂，西边国家的棋子上没有字，可谁都认识，特别是马，跟蒙古马头琴上的马头刻得差不多。蒙古人很喜欢有马头的棋。陈阵常想，蒙古草原至今还存有古代蒙古骑兵横扫世界的遗物、证据和影响。草原民族远比汉族更早地接触国际象棋和国际，是最早猎获西方战利品的东方民族。在蒙古人征战世界的时代，连罗马教皇都要向蒙古朝廷遣使致敬。蒙古人的强悍，也是西方不敢完全藐视东方的因素之一。陈阵到草原后，也向牧民学会了下国际象棋。（姜戎，《狼图腾》，2014：206）

考虑到西方读者的意识形态，葛浩文还删去了原书中大段的杀狗、吃狗，西方列强如何在掠夺中积累财富等文字，以免引起国外读者的反感。而且如果葛浩文认为显得过于偏激、不合逻辑的议论文字，他也省去不译。

但是，《狼图腾》中葛浩文在删掉每章开头按语和大量议论文字的同时，却保留了涉及环境保护或他认为英语读者喜欢看的议论性的内容。我们下面举几例说明葛浩文保留的议论性的段落都是哪一类的。

例 9：老人瞪着陈阵，急吼吼地说：难道草不是命？草原不是命？在蒙古草原，草和草原是大命，剩下的都是小命，小命要靠大命才能活命，连狼和人都是小命……草虽是大命，可草的命最薄最苦。根那么浅，土那么薄。长在地上，跑，跑不了半尺；挪，挪不了三寸；谁都可以踩它、吃它、啃它、糟践它。一泡马尿就可以烧死一大片草。草要是长在沙里和石头缝里，可怜得连花都开不开、草籽都打不出来啊。在草原，要说可怜，就数草最可怜。（姜戎，《狼图腾》，2014：29）

译文：Glaring at Chen, the old man said angrily, “Does that mean that the grass does not constitute a life? That the grassland isn’t a life? Out there, the grass and the grassland are the life, the big life. All else is little life that depends on the big life for survival. Even wolves and humans are little life. ...Grass is the big life, yet it is the most fragile, the most miserable life. Its roots are shallow, the soil is thin, and though it lives on the ground, it cannot run away. Anyone can step on it, eat it, chew it, crush it. A urinating horse can burn a large spot in it. And if the grass grows in sand or in the cracks between rocks, it is even shorter, because it cannot grow flowers, which means it cannot spread its seeds. For us Mongols, there's nothing more deserving of pity than the grass. (Goldblatt, tr. *Wolf Totem*, 2008: 45)

姜戎借毕利格老人说出一个一般读者没有想过的哲理。所以葛浩文全文对译，没有省略任何内容。"在蒙古草原，草和草原是大命，剩下的都是小命，小命要靠大命才能活命，连狼和人都是小命"译成"Out there, the grass and the grassland are the life, the big life. All else is little life that depends on the big life for survival. Even wolves and humans are little life"，是全译，但也整合了原文的顺序。"草要是长在沙里和石头缝里，可怜得连花都开不开、草籽都打不出来啊"译成"And if the grass grows in sand or in the cracks between rocks, it is even shorter, because it cannot grow flowers, which means it cannot spread its seeds"，既是全译也是把原文意思明晰化的翻译。

例 10：草原民族捍卫的是"大命"——草原和自然的命比人命更宝贵。（姜戎，《狼图腾》，2014：29）

译文：The nomadic inhabitants safeguarded the "big life" —the survival of the grassland and of nature were more precious than the survival of people. (Goldblatt, tr. *Wolf Totem*, 2008: 46) 环境保护主题，所以葛浩文全文照译。

前面谈的大都是省译和删除。事实上，如同异化加注的做法，葛浩文在译《狼图腾》时也增加了很多注释，对原文的历史背景做了相关介绍，在译本后面还附加了词汇表，解释一些文化专有项。

葛浩文还增加了译者前言（Translator's note），交代了小说中故事发生的时间、地点、人物等背景信息，对原作者和著作进行简要介绍，并阐发自己的翻译心得和主张。译语读者要了解故事发生的背景之后才能接受小说的内容，正如葛浩文所说，"英美读者习惯先看小说的第一页来决定这个小说是否值得买回家读下去，但中国作家偏偏不重视"（李文静，2012：1）。

三、出于赞助人因素的调整

文学外译工作要注重市场因素，培养市场思维。从葛浩文这样的英语世界专门从事中国文学英译的翻译家所译介的作品来看，西方翻译家和出版商对英语市场的考察都下了很大功夫，这样译出来的译作在英语世界的畅行与市场因素显然密不可分。随着翻译商业化和产业化的不断深入，市场已成为首要考虑的因素。

也许是做过多年编辑的原因，也许是个人性格和翻译理念，葛浩文译者风格的形成与其编辑素养有关，尤其是编辑经历，使他充分考虑到英美读者对译文的接受能力。葛浩文很重视市场、出版社、编辑，即勒弗维尔所述的赞助人这一要素。在葛浩文看来，东西方对文学翻译的认知有着完全不同的概念。在东方，或许翻译仅仅是译者个人的事情，译者的翻译策略取决于译者的价值取向和翻译目的，是译者与作者间的对话，全然可以忽略身后的编辑和市场。但在西方或者具体说在美国，完全不是那么一回事。译者固然有译者的考虑，但出版商和编辑最关心的还是身后的读者，关注怎样让一部翻译作品变得更好。因为一部作品从翻译到出版，再到读者认同并不是译者一人能完成的。葛浩文曾说，拿写作来举例，哪怕是像菲茨杰拉德、海明威这样伟大的作家也会尊重编辑的意见。因此，对于译界就《狼图腾》《北京娃娃》等翻译作品提出的批评，葛浩文十分坦然，他认为面对读者和市场，很多时候一部作品能不能翻译，还得看出版社的意思。（转引自邱扬，2014：45）

2012 年在李文静对葛浩文的访谈中，葛浩文坦言编辑在其中的作用："读者阅读效果是国外出版商、编辑最关心的问题，译者交付译稿之后，编辑最关心的是怎么让作品变得更好。他们最喜欢做的就是删和改……编辑最爱提的另一个要求是调整小说的结构。"2013 年，葛浩文在与谢天振的一次谈话中也再次提到，他翻译中文的作品是一定要删减的。如果不删减，出版社就不愿出，读者也不愿看。闫怡恂于 2014 年对葛浩文进行访谈，也问了市场的问题。闫怡恂问："您翻译的作品应该属于翻译文学。它在美国的市场是怎样的呢？就是有多少人会去读翻译文学？"葛浩文答："在美国，出书总量平均一年大概是五万到七八万左右。3% 是翻译的，97% 是英文本身写的。所以呢，这个市场非常非常小，打都打不进去的。但是在意大利，有 50% 是从英语翻译到意大利语的。英语还是一个世界性语言吧，所以说老美啊，我们同胞们都会想，为什么要看翻译的东西呢？不是英文写的还有价值吗？他们都是这个狭隘的想法。所以翻译的文学作品市场很小，亚洲的翻译作品又占这 3% 中的一个小部分。在美国，中国当代小说翻译成英文出版的一年也不过十来本。”（闫怡恂，2014：195）

在闫怡恂 2014 年的访谈中，关于出版社和编辑的作用，葛浩文特别提到了《狼图腾》的翻译。

葛浩文：美国出版社一般都有资深而且一言九鼎的编辑，很多时候作家反而要听编辑的话。比方说，大作家海明威的编辑 Maxwell Perkins（柏金斯）让 Thomas Wolfe（托马斯·沃尔夫）把他的第一部小说 Look Homeward, Angel（《天使望故乡》），删掉 9 万字。我不知道如果中国也有这样的编辑，莫言或其他成名的作家会如何应对，也不知道，他是否完全同意美国出版社对译文所做的修改。但出版社购买英文版权，我们翻译和作者就得听他们的话。最后一部就是《狼图腾》，一本极有争议性的小说。这部获得英仕曼亚洲文学奖的小说译文超过 50 万字，译稿送出去之后，我收到企鹅出版社编辑的来信。她在信中说：这部小说实在翻得太好了！特别是原著十分具有挑战性，你能把它翻译出来，而且翻得这么好，就更是令人折服。接下来我们要做的是，要让这部作品更容易被西方读者接受，为了达到这一目的，依我所见，主要是要做一些关键性的删减……到底要删掉多少，我初步认为先删去三分之一左右……小说有不少重复的短语、段落，甚至概念，不过这些应该很容易就可以撇去的。

闫怡恂：删掉三分之一！我的天哪。

葛浩文：还好，最后出版的翻译没有删掉那么多，而且主要是小说后面那个虚构的、将近 80 页的“附录”被删掉了。英文版比中文版短了一些，也比日文版、法文版或其他语种的《狼图腾》短，效果如何让大家来说。我唯一要强调的是，要求删减的人不是我。（闫怡恂，2014：46）

事实上，如前所述的《狼图腾》省译的每章开头的题记和引言，也有出版社的意见。因为企鹅出版社在审阅《狼图腾》时，提出删去每章开头所引用文献和后记中的演讲性语言，另外还要求译者删去大量议论、写景和其他与情节发展无关的文字，因为编辑认为读者所希望看到的是小说，而非社科文献。

第四章提到的《饥饿的女儿》的标题的翻译也很好地说明了赞助人的作用。李锐的《旧址》的书名译成“Silver City”也是尊重了出版社和编辑的意见。

也是国外编辑认为，莫言的《天堂蒜薹之歌》是个充满愤怒的故事，但是原作结尾却有些不了了之。葛浩文将此看法传达给莫言，十天后，莫言撰写出一个新的结尾，葛浩文又花了两天时间翻译出来，发给编辑，结果皆大欢喜。英译本小说顺利出版，英译本的广泛接受促使随后其他语种的译本都采用了葛浩文英译本的结尾。这一结尾的改动甚至沿用到此后发行的中文版中。

第六章　中国文学英译的文学特征

Springs are not always the same. In some years, April bursts upon our Virginia hills in one prodigious leap and all the stage is filled at once, whole choruses of tulips, arabesques of forsythia, cadenzas of flowering plum. The trees grow leaves overnight.

In other years, spring tiptoes in. It pauses, overcome by shyness, like my grandchild at the door, peeping in, ducking out of sight, giggling in the hallway. "I know you're out there," I cry. "Come in!" and April slips into our arms.

The dogwood bud, pale green, is inlaid with russet markings. Within the perfect cup a score of clustered seeds are nestled. One examines the bud in awe: Where were those seeds a month ago? The apples display their milliner's scraps of ivory silk, rose-tinged, all the sleeping things wake up — primrose, baby iris, blue phlox. The earth warms — you can smell it, feel it, crumble April in your hands.

——*Spring*（James J. Kilpatrick）

春，年年都有不同。有时，四月一个箭步，就跨上了弗吉尼亚的山坡，眨眼间，漫山遍野，春意盎然。郁金香团团簇簇，争奇斗艳；连翘舒展着筋骨，黄色的花爬满枝蔓；李子花不甘示弱，争先恐后地为这春意添上华丽的一笔。隔夜，苦了一冬的树木就披上了绿衣。

而有时，春蹑手蹑脚地走近。她就像我的小孙女，害羞着，在门口偷偷地向屋里瞧，一转身却咯咯地笑着跑开了，再也看不见身影。待我喊道：

“知道你在那呢，快进来吧。”四月便一下滑进我的怀抱。

山茱萸的花苞嫩绿嫩绿地，内里还能看到点点黄褐色。在那刚刚绽开的花苞里，一小簇的种子正喷薄欲出。看看这花苞，我们就会心生敬畏：一个月之前，这些种子还不见踪影啊！苹果花一朵拥着一朵，织得似象牙白的绸子，还染着粉红。沉睡的万物苏醒了：报春花开了，蝴蝶花笑了，蓝色的草夹竹桃也到了。大地回暖，春的气息漫在鼻翼，流在指尖，碎在掌中，荡成满地春光灿烂。（北京外国语大学高级翻译学院 2010 级一位学生译文，笔者修改）

合格的文学翻译人才不仅要具有过硬的语言运用能力，还必须具备深刻的文学、文字、文化的理解能力。美国比较文学学会前会长达姆罗什教授指出，“文学作品中有些因素比其他因素更自由，更具可译性，对于那些不好翻译的要素，如音韵、意象、暗示，译者的职责就是要决定其中哪些内容要尽量转化到译文中来。当然，即使不能被直接转化，这些要素还是可以以其他方式传达过来”（Damrosch，2003：292-293，笔者译）。本章探讨译者如何传递原文的文学特征和风格，包括原文的语言前景化和修辞效果、音韵效果、平行结构、文体特征等。

一、原文的语言前景化

刘宓庆先生曾从文本类型学角度，依据陈述目的和艺术目的程度之强弱将语言文体分为常态和非常态两大类。语言前景化（foregrounding）是诸多语言表达技巧中的一种，它通过对语言常规（linguistic norm）有意的偏离（motivated deviation），减轻常规语言对我们的感觉所产生的麻醉效力（anaesthetization），从而促进语言使用者对语言的表达和美学潜能（expressive and aesthetic potential）的发现。语言前景化的概念最初是由布拉格学派的学者应用到文学语言的研究上，用来描述引起读者强烈注意的语言表达法。这种对语言常规的偏离是必须通过仔细研读文本、回归文本才能判断出来的。

叶子南将前景化这一概念用到翻译中。他认为译者在翻译过程中要区别两种不同的前景化：一种是由于英汉语言体系不同造成的前景化，另一种是由于原作者刻意安排语言材料所构成的前景化。（叶子南，2008：125-126）我们这里主要提醒特别注意后者。王东风（2004）的观点和叶子南的观点类似，只是他把“前景化”换成“变异”，王东风说：“如果译者已经意识到原作语言中的变异，就应毫无余力地将其保留，而不是直接采取归化策略将其转化成常规的目标语言，这会让原作中的诗学语言特征遗失。”这里的“变异”可以指代文学特征，文体上的，修辞上的，美学上的，作为一种语言的表现形式而存在，它承载着重要的主题意义和美学信息。译者要在译文中采取类似的或其他不同的艺术手法最大限度地传达原文的效果。

有学生问：“语言前景化与异化翻译的区别在哪里？”回答：语言前景化是指在一个句子或段落中对于语言常规的偏离。比如，“大礼堂里**吐出**了很多人”，“保护森林，**熊熊**有责”，画线词就是语言前景化，是指区别于常规的用法。而异化翻译是指翻译到另一种文字时采取的不贴近译入语，保留原作风格的翻译方式。

叶子南在《高级英汉翻译理论与实践》中列举了很多例子，说明何为语言前景化（2008：125-130），我们举他在书中提到的几个例子如下。下面例1—4的译文就是由于英汉语言体系不同造成的语言前景化现象，并不是作者刻意安排以赋予特殊的文体意义。

例1：He wasn’t the eldest son of his father for nothing. 有学生问，由于英汉本身语言的差异引起的前景化，翻译如何处理？回答：这种情况下就正常处理就好，比如这句话可以译为：他这个家里的长子，可不是白当的。

例2：John is tall like I am the Queen of Sheba.（约翰要是个头高，我就是西巴皇后，换句话说约翰个头不高）。

例3：Space is the most hostile environment we will ever explore.

例4：In zero gravity, four pints of body fluid rush from the legs to the head where it stays for the duration of the mission.

下面的例5—8则是作者为表示强调而故意安排的前景化，有特殊意义，因此在译文中应该突显。

例5：Through a gap came an elaborately described ray. 比较：一束精心描绘的光线从一个空洞射出/从一个空洞射出一束精心描绘的光线。

例6：Talent Professor Smith has. Money Professor Smith has not. 比较：史密斯教授有才，但他没有钱。/才，史密斯教授有。钱，史密斯教授没有。

例 7：Carelessness cost him his job and his first girl friend. 比较：由于粗枝大叶，他不仅丢了工作，连他的初恋女朋友也跟他吹了。/ 粗枝大叶使他丢了工作，也丢了初恋的女朋友。虽然第二个译文看似欧化，但体现了原文的语言前景化。

例 8：We shall fight him by land, we shall fight him by sea, we shall fight him in the air. 比较：我们将在地面与他作战，我们将在海上与他作战，我们将在空中与他作战。/ 我们将在地面、海上、空中与他作战。第一眼看上去，第二个译文更简洁。但是这是丘吉尔在 1941 年 6 月 22 日的讲话，所以故意用排比句式，第一个译文更能体现语言前景化，也就是讲话人的风格和目的。

有学生问："译者保留作者的语言前景化，造成句式欧化或翻译腔。这种情况下也要保留作者的语言前景化吗？保留作者的风格是否一定程度上也是一种 foreignization？正如上面的'粗枝大叶使他丢了工作，也丢了初恋的女朋友'这句话所示，前景化有时会产生欧化句式的问题，而不遵从原文前景化的风格来翻译又会使译文显得平庸，请问应如何把握好前景化与欧化句式问题之间的平衡呢？"

回答：看上面的例 5—8，显然保留文体特征的翻译更重要，这时导致的一点欧化或翻译腔就只能是默认的了。

张爱玲曾说她自己看了多遍《红楼梦》，所以当她遇到新的《红楼梦》的版本，稍微生疏点的字眼就会自己蹦出来，她就会马上发现这个版本的问题所在。文字阅读和文字翻译其实也是同理，作为译者，我们首先要有慧眼能在原文发现打破常规用法的内容，这就需要译者对原文语言的常规很熟悉，然后，我们要能在译文里再现这种打破常规的效果，而这又需要我们对译文语言的各种表达方式有充分的掌握。

我们再对比下列几组句子，体会文体的细微区别。

（没有强调效果）Least emphatic: For Colonel Mustard murder was the only solution.

（强调效果）Emphatic: Murder was Colonel Mustard's only solution.

（最强调）Most Emphatic: Colonel Mustard knew only one solution: murder. (Wyrick, 2008: 137)

（正常语序）Usual order: Parents who give their children both roots and wings are wise.

（倒装语序）Inverted order: Wise are the parents who give their children both roots and wings. (Wyrick, 2008: 137)

二、原文的修辞效果

我们还是先以莫言原作中的修辞手法为例，探讨葛浩文在译文中如何尽量忠实地再现相应的修辞效果。

例 1： 父亲感到烦躁不安了，**公路还是枯死地躺着。**（莫言，《红高粱家族》，2012：28）

译文： Father was getting fidgety. **The highway lay there like death itself.** (Goldblatt, tr. *Red Sorghum*, 1993: 31)

原文用“枯死地躺着”形容“公路”，为了突出在他们等待日本军队期间周围环境的安静，与“父亲”的烦躁不安所形成的强烈的对比。译文也很简洁和形象。

例 2： **她的嗓音还是那样地根深叶茂。**（毕飞宇，《青衣》，2011：124）

译文： **Her singing had the same depth of roots and breadth of canopy as ever.** (Goldblatt & Lin, trs. *The Moon Opera*, 2007: 25)

毕飞宇作品的特点在于他很擅长用词，简约隽永，令人回味。其作品中常常出现大量出人意料的奇特搭配。时隔二十年，筱燕秋重返舞台。剧团团长担心她是否能胜任嫦娥一角，提出让她试唱。此处“根深叶茂”意指主人公的京剧表演功力深厚，不减当年。译文采用了直译的手法，保留了原文形象和修辞效果。

例 3： 但前世为人的经历，毕竟使我不同凡驴。（莫言，《生死疲劳》，2006：34）

译文： And yet my previous life as a human had **made me an uncommon donkey**. (Goldblatt, tr. *Life and Death are Wearing Me Out*, 2008: 42)

例 4： 牲畜们受到感染，马嘶驴叫牛吼，犹如锦上添花，火上浇油。（莫言，《生死疲劳》，2006：27）

译文： even the animals were caught up in the celebration: **horse whinnied, donkeys brayed, cows mooed, increasing the happy clamor and adding fuel to the joyous fire**. (Goldblatt, tr. *Life and Death are Wearing Me Out*, 2008: 32)

莫言的这句话很有俄国文论家巴赫金（M. M. Bakhtin）所欣赏的写作手法，即市集与正统、大俗与大雅，合二为一又相互转化。“受到感染”译成“caught up in the celebration”，然后紧跟解释。“马嘶驴叫牛吼”是六个字，平行结构，译文“horse whinnied, donkeys brayed, cows mooed”也是六个字，也是平行结构。“火上浇油”一般在英语中是 add fuel to the fire, add fuel to the flame，pour fuel to the fire 之类的，葛浩文在其中加了个“joyous”，变成“adding fuel to the joyous fire”，和全句巴赫金式的喜庆气氛相呼应。全句翻译得非常好。

三、原文的象声词和色彩词

葛浩文自己说过要“确保自己尽可能地忠实于原文的语气、语域、微妙的差别以及更多的东西”（1980，“文学与翻译家”）。葛浩文师从许芥昱先生攻读硕士期间，他对中国诗歌特有的音律产生了浓厚兴趣，这对他日后从事中国现当代文学翻译、处理文学作品中诗歌、戏剧等的翻译有不小帮助。因许芥昱的缘故，葛浩文在研究生阶段所选课程均和中国古典文学相关。许先生在文学教育方面沿袭中国式传统教法：让学生通过吟诵、背诵来理解古典诗词；在学问研究方面却是西方式的：让学生以研讨会交流的形式进行学习。葛浩文在许先生的示范下吟诵五言、七言唐诗，之后博士阶段师从柳无忌研究元曲。葛浩文发表的第一篇学术论文与元剧有关。元剧中很多唱词的音韵和诗歌极为相似。他发表的第一篇译文就是他翻译的朱自清的散文，葛浩文自己说，这“能说明我为什么比较喜欢背诵中文，而不是英语或日语。朱自清的《匆匆》虽然不是巴赫的大合唱（cantata），但在我听来旋律同样优美”（葛浩文，《葛浩文文集：论中国文学》，2014：225-226）。

葛浩文日后从事中国现当代文学翻译时之所以选择莫言作品最多，翻译之所以成功，一个重要原因也是他发现在莫言作品中声音是表现主题的重要手段和内容，而葛浩文对于中国文学作品中的声律特性非常着迷，这些都归功于许芥昱教给他对唐诗、元宋早期散文等诗词韵律鉴赏的知识，他曾说“Obviously Kai-yu had put that in my head”。

张彩虹在《葛浩文的汉语学习与文学翻译》（2015：30-31）中介绍了学者Jonathan Stalling对葛浩文的访谈。在Jonathan Stalling的采访中，葛浩文详细回忆了他跟许芥昱相处的几件事情，其中一件是葛浩文深情回忆许芥昱赠送他书法作品。博士毕业后，葛浩文在旧金山母校谋得教职。他工作的第一天在走廊里见到许芥昱，许先生问他是否还能背诵一首诗，葛浩文就背了下来。第二天他在办公室看到许先生放在他桌上的一幅字，是许先生写的那首诗的第一行（In the hallway he asked me: “Can you still intone that poem?” I said, yes, and I did the whole thing. “Not bad.” The next day on my desk was a piece of his calligraphy — he was a great calligrapher — with the first five characters of that poem）。葛浩文回忆自己当时看到这些字，忍不住泪水盈眶。多年之后再次谈及此事，他也是不禁满眼含泪，因为他说这是许先生给他的“一辈子的礼物”（This is the gift of a lifetime）。

诗歌学习、声律和背诵对葛浩文的重要影响直接体现在他之后四十年的翻译生涯中。葛浩文在《檀香刑》英文版译者前言中就谈到他在翻译《檀香刑》过程中遇到的三大挑战，分别是原作别具一格的书名、独特的叙事方式和鲜明的韵律特点。胡伟华、郭继荣总结葛浩文翻译的象声词，认为为了再现原文形象生动的描写，葛浩文主要选择直译与套用相应的英语中的象声词相结合的方法进行翻译，以使象声词的表达更加地道自然。如“（号锣）当当”译成“Bong! Bong!”；“（火镰）噼噼啪啪”译成“bang bang crack crack”。而对于一些缺少相应的英语象声词或原文似乎不甚完美的表达，葛浩文充分发挥主观能动性，选择归化策略以使译文中的象声词更加符合情景语境和译文读者的审美期待。如将“滴滴哒哒”的军号声译为“the battle cries”，渲染出战争的激烈场面；将风吹高粱时“哗哗哗啦啦啦”的声音描写为the shh-shh of rustling sorghum，表现出风吹高粱的轻柔之景；将“脑袋嗡嗡响着”改译为“ears were ringing”而非“head is ringing”，更加符合英语读者的语言表达习惯。（2017：54）

叠音词是重复同一个音节所构造的词，叠音词能够传神地描写出人和物的音、形、情、态，有栩栩如生的表达效果。叠音词能大大增加语言的形象性，增强作品的感染力。

叠音词的使用是萧红创作《呼兰河传》和《生死场》的一大语言特色。

艺术史家贡布里希（E. H. Gombrich）指出，画家看到他要画的东西，而不是画他看到的东西。（1987：101）萧红的文学作品很有画面感，关于她的自传的电影《黄金时代》就刻画了她的绘画才能。萧红注意运用印象、色彩、声音、比喻，仔细、自然地描绘场景，注意平凡的事件和人物的普通的反应和内在的感觉，她的作品很有女性写作的特征。下面几个例子选自萧红的《呼兰河传》和《生死场》。

例 1： 好像炼胶的大锅似的，黑糊糊的，油亮亮的，哪怕苍蝇蚊子从那里一飞也要黏住的。（萧红，《生死场·呼兰河传》，2009：115）

译文： It takes on the appearance of a big melting vat, gummy black with an oily glisten to it, and even flies and mosquitoes that swarm around stick to it as they land. (Goldblatt, tr. *Tales of Hulan River*, 1988: 8)

"黑糊糊的""油亮亮的"分别被译者翻译成"gummy black""an oily glisten"，不管从视觉上还是音韵上都试图再现原文的叠音特点。

例 2： 这地方火烧云变化极多，一会儿红堂堂的了，一会儿金洞洞的了，一会儿半紫半黄的，一会儿半灰半百合色。葡萄灰，大黄梨，紫茄子，这些颜色天空上边都有。（萧红，《生死场·呼兰河传》，2009：133）

译文： The variations of the "fire clouds" here are many: one moment they are a glowing red, a moment later they become a clear gold, then half purple-half yellow, and then a blend of grey and white.Grape gray, pear yellow, eggplant purple — all of these colors appear in the sky. (Goldblatt, tr. *Tales of Hulan River*, 1988: 35)

葛浩文将文中所有的火烧云颜色一一直译出来，形象生动，仿佛天空是一块五颜六色的画布。

例 3： 我家有一个大花园，这花园里蜂子，蝴蝶，蜻蜓，蚂蚱，样样都有。（萧红，《生死场·呼兰河传》，2009：158）

译文： The house where we lived had a large garden that was populated by insects of all types — bees, butterflies, dragonflies, and grasshoppers. (Goldblatt, tr. *Tales of Hulan River*, 1988: 73)

葛浩文用一个短语“insects of all types”来形容花园里面的昆虫种类多，而且昆虫也是全部一一直译。后花园就像一个充满了宝藏的故园。

四、原文的平行结构

平行和并列结构可以营造出气势，但是如果把这些重复的结构全部翻译成英文，那么对应的英文就会是个非同一般的长句。但若不复制又会失去原作的文体色彩。比如汉语中有大量用双重意象表达同一或相似语义的，葛浩文很多时候只保留其中一个意象，使译文更加简洁、精练，以下平行结构的例子均来自葛浩文的译文，为节省篇幅，我们不再给出上下文全文和页码出处。

1. 词组

大鸣大放——the great airing of views
低声下气——kept her voice low and controlled
凤毛麟角——that is as rare as unicorn horns and phoenix feathers
虎口拔牙——as hard as pulling a tiger’s teeth
鸡飞蛋打——the egg breaks when the hen flies
犄角旮旯——nooks and crannies
狼吞虎咽——wolfing down their food
前怕狼，后怕虎——be afraid of the wolf in front and the tiger behind
人山人海——a sea of people
同床共枕——share my bed
五里八乡——in the surrounding area
鱼死网破——either the fish dies or the net breaks
指天画地——gesturing wildly
装聋作哑——act deaf

2. 短句

兵来将挡，水来土掩 ——confront soldiers with generals and dam water with earth；另一处翻译为 ——When troops advance, a general mounts defense; when flood waters rise, there will be dirt to stop it. In other words, things will take care of themselves.

不打勤的，不打懒的，单打不长眼的 ——The only ones he hit are those who have eyes but won't see

"当官不为民做主，不如回家种红薯！"马脸青年喊出了两句家喻户晓的话。群众便把这两句话一遍又一遍地重复着。—— "Officials who don't bail people out of jams should stay home and plant their yams! " Everyone knew that slogan, so they shouted it over and over.

葛浩文的译文保留了原文的意象"红薯"，然后添加了"jams"，用 bail people out of jams 来和"yams"达成音韵上的呼应，读起来朗朗上口。可能有学者会质疑，因为用"bail people out of jams"来译"当官不为民做主"，似乎不准确，因为为民做主的事应该有许许多多，但是此处葛浩文明显把音韵上的和谐看得更重，就浅化处理了。

道高一尺，魔高一丈 ——When virtue rises one foot, vice rises ten.

根不红苗不正 ——With no red roots to fall back on.

"根红苗正"是历史文化背景词，现在已经很少用。指的是家庭出身好，如工人、贫下中农、军烈属子弟，"生在新中国，长在红旗下"。葛浩文淡化了"根红苗正"的意象，也没有解释这个词的文化背景，也没有加注解释，只是用"red roots"来概括。

过去说"书中自有黄金屋，书中自有千钟粟，书中自有颜如玉"，过去的黄历不灵了，应该把"书"改成"酒"。——In the past, it was said that "In books there are castles of gold, in books there are casks of grain, in books there are beautiful women." But the almanacs of old had their shortcomings, and the word "liquor" would have worked better than "books".

嫁鸡随鸡嫁狗随狗 ——marry a chicken and share the cop, marry a dog and share the kennel

井水不犯河水 ——well water and river water don't mix

（回目标题）蓝开放污泥糊老爸，庞凤凰油漆泼小姨 ——Lan Kaifang Flings Mud at His Father, Pang Fenghuang Hurls Paint at Her Aunt

李雪莲这时后悔，俗话说穷家富路，不该路途上这么亏待自己。——Regret set in, as she recalled the saying "Scrimp at home, spend on the road".

李雪莲马上由原告变成了元凶 ——and she went from being a plaintiff to being the prime defendant

千军易得，一将难求 ——soldiers are easy to recruit, but generals are worth their weight in gold（添加了 "their weight in gold" ）

人不可貌相，海水不可斗量 ——people cannot be judged by appearance alone any more than the ocean can be measured by bushels

三十年河东，三十年河西 ——rivers flow east for thirty years, and west for the next thirty

我要像当年的您一样，卧薪吃苦胆，双眼冒金星，头悬梁，锥刺股，拿起笔，当刀枪，宁可死，不退却，不成功，便成仁。——I want to be just like you were then: sleeping on brushwood and eating gall, sparks leaping from your eyes, using your pen as a weapon, preferring death over dishonor.

在家千般好，出门事事难 ——Conveniences at home, trouble on the road.

这才叫"内行看门道，外行看热闹"，这才是"有心栽花花不开，无意插柳柳成荫"呢！ ——This is what's known as "The professional asks How? The amateur says Wow!" or what we call "Plant a flower, and no blooms will show; drop a willow seed, and a shade tree will grow".

下面结合具体语境，我们看几个例句。

例 1：暂名青蛙的"蛙"，当然也可以改成娃娃的"娃"，当然还可以改成女娲的"娲"。（莫言，《蛙》，2012：315）

译文：For now it's the 'wa' in 'qingwa', but I can change it later to the 'wa' in 'wawa' for babies, or in 'Nvwa', the goddess who created mankind. (Goldblatt, tr. *Frog*, 2015: 351)

这个例子中葛浩文没有把“青蛙”译成 frog，而是采用音译“qingwa”，这样做的目的是保留句中三个“wa”的修辞效果。

例 2： 茄子灯，紫生生；韭菜灯，乱蓬蓬；黄瓜灯，一身刺；萝卜灯，水灵灵；还有那打拳瞪眼蟹子灯，咯咯下蛋的母鸡灯。（莫言，《蛙》，2012：280）

译文: Eggplant lantern, purple and neat /leek lantern, a messy treat /cucumber lantern, thorns all over /radish lantern, watery sweet /and then the crab lantern with buggy eyes /the hen lantern clucks as an egg lands at her feet ... .(Goldblatt, tr. *Frog*, 2015: 311) 译文保留了歌谣的形式。

莫言作品中有许多来自民间的顺口溜或自创的平行结构，风格俏皮、诙谐、磅礴、上口，这些有节奏和韵律的文字就如同音乐一样给人以美的享受。葛浩文在翻译这些节奏很强的段落时对节奏和韵律做了很好的处理，采用押韵、童谣式节奏等方法使译文可读性、可诵性极强。比如：

例 3：

太阳一出照西墙，东墙西边有阴凉。
锅灶里烧火炕头上热，仰着睡觉烫脊梁。
稀粥烫嘴吹吹喝，行善总比为恶强。
俺说这话您若不信，回家去问你的娘……（莫言，《生死疲劳》，2006：19）

译文：

The sun emerges and lights up the western wall,
The western edge of the eastern wall is chilly as fall.
Flames from the oven heat the bed and the hall,
Sleeping on the back keeps the spine in its thrall.
Blowing on the hot porridge reduces the pall,
Shunning evil and doing good makes a man stand tall.
If what I am saying you heed not at all,
Go ask your mother who will respond to my call. (Goldblatt, tr. *Life and Death are Wearing Me Out*, 2008: 23)

本段是打牛胯骨卖膏药的洪泰岳所喊的一段话，他的短歌抑扬顿挫。葛浩文先生不但将原文的意思传达给了英语读者，他也将原文的韵律体现在了译文当中，将原文的四个相同的尾韵升华到八个“all”，译文朗朗上口。

例 4： 他在宝凤的救治下苏醒过来，然后便**大哭大闹，大蹦大跳，眼睛如血，六亲不认。**（莫言，《生死疲劳》，2006：268）

译文： Baofeng’s medical skills brought him back from certain death, only to have him **rant and rave, leaping and jumping, eyes blood-shot, wanting nothing to do with friends or family.** (Goldblatt, tr. *Life and Death are Wearing Me Out*, 2008: 291)

文中的“大哭大闹，大蹦大跳，眼睛如血，六亲不认”在句式上形成押韵，葛浩文分别采用头韵（rant and rave, leaping and jumping 和 friends or family）。

遇到原文的平行结构，尤其是重复的结构，有时确实需要译者合并、整合，整体翻译。下面是《我不是潘金莲》的结尾，重复的短句表达了主人公的绝望，葛浩文如果采用逐字翻译会引起读者对复杂译文的排斥，达不到原作的效果。

例 5： “今年不但被人骗了人，还被人骗了身；这个骗身，传得全天下人都知道了，李雪莲真的成了潘金莲，这样的结局，也同样成了**笑话**。**告状告不赢只是个冤，告状告成了笑话，就不是冤的事了，就成了羞。**”（刘震云，《我不是潘金莲》，2016：264-265）

译文： Tricked into soiling her body, an event that was known to all, Li Xuelian had in fact become a Pan Jin-lian, and that too was a **travesty**. **Failing to lodge her protest was an injustice, but the resulting travesty was humiliating.** (Goldblatt & Lin, trs. *I Did Not Kill My Husband*, 2016: 198)

这是原著中最后一次出现“潘金莲”这个称呼。李雪莲被她的小学同学赵大头的情感圈套所诱惑，在去北京上诉的途中跟着他游山逛水，她满心以为自己找到了一位伴侣，却不料真相竟然是赵大头为了自己儿子的前途，伙同想成为法院副院长的贾聪明一起给她设了一个陷阱，用结婚的名义阻扰她最后一次赴京申冤。她的前夫秦玉河此时因车祸去世，而她也恰好跟情人在一起，所以她对自己不是“潘金莲”已经是百口难辩了。她的冤情此刻已经演变成她的羞辱，她的内心充满了绝望。作者刘震云用“芝麻已经变成了西瓜”，“蚂蚁已经变成了大象”来描述事态这些年来的演变，又用“骗了人”“骗了身”的简单重复来渲染原文中“潘金莲”的痛苦。

所以葛浩文从整体上考虑，删减了“芝麻、西瓜、蚂蚁、大象”等词，也删减了原文的重复句式，而且译文两次使用了“travesty”（嘲弄）一词，浓缩了李雪莲成为“潘金莲”的可怜又可悲的命运。把“告状告不赢只是个冤，告状告成了笑话，就不是冤的事了，就成了羞”译成“Failing to lodge her protest was an injustice, but the resulting travesty was humiliating”这都是灵活处理原文的句式和用词、整体翻译的结果。

莫言的《生死疲劳》中有一句话和《我不是潘金莲》中的这句话的结构很类似：

例 6：一味痛哭，一言不发，把假事哭成了真事，把西门闹哭上了黄泉路。（莫言，《生死疲劳》，2006：28）

译文：(She) **wailed tearfully**, and said nothing, thus **turning** a lie into the truth and **sending** Ximen Nao straight down to the Yellow Springs of Death. (Goldblatt, tr. *Life and Death are Wearing Me Out*, 2008: 33)

“哭”原本是一个不及物动词，这句话里的三个“哭”，除了第一个是本意外，后两个都被赋予了更为复杂的含义。第一个“哭”译作 wailed tearfully，后两个“哭”分别译成了“turning”“sending”。我们仔细读就能发现，葛浩文在翻译时倾向使用顺接、往前铺开的句式。他考虑到了原文的平行结构，但不拘泥于这个结构。

例 7 和例 8 都没有复制原文的平行结构。

例 7：炳璋插进来，抢过话茬，说：“老板好酒量，好酒量！”（毕飞宇，《青衣》，2011：145）

译文：“You’re quite the drinker!” Bingzhang cut in. “Like a sponge!” (Goldblatt & Lin, trs. *The Moon Opera*, 2007: 51)

原文是“好酒量，好酒量”，但葛浩文用“Like a sponge”接“quite the drinker”，而不是重复“quite the drinker”，没有复制平行结构，但符合英美人的行文方式。

例 8：筱燕秋完全没有料到会在输液室里头睡得这样死，简直都睡昏了。

（毕飞宇，《青衣》，2011：201）

译文： Xiao Yanqiu never expected to fall into such a deep slumber in the IV room, like the sleep of the dead. (Goldblatt & Lin, trs. *The Moon Opera*, 2007: 120)

同上一句是同一翻译策略。

例 9： 陈阵没有栽下马，是因为他骑的不是一般的马，而是一匹在狼阵中长大，身经百战的著名猎马。（姜戎，《狼图腾》，2014：5）

姜戎为了强调自己的观点，语言上就有重复，上文三次出现“马”。葛浩文在翻译时果断地将它们删掉，然后把整句重新整合，翻译为 The only reason he hadn’t fallen off was that the animal had lived its entire life in wolf territory, a battle—tested **horse** perfectly suited to hunt. 这样处理后，语句就很自然流畅、地道，符合英语语句的表达习惯，这样整合之后的翻译好在哪里？很简单，试想一下，我们如果做英译汉练习，让我们把葛浩文的英文回译成中文的话，我们绝对不会回译成姜戎原文的样子，不会回译成姜戎用的平行结构。

姜戎为了强调不懂草原的外行来管理草原带来的危害，在第十六章有这样一段文字：

例 10： 陈阵说：我觉得搞牧业要比搞农业难多了。

乌力吉说：我也真怕把这片草原搞成沙地。草原太薄太虚，怕的东西太多：怕踩、怕啃、怕旱、怕山羊、怕马群、怕蝗虫、怕老鼠、怕野兔、怕獭子、怕黄羊、怕农民、怕开垦、怕人多、怕人太贪心、怕草场超载，最怕的是不懂草原的人来管草原……

毕利格点头说：草原是大命，可它的命比人的眼皮子还薄，草皮一破，草原就瞎了，黄沙刮起来可比白毛风还厉害。草原完了，牛羊马、狼和人的小命都得完，连长城和北京城也保不住啊。（姜戎，《狼图腾》，2014：149）

这里一连用了 17 个“怕”字，来强调最后第十八个“怕”字，葛浩文将中间这一段都删掉了。

译文： “Raising livestock seems a lot harder than planting crops,” Chen Zhen said.

Bilgee nodded in agreement: "The grassland is a big life, but it's thinner than people's eyelids. If you rupture its grassy surface, you blind it, and dust storms are more lethal than the white-hair blizzards. If the grassland dies, so will the cows and sheep and horses, as well as the wolves and the people, all the little lives. Then not even the Great Wall, not even Beijing will be protected." (Goldblatt, tr. *Wolf Totem*, 2008: 234)

五、对文本类型翻译观的接受与审视

提到翻译中保留原作的文学特征，自然会涉及文本类型学。按照英国翻译理论家彼得·纽马克（Peter Newmark）的观点，文学是表达类文本，所以文学翻译和翻译信息类文本以及呼唤类文本是截然不同的。这在大方向上当然是正确的，用于指导中国文学英译当然是正确的，但是如果细致观察，就会发现纽马克框架的具体内容与中国文学外译的翻译实践并不完全吻合。

20 世纪 60 年代起，由于传统忠实观的内在模糊性，学者开始质疑忠实观，人们意识到笼统地只谈忠实是不行的。20 世纪六七十年代在西方翻译界盛行的是奈达（Eugene Nida）的等效论。奈达在解释翻译的性质时说，翻译是在译入语中用最切近、最自然的对等语再现原语的信息（Nida, 1969: 12），首先是语义上的对等，其次是风格上的对等。后来的功能学派则更大胆地摆脱了传统的忠实观和后来的等效论，从注重语言上原文与译文是否对等转向更加注重译文的功能。

纽马克是功能派的代表，他对文本类型的区分是他最重要的理论。传统上我们一般以题材来区别语篇，比如文学、科技、法律，而纽马克则认为这种区别无法揭示语言的本质。在修正了布勒（Buhler）、雅各布森（R. Jakobson）功能模式的语言理论基础上，在 *Approaches to Translation*（《翻译问题探讨》）一书中，纽马克根据不同的内容和文体提出了一套自己的文本功能及其分类。他将文本分为表达功能（expressive function）、信息功能（informative function）、呼唤功能（vocative function）、审美功能（aesthetic function）、应酬功能（phatic function）和元语言功能（metalingual function），前三种最主要。纽马克还指出，表达文本的功能核心是原文作者，信息文本的核心是内容的真实性，呼唤文本的核心是译文读者。

下表摘自纽马克文本分类（选自 *Approaches to Translation*，p.15，笔者为教学需要而改写）。

	Informative 信息类	**Expressive 表达类**	**Vocative 呼唤类**
Typical examples	Scientific and technical reports and textbooks（教材、专业报告、报刊文章、学术论文/著、会议纪要）	Literature（严肃文学、自传、随笔、个人通信），authoritative texts（权威言论）	Polemical writing, publicity, notices, laws and regulations, propaganda, popular literature（告示、广告、宣传、劝导性文字、通俗文学，这里的 laws and regulations 指通知和规定）
"Ideal" style	Neutral, objective	Individual	Persuasive or imperative
Text emphasis	Target language	Source language	Target language
Focus	Situation (3rd person)	Writer (1st person)	Reader (2nd person)
Method	Equivalent-effect, transition	"Literal" translation	Equivalent-effect recreation（甚至可以创作）
Unit of translation	Medium	Small［叶子南（2008）认为在英汉文学翻译中不成立］	Large
Maxim	Sentence	Collocation	Text（整个语篇）
Minimum	Collocation	Word	Paragraph
Type of language	Factual	Figurative	Compelling
Loss of meaning	Small	Considerable	Dependent on cultural differences
New words and meanings 作者自创新词，或者社会生活中刚刚出现的新词	Not permitted unless reasons given	Mandatory if in SL text	Yes, except in formal texts
Keywords（原文哪些核心词在译文中要保留）	Theme words	Leitmotivs, Stylistic markers	Token words
Unusual metaphors（原文新奇的比喻在译文中要不要保留）	Give sense（意译就可）	Reproduce（移植）	Recreate（创作，改写）
Length in relation to original	Slightly longer	Approximately the same	No norm

其中的表达类文本（expressive text）包括：①严肃的文学作品，包括抒情诗、短篇小说、长篇小说、戏剧等。②权威性言论，主要有政治人物的政治演说及文件，公认的权威人物撰写的科学、哲学和学术著作。这些文本的权威性来自其作者的地位或可靠性以及他们的语言能力。虽然这样的文本大多不具有言外之意，但往往带有其作者个人特征的印记。③自传、散文及个人信函。这些文本是作者个人情感的一种宣泄。

当然，纽马克自己也强调，一个语篇中的功能并非泾渭分明，而是常常兼而有之，只是有所侧重而已。他说Few texts are purely expressive, informative, or vocative。比如，大多数信息类文本也许从头至尾带有呼唤色彩，也许在一个单独的段落里表现呼唤功能。再比如，表达型文本里当然也带有信息，而其呼唤成分也可多可少。纽马克还指出，在翻译表达类文本尤其是诗词时，表达功能和审美功能也常常有冲突。

文学文本当然是表达型文本。它的主要目的是表达感情，因此它不仅仅带有内容，更带有明显的作者个人风格，作者独特的语言形式、修辞手法，此外还有不同寻常的搭配、独创的比喻、不寻常的句法等。纽马克认为原作中带有文化色彩的成分也应忠实地移植过来，以保留原作独特的异域情调。而所有这些都是不太容易被翻译的。例如在翻译莫言的作品时，我们怎样将其乡土情结、乡土特色传达给域外读者，从而能够超越国界、民族界限引起西方读者的共鸣。传达文学的内容与结构相对简单，但想要传递文学的精髓与内涵却实属不易，这也是较高水准翻译作品少之又少的原因所在。

在教学中笔者发现学生对纽马克的文本类型观还是很肯定的，因为笔者让学生自主设计翻译作业，材料和视角任选，结果发现，许多学生都主动选择用纽马克的文本类型视角来设计翻译作业。这体现了学生能够意识到不同文本和文体在翻译中要区别对待，不能搞“一刀切”。但后文我们也会谈到，用纽马克的理论框架去衡量中国文学外译的翻译实践，会发现两者也有冲突。

下面列举几例学生自主设计的文本类型观照下的文学翻译作业，英译中、中译英都有。其中第一例是关于老舍先生的三个段落，事实上，笔者 2018 年 10 月布置了不同文本类型的两段关于《趵突泉》的文字让学生翻译，他们完成了《趵突泉》翻译作业后，一位学生基于同一主题而延伸开来，设计了关于老舍先生的三个段落的翻译作业如下。

（一）学生设计的翻译作业——不同文本类型的关于老舍先生的段落

该同学设计作业的全文如下：

本次作业设计选择的视角是文本类型理论，Peter Newmark 把文本分为三个类型：信息文本、表达文本、呼唤文本。不同的文本类型有着迥然不同的写作和翻译目的，相应的翻译策略和侧重点也有很大不同。明确文本类型对翻译来说至关重要。本次作业选段在内容上并没有很大难度，作业的重点也并不在于教会学生如何解决翻译时字、词、句中的疑难点，而是帮助学生从整体上把握文本类型，了解不同文本类型该如何翻译，具体选材如下：

文本类型	选段	出处
信息文本	一、作家网对老舍的生平介绍	http://www.xiexingcun.com/laoshewenji/index.html
表达文本	二、老舍自述	《老舍自传》http://www.readers365.com/laoshezizhuan/index.html
呼唤文本	三、抗战新诗《保民杀寇》——老舍	《扫荡报》（1938.10.1）http://www.xiexingcun.com/laoshewenji/xs/index.html

选段一、二都是老舍的生平介绍，但行文风格却大相径庭。选段一是网站上给出的老舍的简介，主要目的是让读者看完简介后能对老舍的生平有大致了解，知道老舍是谁？做了什么？选段一的遣词造句十分正式、客观，不掺杂个人情感，是以传递信息为主要目的的信息文本，译者在翻译时只要以“准确”为标准忠实翻译即可。而选段二是老舍在自传中对自己一生的回顾和总结，有很多自我调侃的词、句，具备鲜明的个人色彩和感情色彩，属于表达文本。在翻译选段二时，译者应该着眼于原文的文体和风格，努力使译文贴近原文，体现出作者的个人风格和字里行间暗含的感情色彩，除了字词上斟酌用词以外，个人认为一个行之有效的办法是可以用平行结构，因为音韵和谐的译文自然就可以烘托出一些幽默效果。

抗战时期老舍担任中华全国文艺界抗敌协会的总务部主任，创作了大量宣传抗日的作品，包括京剧、鼓词、相声和新诗等，选段三就是老舍当时创作的一首新诗《保民杀寇》，诗歌呼吁民众不当亡国奴，拿起刀枪投身抗战，以生命捍卫家园。这首诗是典型的呼唤文本，创作目的是号召国民奋起反抗，夺回家园。译者在翻译时也要以读者为核心，考虑到文本的呼唤和号召作用，译文读起来应该和原文一样令人热血沸腾，激发起民众的爱国之心和熊熊斗志。

信息文本：

“老舍，原名舒庆春，字舍予，另有笔名絜青、鸿来、非我等。满族，北京人，出生于一个贫民家庭。1918 年北京师范学校毕业后任小学校长和中学教员。1924 年赴英国任伦敦大学东方学院汉语讲师，阅读了大量英文作品，并从事小说创作。1926 年加入文学研究会。1930 年回国后任济南齐鲁大学、青岛山东大学教授。抗日战争爆发后南下赴汉口和重庆。1938 年中华全国文艺界抗敌协会成立，他被选为理事兼总务部主任，主持文协日常工作。在创作上，以抗战救国为主题，写了各种形式的文艺作品。1946 年应邀赴美国讲学 1 年，期满后旅居美国从事创作。中华人民共和国成立后不久应召回国，曾任中国文联副主席、中国作家协会副主席、中国民间文艺研究会副主席等职。参加政治、社会、文化和对外友好交流等活动，注意对青年文学工作者的培养和辅导，曾因创作优秀话剧《龙须沟》而被授予‘人民艺术家’称号。‘文化大革命’初期因被迫害而弃世。”

表达文本：

“舒舍予，字老舍，现年四十岁，面黄无须。生于北平。三岁失怙，可谓无父；志学之年，帝王不存，可谓无君。无父无君，特别孝爱老母，布尔乔亚之仁未能一扫空也。幼读三百篇，不求甚解。继学师范，遂奠教书匠之基。及壮，糊口四方，教书为业，甚难发财，每购奖券，以得末彩为荣，示甘于寒贱也。二十七岁发愤著书，科学哲学无所懂，故写小说，博大家一笑没什么了不得。三十四岁结婚，今已有一男一女，均狡猾可喜。闲时喜养花，不得其法，每每有叶无花，亦不忍弃。书无所不读，全无所获并不着急，教书作事均甚认事，往往吃亏，亦不后悔。如此而已，再活

40 年也许能有点出息。”

呼唤文本：

《保民杀寇》—— 老舍

谁给我的枪？
谁给我的粮？
还不是百姓的血汗，
供给我这身武装？！
我为谁打枪，
我为谁吃粮？
还不是为保卫百姓，
我才舍身上战场！
上战场，上战场，
弟兄们，为保民杀寇，去洒这热血一腔！

如前所述，笔者 2018 年 10 月布置了不同文本类型的两段关于趵突泉的文字作为翻译作业，当时的学生是北京外国语大学高级翻译学院的，硕士一年级，口译和同声传译专业。第一段选自新浪旅游，属信息型文本，第二段是老舍先生的散文《趵突泉》一文，属于表达型文本。作业既让学生进行中国文学外译实践，也让学生思考中国文学外译的理论和策略，比如在同一主题但不同语篇类型的背景下，文学翻译的特点。笔者布置作业及学生完成情况如下。

（二）《趵突泉》翻译练习

第一段选自新浪旅游，属信息型文本，第二段是老舍先生的散文《趵突泉》一文，属于表达型文本。相应地，翻译第一段时学生应注意信息的准确和译文的流畅，而翻译第二段要注意老舍先生的风格，他多用短句，语言活泼生动，平实亲切，英语译文也应尽量靠近这一风格。

文本一：

趵突泉位于济南市区中心，趵突泉南路和泺源大街中段，南靠千佛山，东临泉城广场，北望大明湖，居济南七十二名泉之首，被誉为“天下第一泉”，也是最早见于古代文献的济南名泉。趵突泉是泉城济南的象征与标志，与千佛山、大明湖并称为济南三大名胜，先后被评为全国十大优秀园林、“十佳”公园和国家4A级景区。

趵突泉水分三股，昼夜喷涌，水盛时高达数尺。所谓“趵突”，即跳跃奔突之意，反映了趵突泉三窟迸发，喷涌不息的特点；同时又以“趵突”模拟泉水喷涌时“卜嘟”之声，可谓绝妙绝佳。

趵突泉泉池东西长30公尺，南北宽20公尺，泉分三股涌出平地，泉水澄澈清洌。泉的四周有大块砌石，环以扶栏，可凭栏俯视池内三泉喷涌的奇景。趵突泉水从地下石灰岩溶洞中涌出，最大涌量能达到24万立方米每日。水清澈见底，水质清醇甘洌，含菌量极低，经化验，符合国家饮用水标准，是理想的天然饮用水，可以直接饮用。

（材料来源：节选自新浪旅游《中国山东济南4A级景区趵突泉公园》，网址：http://travel.sina.com.cn/china/2008-08-04/163512113.shtml）

文本二：

泉太好了。泉池差不多见方，三个泉口偏西，北边便是条小溪流向西门去。看那三个大泉，一年四季，昼夜不停，老那么翻滚。你立定呆呆的看三分钟，你便觉出自然的伟大，使你不敢再正眼去看。永远那么纯洁，永远那么活泼，永远那么鲜明，冒，冒，冒，永不疲乏，永不退缩，只是自然有这样的力量！冬天更好，泉上起了一片热气，白而轻软，在深绿的长的水藻上飘荡着，使你不由的想起一种似乎神秘的境界。

池边还有小泉呢：有的像大鱼吐水，极轻快的上来一串小泡；有的像一串明珠，走到中途又歪下去，真像一串珍珠在水里斜放着；有的半天才上来一个泡，大，扁一点，慢慢的，有姿态的，摇动上来；碎了；看，又来了一个！有的好几串小碎珠一齐挤上来，像一朵攒整齐的珠花，雪白。这比那大泉还有味。

（材料来源：节选自老舍的《趵突泉》一文）

翻译练习讲评：

翻译时，除了众所周知的信息准确和流畅以外，一个很有效的策略就是注意中英文的差异，合理切分或整合中文原文。请看以下几句。

（1）趵突泉位于济南市区中心，趵突泉南路和泺源大街中段，南靠千佛山，东临泉城广场，北望大明湖，居济南七十二名泉之首，被誉为“天下第一泉”，也是最早见于古代文献的济南名泉。

译文： Located in the downtown area of Jinan City, **Baotu Spring** sits at the intersection of Baotuquan South Road and Luoyuan Street, backed by Qianfo Mountain to the south, neighbouring the Quancheng Square to the east, and facing Daming Lake to the north. **Standing first** among the seventy-two celebrated springs in Jinan, **Baotu Spring** is praised as “the Finest Spring under Heaven”, **and is also** the first Jinan spring ever mentioned in ancient literature.

这句选自文本一。这里的“译文”是学生分组进行试译后笔者的修改译文，下同。中文原文是个长句子，全用逗号连接，先讲了趵突泉的东西南北，再讲它是天下第一泉，再讲它列于古代文献的时间。不少学生翻译时只是完全照搬原文的顺序，没有合理切分，导致译文冗长。上面的译文在原文第一个逗号后就进行切分，把主语“趵突泉”提出来，然后再讲东西南北四个方位。再然后，在原文讲到趵突泉居七十二名泉之首时，大胆进行了切分，译文完全另起一句。这样整个译文没有丢失原文信息，语句又很流畅。

同理，下面这句话也是这样，我们只要合理切分原文后，译文也就迎刃而解。

（2）趵突泉是泉城济南的象征与标志，与千佛山、大明湖并称为济南三大名胜，先后被评为全国十大优秀园林、“十佳”公园和国家4A级景区。

译文： **Being the symbol of Jinan which is reputed as** the city of springs, **Baotu Spring, together with** Qianfo Mountain and Daming Lake, **is known** as one of the three major attractions in Jinan. **It has been rated as** one of the top ten national extraordinary gardens, the “top-notch” park and the national 4A scenic spot.

仍是文本一。译文先把主语“趵突泉”提出来，把泉城济南的特征挪后，以“是济南的象征与标志”作为这句话的主干。然后大胆在此断句，原文是逗号，后面讲的是被评为园林之首，译文完全另起一句来说。

（3）所谓“趵突”，即跳跃奔突之意，反映了趵突泉三窟迸发，喷涌不息的特点；同时又以“趵突”模拟泉水喷涌时“卜嘟”之声，可谓绝妙绝佳。

译文： **It is extremely ingenious idea** to name the spring as Baotu. **For one thing**, "Baotu" means jumping and leaping in Chinese, reminiscent of water jets spouting out endlessly through three outlets. **For another**, the pronunciation of the Chinese characters "Baotu" closely resembles the sound of water gushes.

这句话仍选自文本一。原文是一个大长句，而译文先用“It is extremely ingenious idea”总括，后面就可以娓娓道来，分别用“For one thing”“For another”来解释了两个原因。

（4）趵突泉泉池东西长30公尺，南北宽20公尺，泉分三股涌出平地，泉水澄澈清洌。泉的四周有大块砌石，环以扶栏，可凭栏俯视池内三泉喷涌的奇景。

译文： **The clear spring water**, which **spurts from three holes** in the underground rocks, **feeds into** a rectangular **spring pool** that extends 30 meters from east to west and 20 meters from north to south. **Around the pool are guardrails** built on stones, so tourists can appreciate the wonderful scenery **nearer to the spring**.

还是文本一。翻译这句话时，不仅切分了原文，而且打乱了原文顺序，把原文最先出现的“泉池”挪到了后面，和第二句出现的池边的“扶栏”整合起来。译文先说“泉水澄澈清洌”，再说泉池，再说池边的栏杆，原文末尾的“三泉喷涌”也没有再重复译出，译文空间顺序清晰。

（5）趵突泉水从地下石灰岩溶洞中涌出，最大涌量能达到24万立方米每日。水清澈见底，水质清醇甘洌，含菌量极低，经化验，符合国家饮用水标准，是理想的天然饮用水，可以直接饮用。

译文： Baotu Spring springs out from underground limestone caves, culminating at 240,000 square meters per day. Crystal and clear, the water tastes so mellow that it refreshes your mind. Low bacteria content and conformity to national standards make it **an ideal refreshment, ready to drink**.

选自文本一。同理，原文第二句一逗到底，译文则在“含菌量”处断句，并省略了

"经化验"。

（6）泉太好了。泉池差不多见方，三个泉口偏西，北边便是条小溪流向西门去。看那三个大泉，一年四季，昼夜不停，老那么翻滚。你立定呆呆的看三分钟，你便觉出自然的伟大，使你不敢再正眼去看。

译文： The spring is so grand. The spring pool is nearly square in shape, with **three** mouths located to the west. In the north, there is a brook branch flowing towards the west gate. **The three huge outlets** roll all year round, not ceasing day or night. If you stand there and watch them for three minutes, you will already feel the greatness of the nature, daring not to look boldly anymore.

这句选自文本二。原文第二句其实谈了三个概念，译文在第三个概念"北边小溪"前面就断了句，使译文逻辑更清楚。另外几个细节上的处理是，原文的"泉太好了"，译文没有用 fascinating、attractive 之类的词，而是用了 grand，以突出自然的伟大；原文的"小溪"译成了"brook branch"，以与全文的趵突泉相照应；原文的"看那三个大泉"，没有译成"the three huge springs"，而是译成了"The three huge outlets"，否则读者会纳闷，明明谈趵突泉，怎么变成了三个泉？而且，原文是"看那三个大泉，老那么翻滚"，"看"是放在句首的，而译文把"If you stand there and watch them"，挪到了下一句，因为本段前面若干句都是静态的，把"看"挪到下一句更合理。我们在翻译时，在充分理解原文后要大胆对原文进行切分、整合，甚至改变。

文学翻译要和信息文本区分开来，如果译文失去了文学特征，翻译就失去了意义。看以下几句：

（7）永远那么纯洁，永远那么活泼，永远那么鲜明，冒，冒，冒，永不疲乏，永不退缩，只是自然有这样的力量！

译文： So pure! So vivacious! So vivid! The spring water surges up ceaselessly day and night, as if **it never knows what weariness or retreat is**. Only nature can own a power like this!

这句话要译出老舍先生赋予泉水的拟人特征，所以我们把"永不疲乏，永不退缩"用"as if it never knows what weariness or retreat is"，尽量保留文学性。"只是自然有这样的力量"用"Only nature can own a power like this!"而不是"the power"翻译，译文更诗化、更柔软。

（8）冬天更好，泉上起了一片热气，白而轻软，在深绿的长的水藻上飘荡着，使你不由的想起一种似乎神秘的境界。

译文： **Coming here** in winter is even better. A mist of white, light and hot vapor rises from the spring and drifts above the long and dark green algae. The scene would immerse you in a realm of mystery.

这句还是选自文本二，老舍先生的散文。原文首先说“冬天更好”，译文变成了“Coming here in winter is even better”，以突出游客视角。原文是个长句，译文切分成了三句。原文的“似乎神秘的”，译文就直接译成了“a realm of mystery”，省略了“似乎”，因为若译成“seemingly mysterious”，反而听上去在说反话。

（9）池边还有小泉呢：有的像大鱼吐水，极轻快的上来一串小泡；有的像一串明珠，走到中途又歪下去，真像一串珍珠在水里斜放着；有的半天才上来一个泡，大，扁一点，慢慢的，有姿态的，摇动上来；碎了；看，又来了一个！有的好几串小碎珠一齐挤上来，像一朵攒整齐的珠花，雪白。这比那大泉还有味。

译文： There are other smaller bubbling outlets beside the pool. Some give out beams of small bubbles, as if gushed by a large fish. Others have bubbles that resemble a string of pearls, **unsure of floating or sinking**. **Some take their time to launch a big flat bubble, rising shakily and with dignity, before it suddenly bursts**. Look, there goes another bubble! **Others release bubbles that scramble to the water surface like a snow white beaded flower, eager to be seen**. Indeed, there is more to be savored in these smaller springs.

这段仍选自文本二。老舍先生的散文，文学性很强。首先，译文把原文第一句的冒号断了句，把原文的各个分号也都变成了句号，一种情况讲完了一句话结束，这样译文更清晰。更重要的是，为了保留文学性和拟人特征，“走到中途又歪下去”译成了“unsure of floating or sinking”，赋予拟人的状态；“有的半天才上来一个泡，大，扁一点，慢慢的，有姿态的，摇动上来；碎了”译成了“Some take their time to launch a big flat bubble, rising shakily and with dignity, before it suddenly bursts”；“有的好几串小碎珠一齐挤上来，像一朵攒整齐的珠花，雪白”译成了“Others release bubbles that scramble to the water surface like a snow white beaded flower, eager to be seen”，大胆切分和整合原文的同时，把趵突泉拟人化，使文学特征更突出。

笔者在课堂讲评了学生的试译后，全体学生提交正式的翻译作业，以下为全文翻译得较好的学生译文，笔者做了修改。

文本一：

Baotu Spring is located in the downtown area of Jinan City, at the middle section of Baotu Spring South Road and Luoyuan Street. North to Thousand Buddha Mountain, west to Quancheng Square, and south to Daming Lake, Baotu Spring ranks first among Jinan's seventy-two celebrated springs. It is honored as "the finest spring under Heaven" and is also the first Jinan spring ever mentioned in ancient documents. Baotu Spring is the symbol of Jinan, the Spring City. Together with Thousand Buddha Mountain and Daming Lake, Baotu Spring is regarded as the three most famous scenic spots in Jinan. Over the years, it has won a number of titles, such as China's Top Ten Gardens, Top Ten Parks and National 4A-level Scenic Spot.

The water spurts out in three strands day and night, peaking several feet high. "Baotu" means springing and spurting, indicating the endless gushes of Baotu Spring. Also, "Baotu" resembles the sound the spring makes. It is indeed an excellent name.

The pool of Baotu Spring is thirty meters long and twenty meters wide. The crystal clear water rushes out in three strands. Around the pool are huge pieces of rock. Visitors can hold onto the railings surrounding the pool to appreciate the wonders of the spring. The water wells up from underground karst caves, with daily maximum output reaching 240,000 cubic meters. Clean and clear, the water tastes pure and sweet. Test has proven that the water contains low levels of bacteria and meets the national standard for drinking water quality. The spring water is a gift from nature, you can drink right from it.

文本二：

The spring is so great. The pool is roughly square in shape with the three mouths of the spring to the west. In the north, a trickle flows towards the west gate. Out of the three openings, water gushes ceaselessly day and night throughout the year. If you take three minutes gazing at the springs, you will feel the true greatness of nature, so great that you dare not to look at them again. The spring water, always pure, always vibrant and always clear, surges up unstopping. Only nature has such a power. In winter, the spring looks even better. The warm vapor rises from the spring, white, light, and soft. It floats above the long, dark green algae, taking you into a mysterious world.

There are small springs near the pool. A string of small bubbles may emerge briskly, as if breathed out by a big fish. Some bubbles resemble a slanting string of pearls in the water, floating up yet going down halfway. A bubble may come up after quite a while. The bubble, big and flat, rises slowly and gracefully, and then bursts suddenly. Look, here comes another one. Sometimes, several strings of little broken bubbles rise together, like a neat flower made from snow-white beads. Indeed, the small springs are even more fascinating.

（三）学生设计的翻译作业——不同文本类型的关于美国纪念碑谷的两段文章

该同学设计作业的全文如下：

我设计的作业选择的是**语言学翻译观的文本类型**这一视角。纽马克根据不同的内容和文体给出他自己的一套文本功能及分类。他概括出三种主要的文本类型，即表达型文本、信息型文本和呼唤型文本。其中，表达文本的核心是文体，信息文本的核心是准确，呼唤文本的核心是读者。

下面所选的两篇文本，**文本一属信息型文本，文本二属于表达型文本**。两篇文本描述对象相同，均为美国西部的标志性景点**纪念碑谷**，因而内容具有一定相似度，但文本类型有差异，写作目的和翻译目的都不一样。在翻译这两篇文本时，译者要注意不同语篇类型应该有不同的处理方法。

文本一选自 Carolyn O'Bagy Davis 等人于 2010 年出版的书籍 *Kayenta and Monument Valley*，选段页码第 95 页。这篇文本是很典型的对纪念碑谷的介绍，语言简单朴实，**请翻译画线部分**，共 277 字。文本二选自 Timothy Egan 于 2006 年为《纽约时报》撰写的一篇文章。作者文笔生动，对纪念碑谷的描写优美，**请翻译画线部分**，共 321 字。

另外提一句，纪念碑谷在美国具有很重要的意义，是**美国西部**的象征，代表美国原始的西部精神。因此，翻译时也要思考，如何处理才能将美国原住民部落的风情文化展现给中国读者。

文本一：

Monument Valley, located 20 miles north of Kayenta, straddles the Arizona and Utah borders and is a part of the Colorado Plateau. About 100 square miles of the desert country were designated a Navajo tribal park on July 11, 1958. Navajos call it Tsé Bii' Ndzisgaii, or "Valley of the Rocks." Because of Monument Valley's dramatic landscape, dotted with red sandstone spires, mesas, and monoliths, some rising 1,000 feet above the valley floor, the area is one of the most recognizable areas in the country, as it has been the setting for hundreds of international movies and commercials. In early times, the country was inhabited by western Navajos and Paiutes and was a part of what was known as the Paiute Strip. Later the government designated the land as public domain, but in 1934, it was formally given to the Navajo Reservation by an act of Congress.

Over the years, visitors have written lyrically of the area. Zane Grey toured Monument Valley in 1913, and "the shifting sands, the red looming walls, the purple sage, and the towering monuments" so impressed him that he featured the area in his 1917 novel *Wildfire*. That Monument Valley made a searing impression on Grey is apparent in the description that he wrote: "My first sight of Monument Valley came with a dazzling flash of lightning. It revealed a vast valley, a strange world of colossal shafts, and buttes of rock, magnificently sculptured, standing isolated and aloof, dark, weird, and lonely. When the sheet lightning flared across the sky showing the monuments silhouetted black against that strange horizon, the effect was marvelously beautiful."

Silent films became popular in the 1920s, and Zane Grey's *The Vanishing American* was filmed in the Kayenta area in 1925. Within a decade, producer John Ford was filming his classic movies in Monument Valley, with the result that the unique landscape has become instantly recognizable to people around the world. The Kayenta and Monument Valley country is a timeless landscape, with a compelling, mystical beauty, eternally thrilling to each new generation that sets eyes upon the craggy pinnacles and towers and the soaring mesas.

(*Kayenta and Monument Valley* by Carolyn O'Bagy Davis, Harvey Leake and Richard Paul Mike)

文本二：

The park interpreters are Navajo. The story they tell is about "the valley between the rocks," a home once to the Anasazi, who left their curious marks on the rock walls and abandoned dwellings, a mystery set in stone from 700 years ago. The Navajo are relatively recent, arriving several hundred years ago. When the Spanish introduced horses and sheep to the Southwest, they provided the impetus for the Navajo to flourish and spread throughout parts of three states that now comprise their reservation.

I was there during a tempestuous few days of weather, which was perfect; I would prefer to see the valley after a dusting of snow, or standing against the full fury of an electrical storm. Rain squalls and hail sent people scurrying inside for cover. And then, just as quickly, the clouds parted, and a rainbow — a full arc across the valley — appeared. We all hurried outside, where it was combat photography, elbow-to-elbow. I spoke to some Italians, dressed nattily if inappropriately in dashing scarves and corduroy pants. They were on the standard Euro-tour of the Southwest: Las Vegas, the Grand Canyon, Monument Valley. The biggest surprise was the valley. They said they expected the equivalent of a Spaghetti Western backdrop, a hard, mute land where Clint Eastwood could squint and spit. But they found — to their delight — that Monument Valley was alive, three-dimensional, forcing visitors to stay on their feet.

Late in the day, just before dusk, the skies cleared and the valley sentinels cast long shadows across the expanse of Indian land. With the sun at low angle just before it disappeared, this was the magic hour.

The major spires, mesas, and buttes all have names: The Mittens, Elephant Butte, North Window, Totem Pole, the Thumb and so on. There's a rock that looks like an owl (Owl Rock), and arches that look like eyes, (the Spectacles). Inevitably, we see them through an anthropomorphic lens.

（*Monument Valley: Endless Earth, Infinite Sky* by Timothy Egan, https://www.nytimes.com/2006/04/02/travel/02explore.html）

（四）学生设计的翻译作业——三篇关于美国密歇根州的材料

该同学设计作业的全文如下：

我从语言学翻译观的文本类型出发，设计了一次英中笔译作业。纽马克将文本分为三类：信息文本、表达文本、呼唤文本。本次作业分别选择三篇材料，都是跟密歇根州有关。

信息文本的语言类型是描述性事实，核心是准确，比如专业报告、客观介绍等，对应我选的第二篇材料——对密歇根州的旅游资源介绍；表达文本的语言具有修辞性，核心是文体，比如文学作品、散文等，对应我选择的第三篇材料——描写的是密歇根州的国家公园；呼唤文本的语言特征具有劝导性，核心是读者，语气是肯定的、具有说服力，对应我选择的第一篇材料——密歇根州的广告。

第一篇属呼唤文本，材料选自《经济学人》2018-12-29期的杂志内页广告，是密歇根州吸引商业投资的广告，**请翻译全文**。

From engineers to construction workers, one state has a talent pool deep enough to meet the needs of any business.

Michigan.

Our state ranks first in the U.S. in concentration of industrial engineers and eighth in the skilled trades workforce.

Plus, Michigan offers a pipeline of high-tech talent that flows from 33 public and private universities.

Whether business requires STEAM or skilled trades, Michigan has the talent they need to succeed.

第二篇属信息文本，是对密歇根州旅游资源的介绍，**请翻译画线部分**。

The State of Michigan is blessed with the riches of unspoiled nature: the nation's longest freshwater coastline, lakes that feel like oceans, golden beaches, an abundance of fresh produce straight from the farm, glorious sunrises and sunsets and endless opportunities for recreation.

Here you will find more than 100 public beaches, some of the highest freshwater sand dunes in the world, stunning multi-colored sandstone cliffs, two National Lakeshores and the only national marine sanctuary in the Great Lakes — the Thunder Bay National Marine Sanctuary in Lake Huron. Along the shoreline discover 129 lighthouses, numerous maritime museums, ten shipwreck-diving preserves and historic military fortifications.

America's Great Comeback City, Detroit, celebrates its automotive heritage throughout the Motor Cities National Heritage Area and celebrates its music roots at the Motown Museum. It is home to the world famous Henry Ford Museum, America's "Greatest History Attraction" and a thriving arts and culinary scene.

Lakes, campgrounds, wildlife refuges and 103 Michigan state parks and recreation areas create a wide variety of recreational pursuits. Rivers for water sports, and thousands of miles of hiking, biking, snowshoeing, cross country skiing and snowmobiling trails thread their way though 19 million acres of forests. Spend a day casting your line in one of the world's greatest freshwater fisheries or experience the thrill of the hunt in one 111 managed wildlife areas statewide.

Hundreds of islands dot Michigan waters. Isle Royale National Park is a remote wilderness retreat in Lake Superior where wolves and moose roam free.

Mackinac Island, located in the Straits of Mackinac, is a lush 19th-century resort community fixed firmly in the Victorian era, a car-free island dominated by an 18th-century fort and the more than a century-old Grand Hotel, America's largest summer resort hotel.

The Upper Peninsula, which is 90 percent forested, retains its aura of accessible wilderness. Vast wildlife and waterfowl refuges, 150 waterfalls, iron and copper mines and the Soo Locks (where ocean-going freighters make the 21-foot leap from Lake Superior to Lake Huron) are within an easy drive of one another.

（材料来源：https://www.michigan.org/about-us ）

第三篇属表达文本，描写的是位于密歇根州的国家公园 Isle Royale，材料来源于美国国家地理网站，**请翻译全文**。

This is rough, untamed country. Waterways may be fogbound and trails muddy. Blackflies and mosquitoes may descend upon hikers in swarms. And, because campsites cannot be reserved, a backpacker is never certain where the day's trek may end.

"It's not like deciding to drive into Yellowstone, see Old Faithful, and drive out," a ranger says. In an entire year Isle Royale gets fewer people than Yellowstone sees in a day.

Everyone who lands on Isle Royale — even day-trippers — must stop near dockside to hear a ranger talk about low-impact hiking and camping. For example, water must be boiled for two minutes or filtered; chemical purifiers will not wipe out tapeworm cysts.

Human hikers share trails with wolves and moose. They are descendants of the mainlanders that made Isle Royale an unexpected ark — moose presumably by swimming to it in the early 1900s; wolves likely by walking across the frozen lake between 1945 and 1950. Scientists have been studying the interplay of predator and prey since 1958.

On the trails, all you can expect to see are the animals' tracks and droppings, although quietly grazing moose do surprise hikers, particularly in swamps or dense forest. On beaver ponds you may spot the rippling Vs of the ponds' creators. At campsites watch for foxes looking for a hand-out. Remember: Feeding the animals is illegal. It is not healthy for them and increases the likelihood that they will scavenge for people's food and damage equipment.

（材料来源：https://www.nationalgeographic.com/travel/national-parks/isle-royale-national-park/ ）

（五）学生设计的翻译作业——从三种文本的特征和作用出发，翻译关于美国石头城的三段文字

该同学设计作业的全文如下：

根据纽马克文本分类理论，可将文本分为信息文本、表达文本、呼唤文本三种类型。本次作业从纽马克文本分类出发选择三篇关于美国石头城的文章，请从三种文本的特征和作用出发，**翻译画线部分内容**。

信息型文本：

Rock City Gardens is one of the South's oldest and most popular natural attractions. Just six miles from downtown Chattanooga, Tenn., Rock City is an enchanted, 4,100-foot walking trail showcasing soaring rock formations and lush gardens that include over 400 species of wildflowers and plants. Other features include the Swing-A-Long Bridge that spans nearly 200 feet and the lookout point at Lover's Leap where you can "See Seven States" while standing over the 140-foot waterfall that cascades down Lookout Mountain. Millions of people from all over the world have visited this nostalgic attraction, making memories worth repeating. Rock City is open daily for self-guided tours from 8:30 a.m. to dusk. Visit www.seerockcity.com for more info.

The attraction opened in 1932 by Garnet and Frieda Carter, and was made known partially due to the barn advertising campaign Carter initiated. A sign painter named Clark Byers was hired to travel the nation's highways and offer to paint farmer's barns in exchange for letting them paint three simple words: See Rock City. The distinctive black-and-white signs appeared as far north as Michigan and as far west as Texas. The advertising soon began to produce the desired effect and, by the close of the 1930's, more travelers than ever had seen Rock City Gardens.

（https://www.tennesseerivervalleygeotourism.org/content/rock-city-gardens/tenfa5d99893678dc8cc）

表达型文本：

In his 2001 fantasy novel American Gods, the British author Neil Gaiman describes visitors to Rock City—Chattanooga, Tennessee's most famous non-locomotive attraction—like this: "When they leave, they leave bemused, uncertain of why they came, of what they have seen, of whether they had a good time or not."

When I first read those lines, I bristled—my standard reaction to anyone daring to describe anything relating to my hometown without first living there for eighteen years—then huffed in grudging recognition.

As a kid, I made the pilgrimage up Lookout Mountain to Rock City countless times. With my family, I wandered the narrow paths between boulders and over the suspension bridge to the Lover's Leap overlook, where I strained to See Seven States and posed for photos with foam-headed mascot Rocky the Elf before descending into the lurid dreamscapes of Fairyland Caverns and Mother Goose Village, a subterranean hallway lined with black-lit dioramas of fairy tales and nursery rhymes. Back then, the place seemed not just entirely natural but eternal to me, without beginning or end. In fact, it had been coaxed into being during the late 1920s by Frieda Carter, an avid horticulturist, lover of European folklore, and wife of a local real estate developer. Frieda designed the trails, augmented the landscape with native plants, and hired a sculptor to build the fairy-tale statuary. Then her husband, Garnet, saw dollar signs. The Carters opened the gardens to the public in 1932 and a few years later paid a man to paint black-and-white ads on barns all the way up to Michigan.

I still mentally salute every see rock city sign I pass along the roadsides of the Southeast—at ease, you weary soldiers of outdoor advertising. A few years ago, I even bought a seen rock city bumper sticker to prove I could lovingly eye-roll like a local despite having lived in Atlanta for a decade. Yet I couldn't bring myself to slap the sticker on my car. Its claim was true, but I found myself unable to trust my memories of the place. When I poked at them, they squirmed and shifted away. Gaiman's words buzzed in my head. I knew I'd seen something there, once upon a time, but I could no longer say what it all added up to.

Last August, I used some friends and their tiny kids as an excuse to revisit this childhood mirage and try to get a grip on whatever it was that eluded me. "It is exactly the right amount of cheesy and bizarre, and the views are really beautiful," I promised. But as we pulled into the parking lot, I got clammy. Naps, feeding schedules, and diaper situations were on the line. If we came out the other side bemused and uncertain—or worse, overtired and hungry and sticky with the sap of a tourist trap—my strange fealty to a handful of gauzy memories would be to blame.

Our posse bought tickets and entered the park through a gift shop stuffed floor to ceiling with birdhouses painted like the famous Rock City barns and lawn gnomes wearing American flag–printed vests. I clenched my teeth. But within moments, we found ourselves walking a trail lined with ferns and rhododendrons cut by nature and time between the mossy walls of hulking sandstone. The humidity dropped precipitously, blessedly. As we navigated one tight passage, my smallest friend, Calvin, strapped to his mother's chest, rolled back his melon head and grinned at the bright sliver of sky far above.

The path led us through the woods, over and under lichen-flocked footbridges, past assemblages of plaster gnomes working and playing and making moonshine, over an enclosure of fallow deer, all the way to Lover's Leap with its view of, if not seven states, then at least the rolling green hills and blue haze of Lookout Valley. Rocky the Elf sauntered around the plaza, his old red stocking cap replaced with a jaunty straw boater but his toothless grin as insistent as ever. Kids hugged his knees and grinned for photos, just as I'd done a generation before. My second-smallest friend, Cora, regarded him from a safe distance, her face contorted with repulsion and delight. "I feel you, girl," I said between mouthfuls of Dippin' Dots.

We continued down the trail, through Goblins Underpass and Fat Man Squeeze. "So I guess we already went through Fairyland Caverns," my friend Brooke said after a while, disappointment in her voice. My cackle bounced off the boulders. "No, no," I said. "You will absolutely know when you've gone through Fairyland Caverns."

And soon enough we were there. A purple-lit stairwell dropped us down, down, down into the earth. Frieda Carter and her sculptor had carved dozens of niches into the rock walls, and each contained a miniature scene from a fairy tale or a nursery rhyme, the figures and sets all painted in colors that pulsed like neon under hidden black lights. Day-Glo Goldilocks ran, in perpetuity, from an oddly muscular trio of Bears; the Three Men in a Tub patiently awaited rescue, knocked back and forth on their same old motorized sea. And around one bend, the route opened wide into a big room with black walls and ceiling receding into infinity, the centerpiece a sprawling landscape: Mother Goose Village. Jack and Jill tumbled along the hill they'd been falling down for decades; vacant-eyed Humpty Dumpty teetered atop his wall, forever on the verge of his own fall; the Dish ran away with the Spoon, and the Cow jumped over the Moon; and Cinderella's castle glowed above it all, as poised and garish as ever.

My friends kept looking at one another, bug-eyed and laughing. Cora perched on her dad's hip, mesmerized, the white stars on her pink dress glowing eerie blue. Somehow I'd been that small once, staring from my own parents' arms at these same strange displays, their oddity barely matching the oddness of my own child mind. All of this had once seemed as natural to me as the boulders and the rhododendrons, and therefore more normal than the whole rest of the world. Here, I realized, was the crux of my confused Rock City memories. Mother Goose Village had once loomed so large in my consciousness that I'd taken to actively downgrading it, overcorrecting for time's known tendency to inflate and exaggerate. I'd been so certain it would turn out to be small and sad, but it was even bigger and stranger than my original recollections. And it was only here, in the wacky heart of the place, where the air seemed to thin and time to flatten, that I could begin to see what I'd seen here before.

We spilled out of the Caverns laughing and blinking into the sun. "Man oh man," my friend Austin said, shaking his head. "You really undersold this place. It's so weird and great." Cora's wide eyes were still fixed on the dark hole from which we'd just emerged. In thirty-something years, I wondered, would she return with her own children and her own foggy memories of the place, bracing herself for disappointment and instead finding firm reassurance that you actually can go home again, so long as home is this one particular Depression-era tourist trap? For one dreamy moment, I knew the answer was yes.

I rode the high of my relief all the way to the end of the path, which deposited us back at the gift shop. Among the bric-a-brac emblazoned with the park's signature demand, I found a Christmas ornament designed to look like one of the Rock City birdhouses designed to look like the Rock City barns. The ideal souvenir for this place — a thing that was and wasn't a series of even more familiar things. I plucked one from the display, paid for it, and slipped it into my bag on the way to the car, already beginning to forget whatever it was I thought I knew about wherever it was I thought I'd just been. Same as it ever was, same as it should always be.

(https://gardenandgun.com/articles/rock-ages-chattanoogas-rock-city/)

呼唤型文本：

Rock City will amaze you...it's in our nature! Located atop Lookout

Mountain, just 6 miles from downtown Chattanooga, Rock City is a true marvel of nature featuring massive ancient rock formations, gardens with over 400 native plant species, and breathtaking "See 7 States" panoramic views. Take an unforgettable journey along the Enchanted Trail where each step reveals natural beauty and wonders along the woodland path. Experience the magic of Fairyland Caverns and Mother Goose Village, visit one of our regional gift shops and dine at the Big Rock Grill. Rock City is splendid year-round - "Each season there's a new reason to visit!"

（http://www.teachrockcity.com/）

（六）学生设计的翻译作业——翻译关于佛罗伦萨教堂的三个文本

该同学设计作业的全文如下：

出题思路：笔译一个重要能力也是老师着重强调的能力就是对语篇的整体把握能力，包括文体文风、作者态度、原文意图等。译者首先要培养自己对不同类型文本的甄别能力，再根据不同的文本需要选用不同的翻译方法，采取不同的措辞。因此本文从语言学翻译观的角度选取了三种类型文本，启发学生通过翻译三种类型的文本选段把握不同文本的文体和语言。

理论背景：纽马克认为，翻译活动即是对文本的翻译，研究翻译不能离开文本。在修正布勒（Buhler）、雅各布森（Jakobson）功能模式的语言理论基础上，根据不同的内容和文体，纽马克提出了一套自己的文本功能及其分类。主要有信息型文本、表达型文本、呼唤型文本。要明确表达文本的核心是文体，信息文本的核心是准确，呼唤文本的核心是读者。具体理论不再详细赘述。

作业：选取了有关佛罗伦萨教堂的三个文本，**请翻译全文**。

第一个是很典型的表达型文本。选自亨利·詹姆斯于1874年在纽约《独立者》（*Independent*）周刊上发表的"佛罗伦萨札记"（Florentine Notes）里的一段话，描写了教堂的建筑外表和教堂所在广场的周围的景色。恰到好处的比喻和用词不仅让读者领略到教堂的宏伟，更体会到作者的心境。如何在选词和句子的处理上还原原文语气和作者心境是难点。

第二个是信息型和呼唤型兼具的文本。选自 visit Florence 旅游网站的一篇类似于景点介绍的文章。选段也是对建筑的大概介绍，其中的感叹句、反问句恰好体现了原文的呼唤型功能。

第三篇是典型的信息型文本，选自 lonely planet 网站对于教堂的部分介绍，信息密集，意大利语人名较多。所以翻译这类文本必须查询百科资料，确保人名、地名的准确。

文本一：

The street is narrow and dusky and filled with misty shadows, and at its opposite end rises the vast bright-coloured side of the Cathedral. It stands up in very much the same mountainous fashion as the far-shining mass of the bigger prodigy at Milan, of which your first glimpse as you leave your hotel is generally through another such dark avenue; only that, if we talk of mountains, the white walls of Milan must be likened to snow and ice from their base, while those of the Duomo of Florence may be the image of some mighty hillside enamelled with blooming flowers. The big bleak interior here has a naked majesty which, though it may fail of its effect at first, becomes after a while extraordinarily touching. Originally disconcerting, it soon inspired me with a passion. Externally, at any rate, it is one of the loveliest works of man's hands, and an overwhelming proof into the bargain that when elegance belittles grandeur you have simply had a bungling artist.

（http://www.online-literature.com/henry_james/italian-hours/18/）

文本二：

The cathedral was begun at the end of the 13th century by Arnolfo di Cambio, and the dome, which dominates the exterior, was added in the 15th century on a design of Filippo Brunelleschi. A statue to each of these important architects can be found outside to the right of the cathedral, both admiring their work for the rest of eternity. Can you imagine it took two centuries for the cathedral to be deemed finished?

The church was consecrated as soon as the dome was in place although the façade (front of the church) was only half finished by then. It was just decoration, and thus remained unfinished up until the 19th century. At that point, it was actually redone by the likes of the time and finally finished!

The exterior is covered in a decorative mix of pink, white and green marble. The interior, by contrast, is pretty stark and plain but quite enjoyable on warm summer days since the temperature inside tends to be cooler. The mosaic pavements are certainly its main attraction within.

（https://www.visitflorence.com/florence-churches/duomo.html）

文本三：

The Duomo's neo-Gothic facade was designed in the 19th century by architect Emilio de Fabris to replace the uncompleted original, torn down in the 16th century. The oldest and most clearly Gothic part of the cathedral is its south flank, pierced by Porta dei Canonici (Canons' Door), a mid-14th-century High Gothic creation (you enter here to climb up inside the dome).

After the visual wham-bam of the facade, the sparse decoration of the cathedral's vast interior, 155m long and 90m wide, comes as a surprise-most of its artistic treasures have been removed over the centuries according to the vagaries of ecclesiastical fashion, and many are on show in the Museo dell'Opera del Duomo. The interior is also unexpectedly secular in places (a reflection of the sizeable chunk of the cathedral not paid for by the church): down the left aisle two immense frescoes of equestrian statues portray two condottieri (mercenaries) — on the left Niccolò da Tolentino by Andrea del Castagno (1456), and on the right Sir John Hawkwood (who fought in the service of Florence in the 14th century) by Uccello (1436).

（https://www.lonelyplanet.com/italy/florence/attractions/duomo/a/poi-sig/388337/360059）

（七）学生设计的翻译作业——翻译关于青岛的两段文字

该同学设计作业的全文如下：

理论视角：功能学翻译观中的纽马克文本类型理论。

作业简介：本次作业的翻译任务是通过翻译掌握功能学翻译观中不同文本类型之间的区别以及对应的翻译技巧。

作业选择了描写同一座城市青岛的两个不同文本类型。文本一是来自维基百科知识的信息文本，文本比较偏书面，内容是倾向于科普性质的。在翻译这类文本时，应当注意的是准确。文本二选自老舍的散文《五月的青岛》，这是表达文本，文章语言是略微偏口语化的，内容则是随笔性质的，表达的是作者个人的感受、体验。在翻译这类文本时，应当注意的是文体。**请翻译全文。**

文本一：

青岛，简称青，别称胶，旧以胶澳（胶州湾）代称，今又名岛城，有着东方瑞士、中国的帆船之都、品牌之城、魅力山海之城等诸多美称，是中国的副省级城市、计划单列市和区域中心城市。青岛经济发达，在北方城市中，经济总量仅次于京津2个直辖市。

青岛现为中国沿海重要中心城市，滨海度假旅游城市、国际性港口城市、国家历史文化名城、国家园林城市、东北亚国际航运物流中心、海洋经济国际合作先导区、滨海度假旅游目的地；国家海洋经济示范区（海洋科技自主创新领航区、军民融合创新示范区、深远海开发战略保障基地、陆海统筹发展试验区）；沿黄河流域主要出海通道和亚欧大陆桥东部桥头堡，山东半岛蓝色经济区核心城市以及中国海洋科研及其产业开发中心城市，重要的现代化制造业及高新技术产业基地。青岛拥有国际性海港和区域性枢纽空港，是21个全国性物流节点城市和42个全国性综合交通枢纽（节点城市）之一，同时也是中国14个沿海开放城市、8个国际会议城市之一。

中国人民解放军海军北海舰队、国家海洋局北海分局、国家质检总局山东检验检疫局、山东海事局、中国人民银行青岛市中心支行等单位的总部均设于青岛。2008 年夏季奥林匹克运动会、残奥会和 2009 年中华人民共和国第十一届运动会分赛场设于青岛，2014 年世界园艺博览会、2015 年世界休闲体育大会于青岛举办。

（https://zh.wikipedia.org/wiki/Portal:%E9%9D%92%E5%B2%9B/%E7%AE%80%E4%BB%8B）

文本二：

因为青岛的节气晚，所以樱花照例是在四月下旬才能盛开。樱花一开，青岛的风雾也挡不住草木的生长了。海棠，丁香，桃，梨，苹果，藤萝，杜鹃，都争着开放，墙角路边也都有了嫩绿的叶儿。五月的岛上，到处花香，一清早便听见卖花声。公园里自然无须说了，小蝴蝶花与桂竹香们都在绿草地上用它们的娇艳的颜色结成十字，或绣成儿团；那短短的绿树篱上也开着一层白花，似绿枝上挂了一层春雪。就是路上两旁的人家也少不得有些花草：围墙既矮，藤萝往往顺着墙把花穗儿悬在院外，散出一街的香气：那双樱，丁香，都能在墙外看到，双樱的明艳与丁香的素丽，真是足以使人眼明神爽。

山上有了绿色，嫩绿，所以把松柏们比得发黑了一些。谷中不但填满了绿色，而且颇有些野花，有一种似紫荆而色儿略略发蓝的，折来很好插瓶。

青岛的人怎能忘下海呢，不过，说也奇怪，五月的海就仿佛特别的绿，特别的可爱，也许是因为人们心里痛快吧？看一眼路旁的绿叶，再看一眼海，真的，这才明白了什么叫做“春深似海”。绿，鲜绿，浅绿，深绿，黄绿，灰绿，各种的绿色，连接着，交错着，变化着，波动着，一直绿到天边，绿到山脚，绿到渔帆的外边去。风不凉，浪不高，船缓缓的走，燕低低的飞，街上的花香与海上的咸味混到一处，浪漾在空中，水在面前，而绿意无限，可不是，春深似海！欢喜，要狂歌，要跳入水中去，可是只能默默无言，心好像飞到天边上那将将能看到的小岛上去，一闭眼仿佛还看见一些桃花。人面桃花相映红，必定是在那小岛上。

这时候，遇上风与雾便还须穿上棉衣，可是有一天忽然响晴，夹衣就正合适。但无论怎说吧，人们反正都放了心——不会大冷了，不会。妇女们最先知道这个，早早的就穿出利落的新装，而且决定不再脱下去。海岸上，微风吹动少女们的发与衣，何必再会到电影园中找那有画意的景儿呢！这里是初春浅夏的合响，风里带着春寒，而花草山水又似初夏，意在春而景如夏，姑娘们总先走一步，迎上前去，跟花们竞争一下，女性的伟大几乎不是颓废诗人所能明白的。

人似乎随着花草都复活了，学生们特别的忙：换制服，开运动会，到崂山丹山旅行，服劳役。本地的学生忙，别处的学生也来参观，几个，几十，几百，打着旗子来了，又成着队走开，男的，女的，先生，学生，都累得满头是汗，而仍不住的向那大海丢眼。学生以外，该数小孩最快活，笨重的衣服脱去，可以到公园跑跑了；一冬天不见猴子了，现在又带着花生去喂猴子，看鹿。拾花瓣，在草地上打滚；妈妈说了，过几天还有大红樱桃吃呢！

马车都新油饰过，马虽依然清瘦，而车辆体面了许多，好做一夏天的买卖呀。新油过的马车穿过街心，那专做夏天的生意的咖啡馆，酒馆，旅社，饮冰室，也找来油漆匠，扫去灰尘，油饰一新。油漆匠在交手上忙，路旁也增多了由各处来的舞女。预备呀，忙碌呀，都红着眼等着那避暑的外国战舰与各处的阔人。多咱浴场上有了人影与小艇，生意便比花草还茂盛呀。到那时候，青岛几乎不属于青岛的人了，谁的钱多谁更威风，汽车的眼是不会看山水的。

那么，且让我们自己尽量的欣赏五月的青岛吧！

（载一九三七年六月十六日《宇宙风》第四十三期）

虽然这么多学生主动选择用纽马克的理论框架去设计翻译作业，但我们也应看到，用纽马克的理论框架去衡量中国当代文学外译的翻译实践，会发现**两者有冲突，也就是说我们不能盲目地照搬纽马克**。比如，纽马克认为表达型文本的核心是讲话人、原作者，翻译一定要遵循原文作者第一的原则。而且表达型文本的翻译单位小，要以词和词组为单位来翻译，而不是以大的句子或者段落为单位，否则很难保留原文的文学语言特征。但是如前所述，在中国文学外译的实践中，调整段落和篇章，即以大的句子或段落为翻译单位是常见的手段，而且即使翻译字词也不是紧贴原文就行。比如吕敏宏在《葛浩文小说翻译叙事研究》（2011）中总结说：“为了使读者更好地理解小说的故事性、趣味性和连贯性，葛浩文对原文形式常常做出大胆调整，采用了文化省译、局部调整小说结构、删去非叙述评论、调整句子和段落的长短以改变行文节奏等策略……直译的信度和意译的灵活成就了他的优秀译作。”（2011：41）

六、学生设计的其他视角的翻译作业

（一）从信达雅看翻译《匆匆》

除了运用纽马克的文本类型观，还有不少同学用其他视角设计文学翻译作业，也颇有特点。一位同学对传统的“信达雅”有自己的看法，设计了关于《匆匆》的作业。该同学设计作业的全文如下：

在中国的翻译界，自严复首标“译事三难：信、达、雅”之后，又有“忠实、通顺和美”，“不增不减”，“神似”，“化”等说法提出。主张虽多，又各据其理，然就其可操作性来看，鲜有如“信达雅”之可触可摸可施可行者。我甚至有一种近乎愚钝的想法，这种种的说法似乎都还或近或远地在“信达雅”的树荫下乘凉。当然也有不少人欲破此“三难”之说，但看来是攻之者众，破之者寡，譬如攻城，打开一二个缺口，整座城池却依然固若金汤。何以故？怕是“信达雅”三难确是搔着了文学翻译的痒处。只要我们与世推移，对“信达雅”之说给予新的解释，就会给它灌注新的生命力。并非所有的新说法都显示了认识的深入和观念的进步。

“信、达、雅”中，唯“雅”字难解，易起争论，许多想推倒三难说的人亦多在“雅”字上发难。倘若一提“雅”，就以为是“汉以前字法句法”，就是“文采斐然”，是“流利漂亮”，那自然是没有道理的，其说可攻，攻之可破。然而，可否换一种理解呢？试以“文学性”解“雅”。有人问：“原文如不雅，译文何雅之有？”提出这样的疑问，是因为他只在“文野”“雅俗”的对立中对“雅”字作孤立的语言层次上的理解。如果把事情放在文学层次上看，情况就会不同。倘若原作果然是一部文学作品，则其字词语汇的运用必然是雅亦有文学性，俗亦有文学性，雅俗之对立消失在文学性之中。

离开了文学性，雅自雅，俗自俗，始终停留在语言层次的分别上，其实只是一堆未经运用的语言材料。我们翻译的是文学作品，不能用孤立的语言材料去对付。如此则译文自可以雅对雅，以俗应俗，或雅或俗，皆具文学性。如同在原作中一样，译文语言层次上的雅俗对立亦消失于语境层次上的统一之中。如此解“雅”，则“雅”在文学翻译中断乎不可少。

与“雅”直接有联系的一个问题是所谓“文采”。何谓“文采”？答案也许有许多种，但肯定不是堆砌辞藻，不是硬造四六骈句，不是任意使用修饰词（如遇雪必称“皑皑”，遇雨不是“霏霏”便是“滂沱”之类），不是滥用成语，也不是文白相杂或其他什么古怪文体。华丽很容易被认为有文采，然而只有适度的华丽才是一种文采。素朴很容易被认为没有文采，然而适度的素朴未尝不是一种文采。中国画论中有“墨分五彩”的说法，我看可以移来说文。还有，“流利漂亮”也往往被认为有文采，殊不知茅盾早在半个多世纪以前就说过：“就一般情形而言，欢迎流利漂亮想也不用想一想的文字的。多半是低级趣味的读者。换一句话说，即是鉴赏力比较薄弱的读者。”他说得对。

总而言之，译事三难：信、达、雅。信者，真也，真者，不伪也；达者，至也，至者，无过无不及也；雅者，文学性也，文学性者，当雅则雅当俗则俗也。信、达、雅齐备，则入“化境”；然而“彻底和全部的化，是不可实现的理想”，于是而求“神似”。因此，我认为，对文学翻译来说，信、达、雅仍是可用的标准，仍是“译事三难”。

（参见《〈恶之花〉之跋》郭宏安先生1991年11月25日写于北京）

值得一提的是，机器翻译的质量要达到“信、达、雅”的程度依然艰难；机译质量是机译系统成败的关键。中国数学家、语言学家周海中曾在论文《机器翻译五十年》中指出：要提高机译的质量，首先要解决的是语言本身问题而不是程序设计问题；单靠若干程序来做机译系统，肯定是无法提高机译质量的；另外，在人类尚未明了人脑是如何进行语言的模糊识别和逻辑判断的情况下，机译要想达到“信、达、雅”的程度是不可能的。这些都是制约机译质量提高的瓶颈。

请翻译全文：

匆匆

作者：朱自清

燕子去了，有再来的时候；杨柳枯了，有再青的时候；桃花谢了，有再开的时候。但是，聪明的，你告诉我，我们的日子为什么一去不复返呢？——是有人偷了他们罢：那是谁？又藏在何处呢？是他们自己逃走了罢：现在又到了哪里呢？

我不知道他们给了我多少日子；但我的手确乎是渐渐空虚了。在默默里算着，八千多日子已经从我手中溜去；像针尖上一滴水滴在大海里，我的日子滴在时间的流里，没有声音，也没有影子。我不禁头涔涔而泪潸潸了。

去的尽管去了，来的尽管来着；去来的中间，又怎样地匆匆呢？早上我起来的时候，小屋里射进两三方斜斜的太阳。太阳他有脚啊，轻轻悄悄地挪移了；我也茫茫然跟着旋转。于是——洗手的时候，日子从水盆里过去；吃饭的时候，日子从饭碗里过去；默默时，便从凝然的双眼前过去。我觉察他去的匆匆了，伸出手遮挽时，他又从遮挽着的手边过去，天黑时，我躺在床上，他便伶伶俐俐地从我身上跨过，从我脚边飞去了。等我睁开眼和太阳再见，这算又溜走了一日。我掩着面叹息。但是新来的日子的影儿又开始在叹息里闪过了。

在逃去如飞的日子里，在千门万户的世界里的我能做些什么呢？只有徘徊罢了，只有匆匆罢了；在八千多日的匆匆里，除徘徊外，又剩些什么呢？过去的日子如轻烟，被微风吹散了，如薄雾，被初阳蒸融了；我留着些什么痕迹呢？我何曾留着像游丝样的痕迹呢？我赤裸裸来到这世界，转眼间也将赤裸裸的回去罢？但不能平的，为什么偏要白白走这一遭啊？

你聪明的，告诉我，我们的日子为什么一去不复返呢？

《匆匆》是诗人的感兴之作。由眼前的春景，引动自己情绪的俄然激发，诗人借助想象把它表现出来。而严复的翻译理论推崇信、达、雅，即忠实、通达、优雅，《匆匆》是一篇脍炙人口、家喻户晓的美文。《匆匆》叠字的运用也使它的语言具有节奏美。做此文的翻译作业可很好地把严复信、达、雅的翻译理论与翻译实践结合起来。

考察点在于怎样贴切地传达原文优美的语言、隽永的思想及深刻的内涵。

（二）翻译夏丏尊的《白马湖之冬》所选段落

该同学设计作业的全文如下：

希望能通过翻译这篇文章，让译者既体会后殖民主义翻译观中的异化和归化选择，体会如何处理其中的**“白马湖”“小后轩”“书斋”“罗宋帽”“山水画”“洋灯”等**，在能直接理解的基础上异化，不理解时异化加注或直接归化。最好达到既不丢失文化趣味又能让外国读者心领神会的目的。同时也锻炼同学们对中国文化外译学习过程中的理解。作者用语平淡朴素，构思严谨周密，翻译时需要注意选词和逻辑。

请翻译画线部分：

白马湖之冬

在我过去四十余年的生涯中，冬的情味尝得最深刻的要算十年前初移居的时候了，十年以来，白马湖已成了一个小村落，当我移居的时候，还是一片荒野，春晖中学的新建筑巍矗立于湖的那一面，湖的这一面的山脚下是小小几间新平屋，住着我和刘君心如两家。此外两三里内没有人烟。一家人于阴历十一月下旬从热闹的杭州移居于这荒凉的山野，宛如投身于极带中。

那里的风，差不多日日有的，呼呼作响，好像虎吼，屋宇虽系新建，构造却极粗率，风从门窗隙缝中来，分外尖削，把门缝窗隙厚厚地用纸糊了，椽缝中却仍有透入，风刮得厉害的时候，天未夜就把大门关上，全家吃毕夜饭即睡入被窝里，静听寒风的怒号，湖水的澎湃。靠山的小后轩，算是我的书斋，在全屋子中是风最少的一间，我常把头上的罗宋帽拉得低低地在洋灯下工作至深夜。松涛如吼，霜月当窗，饥鼠吱吱在积尘上奔窜，我于这种时候，深感到萧瑟的诗趣，常独自拨划着炉灰，不肯就睡，把自己拟诸山水画中的人物，作种种幽邈的遐想。现在白马湖到处都是树木了，时尚的树木一株都未种。月亮与太阳都是整个儿的，从上山起直要照到下山为止。在太阳好的时候，只要不刮风，那真和暖得不像冬天。一家人都坐在庭间曝日，甚至于吃午饭也在屋外，像夏天的晚饭一样，日光晒到哪里，就把椅凳移到哪里，忽然寒风来了，只好逃难似地各自带了椅凳逃入室中，急急把门关上，在平常的日子，风来大概在下午快要傍晚的时候，半夜即息，至于大风寒，那是整日夜狂吼，要二三日才止的。最严寒的几天，泥地看去惨白如水门汀，山色冻得发紫而黯，湖波泛深蓝色。

下雪原是我所不憎厌的，下雪的日子，室内分外明亮，晚上差不多不用燃灯，远山积雪，足供我半个月的观看，举头即可从窗中望见。可是究竟是南方，每冬下雪不过一二次，我在那里所日常领略的冬的情味，几乎都从风来。白马湖的所以多风，可以说是有着地理上的原因的，那里环湖原都是山，而北首却有一个半里阔的空隙，好似故意张了袋口欢迎风来的样子。白马湖的山水，和普通的风景地相差不远，唯有风却与别的地方不同。风的多和大，凡是到过那里的人都知道的。风在冬季的感觉中，自古占着重要的因素，而白马湖的风尤其特别。

现在，一家僦居上海多日了，偶然于夜深人静时听到风声的时候，大家就要提起白马湖来，说“白马湖不知今夜又刮得怎样厉害哩！”

（http://www.artsdome.com/justsnow/winter02.html）

第七章　诗歌与戏剧

——心生而言立，言立而文明，自然之道也。(《原道》)

一、音韵、风格、创作

诗歌与戏剧是文学中比较特殊的体裁，所以本章侧重谈诗歌和戏剧翻译有哪些特殊性。我们先从音韵、风格、创作三个方面谈翻译诗歌。

（一）音韵

原诗的音韵怎么传达？叶君健说："我看到过有些译诗，原文用什么韵律，每行有几个音步，韵脚是怎样一个模式，译文也依样照办。这样做不能不谓为'忠实'；但在这种情况下，要在译文中做到既'达'且'雅'，恐怕就难办了，特别是用我们的方块字译西方的诗的时候。"（转引自金圣华，1997：86）丁鲁则直接指出了我国现代汉语译西方格律诗的弊病，他认为西洋诗一般是抑扬格五音步无韵诗的形式，即每行有五个"轻重"（末尾也可以再加一个"轻"），并且不押韵。而五四以来的白话新诗却是一腿长一腿短，格律诗偏偏不发达。书面语由文言改为现代白话，文言诗歌的格律只有韵部还能沿用，节奏理论则有待重建。由于各种主客观原因，现代汉语至今还没有一套既规范又灵活的公认的格律。所以，译者若想传达原作的格律形式，就必须挑起研究现代汉语诗律的担子——越想传达得充分些，就越要多挑些。（1998：454-455）

杨宪益则旗帜鲜明地指出不能以现代汉语的格律译西方格律诗，他说："翻译外国文学作品为中文，有的译者在翻译诗歌的过程中，有时太注重原作的形式方面。比如说，英国诗过去常用五音节抑扬格，每音节分为轻重两音。这是由于英文和中文不同，每个字不限于一个音，每个音又分轻重。我们如果一定要按照原文的格律，结果必然是要牺牲原文的内容，或者增加字，或者减少字，这是很不合算的。每国文字不同，诗歌格律自然也不同。追求诗歌格律上的'信'，必然造成内容上的不够'信'。我本人过去也曾多次尝试用英诗格律译中文作品，结果总觉得吃力不讨好。现在有许多人还在试图用中文写抑扬格的诗，这是很可惜的。"（转引自金圣华，1997：84）因此，一个最基本的原则就是译者要辨别原诗的声音并转化为有音乐性的汉语译文。

（二）风格

与传达表层的音韵相比，更重要的是传达原诗的风格。杨绛先生对译诗如何传达原文的韵脚和风格曾这样评价过："我只翻译过《堂吉诃德》里的诗。我所见的法译本都把原诗译成忠实的散文，英译本都译成自由的诗——原诗十二行往往译成十行，意思也不求忠实。法语和西班牙语更相近。我因此注意到语系相同的文字，往往只尾部拼法不同，这就押不成韵了。我国文字和西方语文远不相同，同义字又十分丰富，押韵时可供选择的很多。如果用全诗最不能妥协的字做韵脚，要忠实于原意而又押韵，比翻译同语系的文字反而容易。不过译诗之难不在押韵。幸亏《堂吉诃德》里夹杂的诗，多半只是所谓'押韵而已'。我曾妄图翻译莎士比亚或雪莱的诗。一行里每个形容词，每个隐喻所包含，暗示，并引起的思想感情无穷繁复，要用相应的形容词或隐喻来表达而无所遗漏，实在难之又难。看来愈是好诗，经过翻译损失愈大。而空洞无物的诗，换一种文字再押上韵，较易鱼目混珠。"（转引自金圣华，1997：77-78）

翻译诗歌时照顾音韵其实并不容易，尤其是因为中国人的母语不是英语，为了照顾译文的音韵，要么有可能意思扭曲，要么有可能译成打油诗。笔者自己翻译时也发现，为了押韵，译文成了口语化的打油诗，过于浅白。音韵更是学生翻译中国诗歌时的难点，有学生提问："关于诗歌翻译的特殊性，在老师提供的翻译对比中，明显能感受到哪篇是更好的译文，因为能兼具中文诗歌意音形、风格的保留以及英语韵味的增添。但要想做到这些方面，译成优秀的英文诗歌作品，需要丰富的中文知识以及对英文词汇与音律的掌握，以我们现在的水平是远远不够的。我们这个时期练习诗歌翻译，是否可以先以达意为主？对于诗歌的格式要求相对宽泛些，在能译成像宇文所安教授那样的自由体基础上尽量模仿许渊冲先生的效果。或者老师提供一些什么样的标准，可以让我们在练习诗歌翻译时追求达到？”

还有同学想到了一个解决办法，她问：“我这几天读了一些讲诗歌翻译时如何做到形式与内容兼顾的文章，但是仍然非常疑惑。从形式上看，诗歌是不能被翻译的。为什么我们不能稍微考虑一下放弃形式对等？可以用 trans-interpretation 的方式传达内容，并且在旁边附上中文原文，以供译文读者欣赏形式美。如果要从文化传播的角度上看，这样可行吗？”笔者把这个学生的提问作为2020年春季学期期末考试的一个试题，让同学结合具体的诗歌翻译实践来思考。如前所述，当时的课程是北京外国语大学英语学院的中国文学英译课程，学生为本科三年级，英语或翻译专业。我们选三位同学的期末作答如下，这三位同学的回答分别代表基本同意、不同意、不同意。可见诗歌翻译中音韵的重要。

同学1：许渊冲先生以其“三美原则”，即“意美”“音美”“形美”最为出名，并对往后的诗歌英译产生深远影响，具有积极的指导意义。“意美”“音美”“形美”三者的排列顺序体现了许渊冲先生对三者在翻译中重要性的分配原则——“意美”是最主要的，其次是“音美”，“形美”是较次要的。因此，我认为从文化传播的角度来讲，这样是可行的。然而，“译诗要像诗”，如果将一首诗的意思全都解释出来，但却译成了散文，没有音韵，那就失去了翻译诗歌的意义，所以，这样附上中文原文，采用 trans-literation 的办法虽然可以用，但也不能通篇都用，而失去诗歌的韵味，要合理取舍。

同学2：我认为诗歌翻译还是要注重形式对等的，解释诗歌的意思及其传达的情思固然很重要，但音韵和结构上的对仗也是诗歌不可分割的一部分，如果放弃这些形式上的因素，只去翻译其意思，失去了形式上的美，那与单纯的阐释、评论没有什么区别，不能称作严格意义上的翻译，也无法传递汉语诗歌在音韵和形式结构上的文化特质。诗歌的翻译也还是要讲求动态对等，虽然不一定完全契合原文的结构和音韵，但也要让外国读者感受到音韵、形式之美。有条件的话，可以加上中文原诗，让懂汉语的读者对比、分析。

同学3：我认为仅从文化传播的角度而言，适当放弃形式对等，而更多地追求内容的传达程度，不失为一个很好的方法，可以摆脱诗歌形式的限制让外国读者更好理解中国的文化。然而，从翻译的角度而言，诗歌翻译绝不能抛弃形式的对等，仅追求内容的翻译。因为翻译活动并非单纯的文化传播，形式美是诗歌非常重要的一部分，如果抛弃了形式美，那么翻译出来的东西只能称得上是解释，而非翻译。尽管诗歌在翻译过程中困难重重，但是我们绝不可以放弃形式上的翻译。哪怕没有办法百分百地传达出中文诗歌的魅力，也要尽自己最大的努力去展现中国诗歌形式与内容上的魅力。

（三）创作

最后，就是译诗者也是在写诗。殷夫翻译匈牙利诗人裴多菲（Sándor Petöfi）的“自由与爱情”（Liberty and love），原诗内容比较简单，如下：

Liberty and love
These two I must have
For love, I will
sacrifice my life;
For liberty, I will
sacrifice my love.

直译的话是：自由和爱情，这两样东西我都需要，我可以为爱情而牺牲生命，同时又可以为自由而牺牲爱情。然而，殷夫巧妙地运用中国的绝句形式，将其译成：“生命诚可贵，爱情价更高，若为自由故，两者皆可抛。”在抑扬顿挫的韵律和节奏中，他创造性地赋予了原诗所不具备的音乐美，这也正是这首小诗得以在中国广为流传的重要原因。

二、马致远、贾岛、王维、王之涣、张继、孟浩然、陈子昂、常建诗词英译赏析

例 1：天净沙·秋思

马致远

枯藤老树昏鸦，
小桥流水人家，
古道西风瘦马。
夕阳西下，
断肠人在天涯。

许渊冲译文：

Tune: Sunny Sand
Autumn Thoughts

Over old trees wreathed with rotten vines fly evening crows;
Under a small bridge near a cottage a stream flows;
On ancient road in the west wind a lean horse goes.
Westward declines the sun;
Far, far from home is the heartbroken one.（许渊冲，2011：45）

我们再来看看元代（1271—1368）的中国文学专家 Wayne Schlepp（施文林）的译文：

Tune to "Sand and Sky"
—Autumn Thoughts
By Ma Zhiyuan

Dry vine, old tree, crows at dusk,
Low bridge, stream running, cottages,
Ancient road, west wind, lean nag,

The sun westering,

And one with breaking heart at the sky's edge.

两个译文的共同点是都保留了原文五行的形式，并展现了凄凉婉约的静态画面。一个很明显的区别是施文林把原文的九个词组分别译成九个英语词组，试图保留原文以意象构成全诗的特点，译文的格律并不像原诗那样齐整。有学生问：“施文林将《天净沙》翻译为 sand and sky 的逻辑是什么？”回答：这是 Tune to Sand and Sky，曲牌名，sand 在前，sky 在后，换句话说，“沙”在前，“天”在后，是为了符合英文行文逻辑。

例 2： 寻隐者不遇

贾岛

松下问童子，

言师采药去。

只在此山中，

云深不知处。

许渊冲译文：

For an Absent Recluse

I ask your lad 'neath a pine tree.

"My master's gone for herbs," says he.

You hide amid the mountains proud,

I know not where deep in the cloud.

许渊冲这首诗的译文仍然格律严谨。原诗作者问童子而得知隐者身在云深不知处，展现了对隐者的崇敬之情。许渊冲为了重现原文对话的特点，将“beneath”和“master has”缩写为“ 'neath”，“master's ”。结尾的“proud”和“cloud”，“oud”的读音表现出了作者的凝重和怀想的心情。

有学生指出：“‘只在此山中’翻译为‘You hide amid the mountains proud’，这里为什么会出现‘you’？”笔者同意这位学生的质疑，原文“只在此山中”是说隐者，译文却成了童子对作者贾岛说的话，是让作者在山中归隐吗？而且对作者用这样的口吻有些不恭。

我们可以对比一下美国汉学家、哈佛大学的 Stephen Owen（宇文所安）教授的译文，宇文所安用的是第三人称，同时引用童子的话时用的是直接引语，译文更准确，没有出现上述的“只在此山中”的语气的问题，虽然从韵律上说，宇文所安采用了相对松散的自由体。

I asked his servant under the pines,
he said: "The master has gone to pick herbs.
He is somewhere out there in the hills,
but the clouds are so deep I know not where."

例 3： 渭城曲 • 送元二使安西

王维

渭城朝雨浥轻尘，
客舍青青柳色新。
劝君更尽一杯酒，
西出阳关无故人。

庞德（Ezra Pound）译文：

Light rain is on the light dust.
The willows of the inn-yard
Will be going greener and greener,
But you, Sir, had better take wine ere your departure,
For you will have no friends about you
When you come to the Gates of Go.
(Pound, "How to Read", *Literary Essays of Ezra Pound*, 1935: 28)

Gu MingDong 译文：

The morning rain of City Wei damps light dust.
Greener is the guest-house yard with new willows.
I implore you, sir, to empty one more cup of wine,

For you will have no old friends west of Gate Yang.

(Gu Ming Dong, 2014: 111-112)

这是传统的中国送别诗题材，Gu Ming Dong 解释自己的翻译时说，庞德的翻译很忠实原文，而且能够识别文中隐含意义。但是王维的诗是四行，庞德译成了六行。原诗中两位友人已经喝酒喝了很多，诗人王维劝对方再喝一杯，但庞德的译文给人感觉他们还没开始喝酒，而且对方也并不喜欢喝。最重要的改动是庞德的译文省略了阳关以西的旅途会带来的危险，也就看不出原诗中王维对友人的担心。但是总体上庞德的译文很好地传达了送别的含义。庞德的翻译属于写作式翻译（writerly translations）。（Gu Ming Dong, 2014: 112-113）

笔者认为 Gu Ming Dong 的译文非常清楚和准确，而庞德的译文文体和语言都更古朴，但是意思上改动更多，比如庞德把阳关译成 the Gates of Go，把“无故人”译成 will have no friends about you。但是有趣的是，最后两句的 For you will have no friends about you/When you come to the Gates of Go 营造了叙事气氛，读者会思考为什么到了 the Gates of Go 就没有朋友了，是那里有战争，有仇敌，有故事，还是其他？这些都与原诗的送别主题和阳关以西的战争主题相距甚远，但却增加了讲故事的气氛，所以并不影响译文被西方读者喜欢。

例 4： 山中

王维

荆溪白石出，
天寒红叶稀。
山路元无雨，
空翠湿人衣。

Frederick Turner 译文：

In the Mountains

Wang Wei (701-761)

The Jin Brook’s pebbles stand out white and pale,
The red leaves dwindle in the sky’s great cold;

Although there's no rain on the mountain trail,
People seem clothed with liquid emerald.
(Turner, 2014: 237)

提到翻译唐诗的译者，人们比较耳熟能详的是庞德（Ezra Pound）和许渊冲。所以笔者特意选了大家不熟悉的 Frederick Turner 的译文。Turner 翻译了大量唐诗，译文准确工整，主题明确，但他其实几乎不懂汉语，是由母语为汉语的合作者按字面解释，然后他来翻译。他指出翻译时特意没有参考 Witter Bynner，Ezra Pound 和 Kenneth Rexroth 等前辈的译文。（Turner, 2014: 231）

王维这首诗描写自然，以景带情，刻画了初冬时节的山中。最后两行，“元”就是本来的意思；虽然没下雨，但“空翠湿人衣”，山中潮湿的雾气把人的衣服弄湿了。但雾气是翠色的，不是阴冷昏暗的，所以全诗又很空灵和透亮。

译文只是把“荆”错误地音译成了 Jin，除此之外都翻译得很好。“白石”用的是 pebbles stand out white and pale，一个 pale，点出了初冬时节的寂寥和低沉。“空翠湿人衣”译成了 People seem clothed with liquid emerald，既照顾了音韵，也保留了原诗新奇出彩的用词。

例 5： 鹿柴

王维

空山不见人，
但闻人语响。
返景入深林，
复照青苔上。

Frederick Turner 译文：

Deer Park

Wang Wei (701-761)

The mountain's empty of all human sign
But for a voice that echoes far below.
The backlit forest casts deep shafts that shine

Upon the moss, give back a bright green glow.

(Turner, 2014: 238)

同王维的其他诗一样，这首诗也很空灵和宁静。诗人想说在这样一个人迹罕至的地方，光与影和各种颜色能够相辅相成，自成一体，创造出不乏生动和鲜活的自然界。后两句是说夕阳的余晖照在茂密的树林中，又折射到绿绿的苔藓上。译文很灵活，没有直接点明夕阳，而是以主语 The backlit forest 开头，但用了 shafts that shine 和最后的 give back a bright green glow，间接指出了夕阳的余晖，否则按原文顺序直译就变成了 shine first upon the forest and then upon the moss，就谈不上诗意和美好了。

例 6： 凉州词

王之涣

黄河远上白云间，
一片孤城万仞山。
羌笛何须怨杨柳，
春风不度玉门关。

Frederick Turner 译文：

A Song of Liang Zhou
Wang Zhihuan (688-744)

The Yellow River climbs away
to far white clouds and sky;
A lonely outpost fortress lies
in mountains ten miles high.

Qiang flute, why must you take to heart
the “Willow” song, alas?
You know the spring wind never blows
across the Yu Men pass.
(Turner, 2014: 234)

在我国西部边陲的冬天，驻守边塞的诗人听到边塞的乐器羌笛吹起了熟悉的曲调，思乡之情骤然升起，因为此时南方家乡正是春日和杨柳。译者除了把原诗的四行译成了八行以外，译文准确把握原意，文体风格也很贴切。用 A lonely outpost fortress lies in mountains ten miles high 翻译“一片孤城万仞山”，点出驻守边疆的主题，“万仞山”译成 mountains ten miles high，也很克制；“羌笛”音译成 Qiang flute，但读者也能明白这是乐器；“怨杨柳”译成 why must you take to heart the “Willow” song, alas? 非常传神，羌笛也拟人化了，当然这也应该归功于译者的母语合作者，在理解原文上是正确的。

例 7：枫桥夜泊

张继

月落乌啼霜满天，
江枫渔火对愁眠。
姑苏城外寒山寺，
夜半钟声到客船。

Frederick Turner 译文：

Nocturne: Lying at Anchor by the Maple Bridge

Zhang Ji (c. 768-830)

Moonset. The cawing of a crow.
Frost glitters through the sky.
Riverbank maples. Fishing lights.
Sick-hearted, here I lie.
The Han-Shan Temple’s far outside
The Suchow city gate;
Midnight. The temple bell. A boat?
Some new guest? and so late?
(Turner, 2014: 238)

这是中国古诗中常见的与水和船相关的题材。Frederick Turner 仍是把四行诗译成了八行。但 Turner 的译文与其他的译文不同，他特意采取了类似于庞德的一个意象一个意象的点断式的译法。Turner 自己说："I have tried, as the poet did, to fit all these many details into the strict seven-beat form and keep the dark silences between the details by means of pauses."（2014: 238）但最后一行的 Some new guest? and so late? 是值得商榷的，因为原诗并不强调客人到得早还是晚，只是用"夜半钟声到客船"点明气氛的清冷，渲染意境，这样译就改变了故事的焦点，成了抱怨客人来得晚，或者引起联想，哪个客人，为什么来得晚？

例 8： 春晓

孟浩然

春眠不觉晓，
处处闻啼鸟。
夜来风雨声，
花落知多少。

Frederick Turner 译文：

Spring Morning

Meng Haoran (689-740)

My spring sleep did not feel the first dawn air,
But now I hear the birds sing everywhere.
Throughout the night the sound of wind and rain —
Who knows how many flowers fell, out there!
(Turner, 2014: 239)

唐诗中有很多是书写季节主题的，这首就是一个代表。Frederick Turner 指出"Note the chiasmic shape of the touch-sound-sound-touch imagery of the four lines"，即诗的四行分别是触觉—听觉—听觉—触觉，四行分别是早上的空气—鸟鸣声—风雨声—花落这四个意象。译文也做到了意思准确、音韵有致。最后一行的 out there! 是译者加的，本可以不用的，加上后不仅为了音韵和谐，也渲染了屋里—屋外的对比，一个天地—另一个天地的对比。

对比另一个译者 Tony Barnstone 的译文：

Spring Dawn

Meng Haoran (689-740)

Sleeping in spring, I did not feel the dawn
though everywhere birds were singing.
Last night I heard the sound of wind and rain.
How many flowers have fallen down?
(Barnstone, 2014: 264)

译文也做到了准确和工整，dawn + rain + down；sleeping + spring + singing 做到了音韵和谐。

例 9：登幽州台歌

陈子昂

前不见古人，
后不见来者。
念天地之悠悠，
独怆然而涕下！

Frederick Turner 译文：

Climbing the Tower of You Zhou

Chen Zi-ang (661-702)

I cannot see all those who went before,
All those who are to come I cannot see.
Then in my loneliness and grief the tears roll down,
For heaven and earth appear so vast, so vast to me.
(Turner, 2014: 240)

原诗体现了诗人对天地之广阔的敬畏、感叹、感伤、寂寥。为了音韵和谐，译文把最后两句的顺序颠倒，先译“独怆然而涕下”，再译“天地之悠悠”，而且“悠悠”直接译成 so vast，简化了主题，省却了兼而有之的感伤、寂寥。

例 10： 题破山寺后禅院

常建

清晨入古寺，
初日照高林。
曲径通幽处，
禅房花木深。
山光悦鸟性，
潭影空人心。
万籁此都寂，
但余钟磬音。

Frederick Turner 译文：

On the Cloisters behind the Temple of Mount Po

Chang Jian

At dawn I slip into the ancient shrine;
The early sun has lit the sacred grove.
Bamboos; a path to a secluded glen
Where amid woods and flowers the Zen monks live.

The birds by nature love the mountain light;
The pool's reflections purge the hearts of men.
Ten thousand noises here are silenced quite,
But for the sound of bell and clear chimestone.

(Turner, 2014: 248-249)

诗歌体现了禅意、寂静以及作者去拜访高僧的敬畏之情。译者用词比较准确，比如“入古寺”用的是 slip into，表达了作者的谦卑；“高林”没有按字面意思，而是译成了 sacred grove，和全诗的主题密切相关；“空人心”译成了 purge the hearts of men。而且译文也很灵活，没有完全按字面走，比如“曲径”直接译成 Bamboos; a path to；“禅房”直接译成 Where the Zen monks live。同《红楼梦》里的“寒塘渡鹤影，冷月葬花魂”一样，“山光悦鸟性，潭影空人心”是前半句颠倒了主谓顺序，后半句还原主谓顺序的写法。所以这里的前半句译为“The birds by nature love the mountain light”，按照本来的主谓顺序翻译，也可以和后半句的正常的主谓顺序对应。

三、诗歌翻译练习

笔者 2020 年春季学期在北京外国语大学英语学院的中国文学英译课程教学中给学生布置诗歌翻译作业，让学生任选下列九首诗歌中的三首翻译。学生当时为本科三年级，英语专业或翻译专业。这个作业体现了学生翻译中文诗歌时最难处理的仍是诗歌体裁的特征，如字词的凝练、译文押韵。

在具体分析每首诗的翻译之前，有一个规范上的问题，即如何书写标题和诗人？目前其实有各种各样的体例。

（1）先写诗歌题目，另起一行写诗人名字以及朝代和朝代的时间，如李白的《山中问答》：

Question and Answer in the Mountain
Li Bai, Tang Dynasty (618-907)

（2）先写诗人名字，再写诗歌题目，都放在一行里，不写朝代或诗人的生卒年月，如：

Li Bai, Question and Answer in the Mountain

（3）只写诗歌题目和诗人名字，不写朝代，而是写诗人的生卒年月，如王之涣的《凉州词》：

A Song of Liang Zhou
Wang Zhihuan (688-744)

（4）只写诗歌题目和诗人名字，不写朝代、诗人生卒年月，如：

Question and Answer in the Mountain
Li Bai

其中的（1）和（3）是很多人采用的体例，笔者要求学生做到的体例是（1）。

这样，读者会一目了然，对朝代更有把握，否则，比如大多数的读者见到“688-744”，未必想得起这是唐朝，这是唐朝诗人。而且这样做还有一个原因是一些古代诗人的生卒年月并不可考，所以写出朝代更简单些。下面所有诗歌的标题和诗人名字的部分，都按照这一体例进行，不再赘述。

例 1： 画眉鸟
欧阳修

百啭千声随意移，
山花红紫树高低。
始知锁向金笼听，
不及人间自在啼。

这首诗虽是所布置作业中的一首，但是因为笔者让学生任选三首翻译，结果并没有任何学生翻译这首诗，因此笔者试译如下：

Songbird
Ouyang Xiu (Song Dynasty, 960-1279)

Hundreds of songs and melodies at ease,
Trees with red purple leaves in sweep.
Realize fantasy tunes from precious cage fellows,
Nothing to compare music freed like these.

例 2： 己亥杂诗其二十八
龚自珍

不是逢人苦誉君，
亦狂亦侠亦温文。
照人胆似秦时月，
送我情如岭上云。

龚自珍与黄蓉石是融洽而默契的朋友，这首诗赞美黄蓉石的人格。全体学生中很少有学生选择翻译这首诗，有一位学生的翻译如下：

Miscellanies of the Year 1839 (XXVIII)

Not intend to praise you to everyone I might,
Who is unrestrained, chivalrous and gentle.
As eternal moonlight your sincerity is bright,
As white clouds our friendship is noble.

译文的第一和第二行之间的衔接有问题，“亦狂亦侠亦温文”本来修饰的是黄蓉石，译文变成了修饰诗人遇到的每一个人。最后一行的 As white clouds our friendship is noble 也是对原文理解有误，这样译成了诗人很高调地在炫耀。笔者试译如下：

Seemingly desperate to praise you to whoever I know,
Your courage, upright and manner hard to find though.
Shine as bright moon your fortitude, just and grit,
Ride in sky clouds your friendship, grand and noble.

例 3： 饮酒诗
陶渊明

结庐在人境，
而无车马喧。
问君何能尔，
心远地自偏。

很多学生选译这首诗。但不少学生翻译时不注意文化差异，比如“结庐在人境，而无车马喧”译成“In people’s world I build my **cot**; Of people’s noise I hear not”。这里的 cot 是不合适的，因为英语中一般指小床、折叠床，为了押韵也不能这样译。同理，翻译成 In human bustle was my home though, **Noise of cart** I feel no 也很奇怪，因为 cart 一般指超市的购物车。再比如这个学生译文：

A Poem Written While Drinking Wine

I build my hut in a busy **downtown**,
but the hustle and bustle cannot bother me at all.
Do you know how I get this around?
Earthly tranquility comes from **transcendent soul**.

downtown 和 transcendent soul 的文化含义与原诗相距甚远。下面这个学生的译文就更奇怪：

Building hut **in the land of men**,
But with no noise of **carriage and horse**.
Ask **you** how to do that?
The **mind** is far away from the **place**.

in the land of men 成了说围在周围的都是男人。no noise of **carriage and horse** 也不妥，因为原文的“车马喧”泛指一切嘈杂的声音，译文却成了专门指马车的声音。第三行的 Ask **you** 突然改变了人称。第四行的 **the place** 意思不明，而且也构不成音韵和谐。

还有学生将标题译作 Written After Wine Indulgence，属于过度阐释，因为原文只是强调闲情逸致，并不是酒后诗百篇，所以我们翻译时不必特意强调是醉了的时候写的诗。

更多的学生虽然意思译得基本正确，但翻译诗歌做不到音韵和谐，比如下面这个翻译只是很勉强地照顾了音韵：

Drinking Wine

Built my hut among the crowds,
I hear not the bustling **craze**.
How’d I done this? I hear you doubt,
Hustles are far when heart is **away**.

比较好的学生译文是如下：

① Drinking Wine

By a busy street I live,
Yet no noises and quarrels can bother me,

You asked this quiet how to achieve?
I said a secluded heart is an eternal peace.

② Drinking

I make my home amidst the madding crowd,
But no more wheels and hoofs ring loud.
You may wonder and ask me how,
Solitude a solitary heart will endow.

例 4： 卜算子·送鲍浩然之浙东
王观

水是眼波横，山是眉峰聚。
欲问行人去那边？眉眼盈盈处。
才始送春归，又送君归去。
若到江南赶上春，
千万和春住。

同其他诗歌练习，学生虽然能基本做到意思正确，但很难达到音韵效果，比如下面这个学生的翻译：

The hills are her brows wrinkled
The waters are her eyes misty
I ask him to where he goes
"where the waters and hills **<u>await</u>**."

另外，词牌名“卜算子”有不少同学直接译成了 Tune: Fortuneteller，这是不妥的，读者会误以为好像真有算命先生写了这首诗词。

这首词翻译得较好的学生译文是：

Tune: Song of Divination
See Bao Haoran off to Zhedong

Water's a beauty's glittering eyes; mountains are her knitting brows.

Where is my friend going? To somewhere with beautiful eyes and brows.
Off the spring I've just seen; now I send you off with pain.
If in Jiangnan you catch the spring,
Do remember to stay with her again.

例 5： 山中问答

李白

问余何意栖碧山，
笑而不答心自闲。
桃花流水杳然去，
别有天地非人间。

首先，我们选词时要尽量避开可能引起歧义的词，无论是文化上还是文体上的，比如下面这个学生的翻译，好像没有什么不对，但画线部分是不妥的：

A Dialogue in the Hill

You ask me why I dwell in the **verdant hill**,
I laugh, giving no answer, for what I pursue is **inner will**.
Peach blossoms fall into the flowing river,
What **a fairyland this secular life** has to offer.

这个译文的第二行的 inner will 是为了和上一行押韵，但是这与原诗的意境不符，原诗很恬静适然，what I pursue is inner will 成了踌躇满志，奋勇向前。最后一行的 What a fairyland this secular life has to offer 感觉像是《爱丽丝漫游奇遇记》那样的童话里的仙境，与原诗也不符。

其次，不要自行增加原诗没有的内容，引起歧义。比如下面这个同学的翻译：

Answering Questions in the Mountain

I'm asked why in this green mountain I reside,
Peace and leisure in my heart, I smiled with no reply.

With peach blossom **<u>drifting gently with the ravine stream</u>**,
This place of wonder is such a paradise in dream.

画线部分的翻译是奇怪的，因为原文是“桃花流水杳然去”，只是桃树和小溪，译文却增加了山谷（ravine）。

这首诗译得比较好的学生译文是：

① Question and Answer in the Mountain

I lived in Green Mountain and you asked me why,
I smiled and keep silent in eased mind,
Peach petals flied and river passed by,
Such a dreamy paradise I should find.

注意：如果调查资料的话会发现，原文的“碧山”，一说就是青翠的山色，另一说是现安陆市白兆山，此诗是李白游历到此写的。所以这位同学直接用专有名词 Green Mountain 来翻译“碧山”，笔者认为也是可取的。

② Question and Answer in the Mountain

I dwell in the green mountain and you ask me why,
Ease in my mind, I smile and make no reply.
Peach blossoms fallen on flowing river pass by,
What an earthly paradise beneath the sky.

③ A Reply

I dwell in the green hills you ask me why,
A carefree smile is just my reply.
The peach flowers flow afar with a brook,
Here it takes on such a heavenly look.

例 6：古诗十九首

无名氏

生年不满百，

常怀千岁忧。
昼短苦夜长，
何不秉烛游？

首先是翻译过程中英语语言本身的问题，比如这个学生的译文：

Nineteen Ancient Poems

Anonymous in the Han Dynasty
Living for less than a hundred years,
Worrying about thousands of years,
Complaining about short days and long nights,
Why not **hang out** with candles in the nights?

原文是说作者是无名氏，此诗写于汉代，但译成“Anonymous in the Han Dynasty”，就成了说诗人在汉代是无名的，到了之后的朝代可能就有名了？“常怀千岁忧”是夸张，却真的译成了 Worrying about thousands of years，尤其是再和第三行的 Complaining about 连起来读，就成了诗人整天在抱怨。第四行的 hang out 是现代的口语，会让读者本能地想起年轻人的聚会，与原诗不符。

下面这个学生的翻译是过度归化：

Han Dynasty (from 202 BC to 220 AD) **John Doe**

The lifespan is only **several decades**,
But the distress haunts for a millennium.
As day gets shorter and night gets longer,
Why not hold a candle and **play out**?

诗人“无名氏”成了 John Doe，即中文里的“张三李四”。“不满百”缩小到 several decades（几十年），“千岁忧”却切实地翻译成“haunts for a millennium”（噩梦萦绕了一千年）。最后一行的 play out 同上，会让读者本能地想起年轻人的聚会，与原诗不符。

下面这个学生则是对原诗没有理解：

Nineteen Ancient Poems (XV)

A hundred years one cannot live over,
With worries in thousands of years later.
Crying that day grows short and long grows night,
Why not stroll about in candlelight?

"常怀千岁忧"不是说一千年以后才开始忧虑，所以译文 With worries in thousands of years later 是理解原文有误。"昼短苦夜长"，不是"哭"夜长，所以翻译成 Crying that… 也是对原文理解有误。

最后，"秉烛游"并不是我们现代汉语里的旅游，但不少学生都译成"The days are short and the nights are too long, Why not **travel with candle**?"以及类似的译法。

这首诗比较好的学生译文如下：

① Nineteen Ancient Poems
Anonymous, Han Dynasty (202 B.C.-220 A.D.)

Life shorter than a hundred years,
A wealth of sorrow longer appears.
What a transient day and lengthy night,
Why not stroll about in candlelight?

② Nineteen Ancient Poems
Anonym, Han Dynasty (202 BC-220 AD)

Born to live below a century,
Carrying yet a million worries.
Daylight's short but night is long,
Why not live the night up,
With candles on!

虽然把原诗的四行译成了五行，但意思和文体是可以的。

③ One of the Nineteen Ancient Poems
Anonymous, Han Dynasty (B.C. 202-A.D. 220)

Our mortal life ephemeral,

Our futile woe perpetual.
Daylight flees while night-time lingering. Stroll,
Why not, with candle-light sparkle?

这个同学是全班唯一一个把题目译成 One of the Nineteen Ancient Poems，指出是古诗十九首之一，体现了做作业的认真，而其他同学全都把题目译成了"Nineteen Ancient Poems"。

例 7： 清平乐

黄庭坚

春归何处？寂寞无行路。
若有人知春去处，唤取归来同住。
春无踪迹谁知？除非问取黄鹂。
百啭无人能解，因风飞过蔷薇。

前面已讲评了很多，所以这首我们只列举翻译得较好的学生译文两例：

① Huang Tingjian, Song Dynasty (A.D.960-A.D.1279)

O where be ye going, sweet, sweet spring,
And leave me here forlorn?
Could I know t' where ye're heading,
Beseech ye not be gone?
Thine missing traces no one doth know
But thine yellow bird,
Hath me confused with songs curiously flow,
Dancing amid roses as breezes gently blow.

② Tune: Fresh and Serene Music

Where has spring gone in silence? She left no clues for her path.
If anyone knows where she is, call her back to stay with us.
Who knows since she left no trace? Unless you ask the orioles.
Singing hundreds of tunes no one understands, they ride the wind over the roses.

例 8： 西江月·题溧阳三塔寺

张孝祥

问讯湖边春色，重来又是三年。
东风吹我过湖船，杨柳丝丝拂面。
世路如今已惯，此心到处悠然。
寒光亭下水连天，飞起沙鸥一片。

大概是太难，很少有学生选择翻译这首。翻译得较好的学生译文是：

Tune: The Moon over the West River
In Three Towers Temple in Liyang City

I greet the spring on the lakeside.
Since my last visit three years has passed.
The east wind blows my boat across the lake.
Brushing my face, willow branches resemble thread.
I've been used to the vicissitudes of the world.
Wherever I go my heart is peaceful and light.
Under the Cold Light Pavilion, the water merges into the sky.
Off the sandbank a group of gulls fly.

例 9： 颂

无门慧开禅师

春有百花秋有月，
夏有凉风冬有雪。
若无闲事挂心头，
便是人间好时节。

可能因为原文比较好懂，很多学生选择翻译这首。首先，标题“颂”和诗人名字，有好几个学生译作“A Gatha By Master WumenHuikai”。这里用 Gatha 来翻译是有争议的，因为这个词一方面可以指偈和禅诗，但另一方面也可以指古代波斯和神歌。无门慧开禅师的生卒年月是 1183—1260，宋代人，以诘问“无”而著名的禅宗大师 [Zen

Buddhism master known for his inquiry into the Chinese character “无”（literally means “no”）]，他收集整理了48首禅宗公案（koans, a paradoxical anecdote or a riddle that has no solution; used in Zen Buddhism to show the inadequacy of logical reasoning），取名为“无门关”（commonly translated as “The Gateless Gate”）。我们可以音译他的名字，实际上选择翻译这首诗的全体学生都采取了音译他的名字，但笔者认为其实也可以译成 Zen Master Gateless Gate。

比较好的学生译文如下：

① Ode

By Monk Wumenhuikai (1183-1260)

Miscellaneous flowers bloom in spring and full moon illuminates autumn.
Cool breeze blows in summer while white snow decorates winter.
If we free our souls from mundane matters and their burden,
the beauty of life and nature is for us to savour.

② The Ode

Zen master WumenHuikai, Song Dynasty (A.D.960-A.D.1279)

Blossom in springtime and cool breeze in summer;
Moonlight in autumn and white snow in winter.
Should earthly bother be left behind,
Nothing could be better.

例 10：热爱生命

笔者2015年负责《中国日报》微翻译大赛命题及担任评审，使用过几次文学翻译材料。当时的微翻译大赛面向全国，是社会化的微型翻译大赛，命题和评阅人是高校教师，参赛选手是来自全国的翻译爱好者，他们未必是翻译专业，所以这是很有意义的一件事，可以在更大范围内推动翻译热情。2019年得知该大赛已停办，是憾事。2015年笔者负责出题、评审、撰写点评文章供刊登在《中国日报》微信公众号上。2015年5月，笔者出的翻译题目是翻译诗人汪国真的《热爱生命》，下面分别是翻译任务原文，有代表性的参赛译文七首、当时刊登的笔者撰写的点评文章（这里隐去了参赛选手的名字）。

1. 翻译任务原文

热爱生命

汪国真

我不去想，
是否能够成功，
既然选择了远方，
便只顾风雨兼程。
我不去想，
能否赢得爱情，
既然钟情于玫瑰，
就勇敢地吐露真诚。
我不去想，
身后会不会袭来寒风冷雨，
既然目标是地平线，
留给世界的只能是背影。
我不去想，
未来是平坦还是泥泞，
只要热爱生命，
一切，都在意料之中。

2. 有代表性的参赛译文七首

① Love of Life（本期第一名）

I won't wonder
Whether I will succeed or not.
Since I've chosen the very place I want to go,

I would just search it with determination.

I won't worry
If I will win her heart or not.
As I've fallen love with my soul mate,
I would just express admires with faith.

I won't care
Whether I will caught in the storms or not.
For I have set my destination the edge of the horizon,
I would just pursue my dream and leave the shadow behind.

I won't mind
If I will go off on a smooth path or a rocky way.
As long as I love my life,
I would just believe everything will go as expected.

② Love for Life（本期第二名）

I care not
If I will win
For I chose the distant
I will just trek
In wind and rain

I care not
If I will be loved
For I chose the rose
I will only say
Words I mean

I care not
If I will be hit by coldness
For I chose the horizon

I will leave the world
Only the back of mine

I care not
If it will be smooth or muddy
For I love my life
Everything
comes as expectation

③ Passion to Life

I won't wonder,
Whether I will succeed.
The way has been chosen,
Then, even in storms, I march forward.

I won't wonder,
Whether I will harvest love.
My heart has been set on the rose,
Then, be brave and I reveal it.

I won't wonder,
Whether cold rain blows from behind.
Skyline is my goal,
Then, the thing that I leave to the world has only to be my back.

As long as I hold passion to life,
Nothing will be beyond my expectation.

④ Passion for Life

I have not worried and will never worry
Whether I will gain my success,
Now that I choose to fight for my bright future,
I will try my best no matter what will be in front of me.

I have not worried and will never worry
Whether I will gain my love,
Now that I choose roses to show my true heart,
I will be faithful to you bravely.

I have not worried and will never worry
Whether I will suffer countless hardships,
Now that I choose the horizon ahead as my goal,
I can only leave my solo figure for others.

I have not worried and will never worry
Whether the way to my future is smooth,
Only I have the passion for life,
Everything is possible.

⑤ Melody

I don't mind
Whether I would succeed
Having chosen to proceed
I would brave the rain and wind

I don't mind
Whether I would capture love
Falling in love with roses
I would bare my heart, brave.

I don't mind
Whether rain and wind would follow
Having headed for the horizon
I would leave my back behind

I don't mind
Whether the future would come in sunshine or not
As long as I love life

Everything will come expected

⑥ Love of life

I don't mind
whether my life could be successful
since I choose to be on the road
I only care for walking up
regardless of rainy days

I don't expect
I could have love
now that I am fond of rose
I would like to be brave to tell the truth

I am not afraid
black clouds are gathering in the sky
as I am marching toward the horizon
I can only turn my back to the world

I don't care
whether the future is rainy or sunny
so long as you love life
everything is to be expected

⑦ Love Life

I have never bothered to consider
Whether I can make it
Since I have chosen fairyland
All I want to do is seeking

I have never thought before
If I can gain love
For attracted by rose

However honest is couraged

I have never worried to learn
Whatever storm coming with cold wind and frozen rain
Pushed by the goal of horizon
Shadow is the only treasure I can leave for the world

I have never expected
Be flat or muddy
For the sake of Loving life
Nothing is doomed

3. 笔者的点评文章（2015 年 5 月撰写和刊登在《中国日报》微翻译大赛微信公众号上）

赞语能让铁门打开

本期我们翻译前不久刚刚去世的诗人汪国真的《热爱生命》，以略表我们对杰出诗人的哀思。

很高兴收到这么多译作！

既然译诗，押韵、句式、句型的要求是最基本的，我很欣喜地看到所有参选译作基本都做到了这一点。本期第一名的译文有三点值得称赞。

一、句型和用词简洁、平实。

二、用心，是我收到的译作中最用心的。原诗分四小节。“我不去想”重复了四次，是诗眼。译者依次用“wonder, worry, care, mind”来译。“是否”“能否”“会不会”“是还是”在原诗四小节中同义替换，相应地，译者依次使用“whether or not”“if or not”“whether or not”“if or ”来译。“既然”在原诗前三节重复，最后一节变成“只要”，译者依次用“since, as，for”来译，最后一节用了“as long as”。

三、标题译作 Love of Life，比其他的译法：Passion to Life，Passion for Life，Passions to Life，Love for Life，An ardent love for life，Love Life 要好。因为作者谈的不仅仅是 Passion；因为标题一般是静态的，An ardent love for life，Love Life 都不适合作标题；而且，Love of Life 比 Love for Life 更具描述性，也更静态。

建议把“As I've fallen love with my soul mate, I would just express admires with faith”改成“I would just express admires without hesitate”，音韵更好。

本期第二名的一个亮点是句型很短小精练，其实比第一名的句型要短小简练。第二个亮点就是全诗用“I care not If I will”，“I care not If it will”来译“我不去想”，并重复了三次“I chose”。但是，为了达成这种效果，有时失去了韵脚，或显得突兀，比如最后部分不太押韵，建议把倒数第二段的一句大胆改成：I will leave the world Only the back of me，建议最后一句改成：Everything comes as it should be，读起来更像结尾，音韵也更和谐。还有，“既然钟情于玫瑰，就勇敢地吐露真诚”译成“For I chose the rose, I will only say Words I mean”，和原诗强调的“有爱就大胆说出来”，离得有点远，似乎在说诗人有口不对心的毛病。

既然译诗，创新是应有之义，有的其他的参选译作则缺乏创新，比如译文“to succeed or not to succeed that is not my concern... to love or to be loved that is not my choice”瞬间让我们想起了莎翁。

最后，我想说，无论翻译短文字还是长文字；无论翻译文学还是实用性文本；无论英译中，还是中译英，吃透原文是第一要义。不要拿起来就翻译。诗人很正面、积极、澎湃，读完全诗是不是整个人都好了？但我们参选的译作有“I have not worried and will never worry”，“Since I have chosen the distant destination, I have to keep going despite strong wind or heavy rain”，“I decline to think If I would be favored or not”，和原诗的正面的情怀明显不一致。

保加利亚有句谚语：赞语能让铁门打开。但我希望，无论赞语还是评论都能让翻译爱好者的热忱大门打开，而且，借用短诗的题目，更能让我们每一个人对生命的热爱之门打开。路漫漫，与大家共勉，与大家切磋。

5-13-2015

四、学生设计的诗歌翻译作业——苏轼《念奴娇》英译文评析

如前所述，我们也选登学生设计的诗歌翻译作业。这位同学设计作业的全文如下：

念奴娇·赤壁怀古

大江东去，浪淘尽，千古风流人物。故垒西边，人道是：三国周郎赤壁。乱石穿空，惊涛拍岸，卷起千堆雪。江山如画，一时多少豪杰！

遥想公瑾当年，小乔初嫁了，雄姿英发。羽扇纶巾，谈笑间，樯橹灰飞烟灭。故国神游，多情应笑我，早生华发。人生如梦，一尊还酹江月。

参考译文（许渊冲译）

Tune: "Charm of a Maiden Singer"
Memories of the Past at Red Cliff

The Great River eastwards flows,
With its waves are gone all those
Gallant heroes of bygone years.
West of the ancient fortress appears
The Red Cliff where General Zhou won his early fame
When the Three Kingdoms were all in flame.
Jagged rocks tower in the air,
Swashing waves beat on the shore,
Rolling up a thousand heaps of snow.
To match the hills and the river so fair,
How many heroes brave of yore
Made a great show!
I fancy General Zhou at the height
Of his success, with a plume fan in hand,
In a silk hood, so brave and bright,

Laughing and jesting with his bride so fair,
While enemy ships were destroyed as planned
Like shadowy castles in the air.
Should their souls revisit this land,
Sentimental, his wife would laugh to say,
Younger than they, I have my hair all turned gray.
Life is but like a passing dream,
I'd drink to the moon which once saw them on the stream.

古代诗词由于其韵脚特殊、意象众多等特点，翻译的难度历来都很高。为了保证翻译的可读性，译者在翻译过程中往往需要许多翻译策略的辅佐。而在《念奴娇》中，由于作者大量运用历史典故，因此，如何在译文有限的篇章内，将原文的内在含义和思想感情充分表达清楚，让译文好读好懂就是一大难点。

许渊冲版的译文与原文并不完全在形式和内容上对应。译者在翻译中有许多增、删、改的内容，通过这样的改动，译者放弃了与原文的形式对等从而保证了译文读者能够完全理解到原文的精髓。

比如，译者对“念奴娇”这一词牌名的翻译采用了明显的归化手法。在许多的译本中，“念奴娇”都被直接译为“Nian Nu Jiao”，然而这个词牌名本身对于不熟悉宋词特点的人而言毫无意义，英语读者恐怕根本无法理解这一翻译。而在许渊冲版本的翻译中，作者以解释的方式翻译出了词牌名的内在含义，同时还增译了“Tune”作为对该词牌在这首词中所起作用的注解，这才使得这一词牌名的翻译是有意义的，译文读者通过这一词牌名所获得的信息与原文读者是相近的。

又如，对于“故垒西边，人道是：三国周郎赤壁”这一句词的翻译，译者也采取了相似的策略。对于不了解三国历史的译文读者而言，“周郎”和“赤壁”只是两个毫无关联的词语，如果和原文一样简单堆叠则会严重影响到译文的可读性。因此，译者在这里特意解释了“周郎”和“赤壁”的关系。有了这一铺垫，译文读者才可能如原文读者一样感受到词中“咏史”之意和“感慨”之情。

全篇译文中，译者采取相似策略之处还有许多。而能否用好归化的翻译策略，实现原文与译文的功能对等，正是这份译文评析作业要考察的目标。

五、《雷雨》尾声部分翻译练习

有同学问："在戏剧或者其他剧种，比如音乐剧、歌剧，台词的押韵或者顺口这些因素是否需要考虑在内？如果需要的话，和忠实于台词本身的内容，哪个更重要呢？" Phyllis Zatlin 是位从事剧场翻译几十年的美国译者和翻译理论家，将数量众多的西班牙语和法语剧作译成英语。她的书 *Theatrical Translation and Film Adaptation* 从实践工作者的角度谈戏剧翻译。该书第一—五章谈剧场翻译的一般问题，第六章谈剧场翻译与电影字幕和配音的关系，第七—八章谈将戏剧改编为电影的问题。我们选读该书序言和第一章，笔者标出了画线部分，画线部分基本涵盖了戏剧翻译的理论问题，最主要的观点就是翻译戏剧是为了舞台表演，所以翻译人物对话、翻译文化内容等都从属于舞台效果这一原则。

Preface

When Robert Wechsler wrote his highly acclaimed study on literary translation, *Performing Without a Stage* (Wechsler, 1998), he was not specifically thinking of theatre. He speaks of actors interpreting the work of the playwright and of singers interpreting the work of the songwriter, thus establishing through performance that their own work is an art. "The translator's problem is that he is a performer without a stage, an artist whose performance looks just like the original, just like a play or a song or a composition, nothing but ink on a page" (Wechsler, 1998:7). It is my belief, however, that theatrical translation should be intended precisely for performance. If a play translation is nothing but ink on a page, it is not theatre (performance text). If it is published and read, it may be considered drama (literary text), and Wechsler's excellent observations on literary translation will apply. Even if the translator's contribution to the production remains invisible to some observers, theatrical translators, like playwrights, need to perform *with* a stage. Marion Peter Holt, the foremost translator of contemporary Spanish theatre in the United States, affirms that performability has been the prime aim of every play he has translated, with publication perhaps coming after performance (Holt, 2002, personal communication).

In *Performing Without a Stage*, Wechsler makes one reference to Molière and several to Shakespeare, but he generally concentrates on the translation of novel and poetry. In this respect, his book is similar to the vast majority of studies in the field. Theory of literary translation has centered on these genres. In *Translating Literature: Practice and Theory in a Comparative Literature Context* (Lefevere, 1992), Andre Lefevere includes 374 books and articles in his "Suggestions for Further Reading"; in only six of these titles is drama specifically mentioned. Prefacing her discussion of the subject in the first edition of her Translation Studies (Bassnett, 1980: 120), Susan Bassnett identifies theatre as "one of the most neglected areas"; given her own strong interest in the subject, she gives to theatre some 12 pages of her 53-page chapter on literary translation. In the third edition of her groundbreaking book, she appends a select bibliography of works published in English from 1980 onwards (Bassnett, 2002: 149-164). Her list includes 210 books and 47 articles; only six of these books and three of the articles refer to theatre. It is therefore understandable that in *Literary Translation: A Practical Guide*, Clifford E. Landers (2001) dedicates only two and a half pages to translating for the theatre. Brigitte Schultze theorizes that much less has been written on the translation of drama because with narrative fiction and poetry one has to deal only with written text. "Drama translation, in contrast, implies simultaneous transfer into two forms of communication: monomedial literature (reading) and polymedial theatre (performance)" (Schultze, 1998: 177).

The tendency to bypass theatre in translation studies is one of the reasons for the defensive tone that I have adopted in Chapter 1: "In Theatrical Translation, There is No Lack of Conflict". Of course the relative lack of such studies is also the primary impetus for this book.

Despite the traditional emphasis in translation studies on narrative and poetry, there is a growing bibliography on theatre. From the period 1980——

1989, we find three interesting anthologies in English containing the perspectives of theatrical translators from various countries: two volumes edited by Ortrun Zuber-Skerritt, *The Languages of Theatre. Problems in the Translation and Transposition of Drama* (1980) and *Page to Page. Theatre as Translation* (Zuber-Skerritt, 1984); and *The Play Out of Context. Transferring Plays from Culture to Culture*, edited by Hanna Scolnicov and Peter Holland (1989). More recent publications include *Stages of Translation* (1996), an anthology of essays and interviews that discuss theatrical translation in practice, edited by David Johnson; *Moving Target, Theatre Translation and Cultural Relocation* (2000), edited by Carole-Anne Upton; and *Time-sharing on Stage, Drama Translation in Theatre and Society* (2000), a theoretical work by Sirkku Aaltonen. The present book, like Aaltonen's, is a unified study by a single author, but in spirit it is closer to the diversified array of the several anthologies and to the approach taken in Landers' practical guide.

…

Chapter 1: In Theatrical Translation, There is No Lack of Conflict

Drama, by definition, is the story of conflict. No conflict, no drama. In that respect, the practice of literary translation presupposes dramatic action, for translators may anticipate from the outset the conflict stemming from the widely held belief that they are traitors who invariably betray the source text. With the old adage, *traduttore, traditore*, the translator is cast as Iago.

We can, of course, object to such a negative view by citing innumerable examples of fine translations that capture well the meaning and style of their source texts. In theatrical translation, however, some betrayal is a necessity. As Ortrun Zuber succinctly observes, "a play is dependent on the immediacy of the impact on the audience" (Zuber, 1980: 92). Readers who are committed to learning more about another culture may have no problem with translated novels that offer explanations in footnotes or that inspire them to research unfamiliar references. Spectators in the theatre must grasp immediately the sense of the dialogue. Readers may delight in the recreation of antiquated language within a narrative text, but, as Hamlet maintains, actors on stage must be able to speak the speech "trippingly on the tongue". Clifford Landers correctly states: "Even style, which is by no means unimportant to dramatic translation, sometimes must yield to the reality that actors have to be able to deliver the lines in a convincing and natural manner" (Landers, 2001: 104). To achieve speakable dialogue, theatrical translators can and do adapt.

I am not making new discoveries here. Previous essays on translating for the stage repeatedly establish these points. Robert W. Corrigan affirmed that theatrical translators, like playwrights, must know how writing for the theatre differs from literature and must be trained in the practice of theatre: "Without such training the tendency will be to translate words and their meanings. This practice will never produce performable translations, and that is, after all, the purpose of doing the job in the first place" (Corrigan, 1961: 100). Two decades later, George Wellwarth (1981) insisted on the importance of style with this warning: "No audience will give its full attention to a play whose dialogue is stilted" (Wellwarth, 1981: 142). Rick Hite (1999: 304) advised theatrical translators to become actors and listen to their work so that they may perceive "the problems of translating from spoken text to spoken text" and "become more sensitive to the vocal idiosyncrasies of both languages, of their inherent rhythms, patterns, and stress".

Corrigan, Wellwarth and Hite refer specifically to the modern American stage. Their comments could be applied equally well to the British, French and Spanish stages but are not necessarily universal today nor applicable to earlier periods. Geneviève Ulmann, who has for many years headed an international literary agency in Paris, states that in Belgium, Germany, and the Scandinavian countries, spectators accept translations that sound like translations. In France translations are not considered stageworthy unless they flow like original texts.

It is this latter goal, of producing texts that flow, that we shall have in mind throughout this book. …

If they are involved in the rehearsal process, the translators' contribution may be similar to that of a dramaturg: a consultant to a theatre company who knows the text well and can clarify details for the actors and director. André Ernotte, the director of *Lady Strass*, in fact invited me to go to New York and attend a rehearsal. I found nothing to clarify; the reading that Susanne Wasson, Paul Albe, and Robert Jimenez were giving the text coincided completely with my own. When I expressed amazement at this coincidence, I was told that the theatre's artistic director, Francoise Kourilsky, had given them copies of my detailed scene-by-scene notes on the play's action.

Before translating Manet's play, I had prepared those notes at the request of a potential director. The project fell through. Some years later, I found that analysis in my file and sent it on to Ubu Repertory without giving the matter any thought. More months passed, and by the time I got to the rehearsal, I had forgotten about the notes. The experience at Ubu showed me that a translator-dramaturg, even a forgetful one who does not live in the same city, can participate productively in the process. Unwittingly, I had fulfilled the role that Patrice Pavis has outlined: "The translator is a dramaturg who must first of all effect a macrotextual translation, that is, a dramaturgical analysis of the fiction conveyed by the text" (Pavis, 1989: 27); that analysis should provide "a coherent reading of the plot as well as the spatio-temporal indications contained in the text" and stage directions (Pavis, 1989: 28). The reviewer for *The New York Times* may have been oblivious to my existence, but the director and actors were not, thanks to my pre-translation analysis.

There is another cure for the psychological fragmentation that theatrical translators may suffer. How can one simultaneously be true to the author and yet reach the target audience? The following comment by Louis G. Kelly provides us with a way out of the attic: "Fidelity will mean either collaboration or servitude" (Kelly, 1979: 207). The servitude of total fidelity is undesirable for all concerned: even if it were possible, it would yield unstageworthy results. Collaboration with living authors is not always easy: the give and take of any interpersonal relationship may be complicated by an author's unwillingness to accept modification to a beloved text. But if the author respects the translator's judgment and open dialogue is possible, collaboration is ideal.

…

Among the conflicts translators will face is the discrepancy between acceptable subjects in the source and target cultures. Whoever chooses a play to be translated or staged is always exercising the right to exclude other texts. Theatre directors will understandably exclude texts that might be boycotted by their audiences. Economic censorship is a powerful force. Directors may also impose their ideas of what kind of theatre will play well in the United States. Anglo-American realism / naturalism will often get absolute preference over the varieties of more imaginative theatre that come from other cultures in the same way that Hollywood-style movies will dominate over European art films.

Audience receptivity to foreign plays or films varies from country to country, with the United States being among the least open to other cultures. In her 1988 essay, "Exposing the Translation Gap", Felicia Hardison Londrédocuments the enormous resistance of the American stage to any drama not written originally in English (Londré, 1988). In the words of noted critic Clive Barnes, "The English-speaking theatre takes an extraordinary shuttered and blinkered view of world theatre" (quoted in Londré, 1988: 48).

Londré reacted to Barnes' observation by tabulating the production lists from 1981 to 1986 of non-profit theatres across the country that are associated with the Theatre Communications Group (TCG): "The results were amazingly and dishearteningly consistent" (Londré, 1988: 48). Only about 10% of the 6596 productions she tallied were foreign plays in English translation, and most of those were of "classic" authors, such as Moliere, Chekhov, and Ibsen. She found only 2.25% of the total productions to be works by still-living foreign-language authors. My follow-up study of TCG theatres in the mid-1990s revealed virtually identical statistics.

Londré offers several possible explanations for the abysmal situation for foreign plays in general but emphasizes the matter of translation quality. She maintains that many staged translations, from all languages, have been haphazard, uncredited, out-moded, or cut-and-paste jobs done by directors trying to avoid paying royalties (Londré,1988: 49).

…

Although the translator may be credited or blamed with the transposition of a text for a given target audience, in truth many factors are involved in the context of a performance that are beyond the translator's control. …

By now the reader may believe that theatrical translators are invariably caught in the middle and begin to wonder if anyone besides confirmed masochists would want to translate plays at all. Despite the frustrations and conflicts, there is a great deal of satisfaction to be derived from translating for the stage. In the next chapter, we will look at responses to a questionnaire sent to a selection of theatrical translators in several countries. Comparative comments from those who have also translated other kinds of texts are illuminating. David Ball generally translates poetry, but with reference to the play Ubu roi recalls, "I enjoyed translating Jarry more than anything else I've done." Anne Alice Barlind points out that technical translation allows one to eat but is boring. Jörn Cambreleng finds that, in contrast, translating a novel is a long-distance race. Holt similarly observes that his experiments in translating prose taught him that he lacks "the enthusiasm (and patience) for non-dramatic writing." For some translators, the similarities between translating drama and poetry or drama and narrative may outweigh the differences, but many theatrical translators are completely committed to their art.

（Zatlin Phyllis, *Theatrical Translation and Film Adaptation: A Practitioner's View*, Shanghai: Shanghai Foreign Language Education Press, 2008: Iii-20）

曹禺先生的《雷雨》由王佐良先生和A. C. Barnes翻译，英文书名是"Thunderstorm"。

序幕是在一所教堂的附属医院的客厅内，一个冬天的下午。主体部分是第一到第四幕，时间倒退回到十年前的一个夏天，分别为当天的早晨、下午、晚上 10 点、凌晨 2 点，王佐良和 A. C. Barnes 翻译的也是这四幕。尾声部分又回到序幕，即十年后的冬天的下午。

王佐良和 A. C. Barnes 只翻译了第一到第四幕，应该是考虑到序幕和尾声都是讲十年后，而主体的四幕讲的是十年前，只译这四幕更连贯，也更有戏剧冲突。2019 年秋季学期，笔者在北京外国语大学英语学院国粹文化英译课程的教学中着重讲解了王佐良和 A. C. Barnes 翻译的第四幕，然后把尾声部分布置成中译英作业，当时的学生是本科三年级，英语专业或翻译专业。学生们完成作业的过程中主要反映出两个情况，即戏剧意识和理解原文。

（一）戏剧意识

1. 舞台方位

尾声部分多次出现“左边”“右边”。不仔细研读原文的学生，比如见到“扶她至右边火炉旁坐”，就会翻译成 helps her to the fireplace on the right；Helping walking her to the right stove，给人的感觉是有两个炉子，左右两边各一个。而事实上，“左边”“右边”都相对于舞台而言，是从观众的视角讲的，“扶她至右边火炉旁坐”是说舞台右边有个火炉。所以“Helps her to sit by the fireplace on the right of the stage”的译法才是正确的。

同理，“姑甲由右门饭厅进”指从观众的角度，舞台上右边有个门，而这个门连接着后面的饭厅，姑甲从饭厅进这个门，来到舞台正中央，面对观众。所以可以译成“Nun A enters the stage from the right gate which connects the dining room”，而不是“Nun A walks in through the right door of the dining room”，这样说就成了饭厅有左右两个门。

同理，“老人由左边厅出，立门口，望着”，几乎所有学生都错译。这里是指周朴园上场，他由舞台左边的小门进入舞台中央，在小门门口停了一下。所以原文的“出”实际上是“入”，入到舞台中央。

学生误译如：

① The old man comes out from the hall on the left and stands at the door;

② An elder man comes in from the left hall;

③ An old man, Chou Pu-yuan, enters through the left door from the hall;

④ The old man left the hall in the left;

⑤ An old man walks out through the left hall, standing by the door, looking around;

⑥ The old man came into the stage and stood by the door from the left hall.

正确的译法如:

① An old man enters the stage from the left gate;

② Chou Pu-yuan comes in from the left room, standing there and watching.

同理，“三个人在左角找手套”也指的是舞台的左角，应译作 The three look for the gloves at the left corner of the stage; The three look for gloves at the left side of the room 等。

相应的，最后的“姑乙在左边长沙发上坐下”也指从观众的角度，舞台的左边有个长沙发。所以，正确的译法是如 Nun B walks to sit on the long sofa on the left of the stage。

同样的，两个尼姑对话时，一个尼姑说“嘘，（指鲁妈）她出来了”，是指鲁妈离开了自己的房间，比如卧室，来到了舞台中央。学生错译如：She went out (pointing to Lu Ma)，这样译的话，方向正好反了，成了两个尼姑目送鲁妈走。正确的译法如：(Pointing to Lu Ma) She has left her room.

方位意识和整体阅读密切相关。尾声部分开头出现的人物是姐弟，后来他俩离开，去外面玩，把舞台留给了周朴园、鲁妈、两个尼姑。到了尾声的结尾处，姐弟俩又回到舞台中央找手套，他们那种简单的快乐和周朴园一家的悲剧形成极其鲜明的对比。一位细心的同学把“老人绝望地转过头，望着炉中的火光，外面忽而闹着小孩们的欢笑声，同足步声。中门大开，姊弟进”中的“进”翻译成 and the siblings come in again，虽然和其他同学相比，她只加了一个字“again”，却体现了这位同学有舞台和整体阅读的意识。

2. 过于口语或过于书面语

可能有学生认为既然翻译戏剧，语言要口语化，于是通篇都是首字母不大写的写法以及非常口语化的语气词，如下面的这些学生译文：

① Nun B: did you say her son?

Old man: HMM.

Brother: (weeping and nodding) MMM! Yes!

② Sister: thank you, miss.

Nun B: it's cold outside. Wear your coat.

Sister: see you!

③ Aunt B: Have you found them?

Sister: Nope!

相反，有些同学用词又过大或者过于书面，如下面黑体和下划线的词：

例 1： 老人：（关心地，向姑乙）她现在怎么样？

译文： Old man: (**<u>solicitously</u>**) how is she now?

例 2： 老人：（叹气，绝望地，自语）我怕，我怕他是死了。

译文： Old man: (sighs, despairing, **<u>soliloquizing</u>**) I'm afraid, I'm afraid he's dead.

例 3： 这时姑乙在左边长沙发上坐下，拿了一本《圣经》读着。

译文: Meanwhile, Nun B sits in the **<u>davenport</u>** on the left. She holds a Bible, reading it quietly.

例 4： 老妇至窗前，慢吞吞地拉开帷幔，

译文： The old woman withdraws the curtains **<u>dilatorily</u>**,

例 5: 周朴园指着自己的头，问尼姑鲁妈的情况。老人:（指头）她这儿？

译文： Chou: (taping his head) Still **<u>muddled</u>**?

例 6： 老妇至窗前，慢吞吞地拉开帷幔，痴呆地望着窗外。

译文： The old lady walks to the window, slowly opening the **<u>purdah</u>**. Her sights stagnate, wandering outside the window.（过于书面）

3. 人称词

（1）【开幕时舞台黑暗。只听见远处教堂合唱弥撒声同大风琴声，序幕姊弟的声音】

这里的“序幕姊弟的声音”，很明显是指到了尾声部分，序幕中曾出现过的姐姐和弟弟再次出现，而很多学生却翻译成：

We only hear the Mass and organ from outside, and the sister and brother's voice in prologue，the dialogue between the sister and brother from the Prelude can be heard.

这样译就成了，序幕中姐弟俩的对话在尾声里被回放。

还有学生觉得“序幕姊弟的声音”不好处理，就干脆不译，如：

译文 1: From the distance come the sound of mass from the church and great organ. Then the sister and young brother speak.

译文 2： There are Mass chorus and the sound of great organ in the distant church.

（2）尾声中出现的人物有：两个尼姑（姑甲和姑乙）、姐弟俩、周朴园、鲁妈。对话中被提到但并没出现的人物是姐弟俩的妈妈、繁漪、鲁大海。为了和王佐良先生译的正文部分相呼应，鲁妈仍要译作 Lu Ma，她的名字侍萍仍译成 Shih-ping，周朴园仍译作 Chou，而很多学生都忘记了这一点。

（3）两个尼姑，即姑甲和姑乙，有同学翻译成“Nun Jia”“Nun Yi”“Madam Yi”，是不对的，因为把甲音译成 Jia，乙音译成 Yi，对西方读者没有任何意义。

（4）姐弟俩还是少年，天真烂漫，下雪天在外面玩耍，进屋后发现手套不见了，就找手套，又是翻越沙发又是欢呼，简单的幸福反衬了周朴园和鲁妈以及繁漪之间的人生悲剧。翻译时，我们要根据具体语境，灵活选择用词，而不是根据词典上常见的对等词来翻译。在文中，姑乙称呼弟弟时用了“弟弟”，学生就翻译成“young man”，就太大了，因为文中的弟弟还只是个少年；姑乙称呼姐姐时的“姐姐”，被翻译成“Miss, you take your brother”，也都与语境不符。姐弟俩称呼两个尼姑时用了“谢谢您，姑奶奶”，有学生译作：Thank you, grand aunt; Thank you, nun，都不对。但译作：

Thank you, Sister 是可以的，因为考虑到了教堂背景，所以译成 Sister，并大写；译作 Thank you, madame 也是可以的。

（5）结尾处的“老人又望一望立在窗前的老妇，转身坐在炉子旁的圈椅上，呆呆地望着火”，学生翻译成 The old man looks at the old lady again，这样译就有问题，因为“老妇”指的当然是鲁妈，译成“old lady”感觉是说另一个人。

（二）理解原文

无论翻译哪种文体和内容，深刻理解原文是第一要义。

（1）【舞台渐明，景同序幕，又回到十年后腊月三十日的下午。老妇（鲁妈）还在台中歪倒着，姊弟在旁。】

这里的“还在台中歪倒着”，很多学生不知怎么处理，结果各种译法层出不穷，如：

① Lu Ma was leaning on the platform.

② The old lady (Lu Ma) is still crooked on the center of the stage.

③ The old woman (Lu Ma) is still on her knees.

④ Lu Ma lies down on the center stage.

⑤ Lu Ma is still slanting on her one side at the center of the stage.

笔者认为，“The old woman Lu Ma collapses in the middle of the stage”则是比较好的处理。

（2）姐弟俩找手套，弟弟钻到沙发背后，一个“钻”字，也是译得五花八门，如：

① drill into the back of the sofa.

② worming into the back of the sofa.

比较好的处理：

③ Slips into the back of the sofa and jumps out suddenly;

④ Crawls behind the sofa and suddenly jumps out.

找到了手套后，尼姑乙羡慕地看着姐弟俩说“好了，去吧”。很多同学都直译成：

① Nun B: (enviously) Good, now go.（“enviously”程度过重）

② Nun B: (enviably) OK, go ahead.（“enviably”程度过重）

③ Nun B: (admiringly) Well, you could go.（括号里的表情提示和对话其实连不上）

也有学生译得很灵活，没有拘泥于原文字面，如：

④ Nun B: (gently) That's great!

⑤ Nun B: (admiringly) Well done. Go and play then.

（3）尼姑乙在和周朴园说话时，问他“楼上您的太太，看见了？”，显然是问周朴园有没有上楼去看看繁漪。所以应该译成“Nun B: Have you seen your wife upstairs?”，而不是很多学生照字面翻译的“Have you seen the lady upstairs?”。

紧接着尼姑乙安慰周朴园，“（鼓励地）这两人，她倒好”。这里的“她”似乎不明确到底是指谁，是说繁漪比鲁妈的状况好，还是倒过来？但是原文的下面一句给了我们答案，因为周朴园回答道：“是的。——（指鲁妈）这些天没有人看她么？”，这就是说，上一句的“她倒好”指的还是繁漪。学生翻译这里时由于不仔细研读文本，在还弄不清原文到底是什么意思的情况下为了完成作业而乱译。

这里正确的译法是“Nun B: (Comfortingly) Your wife's more in her senses than her.”。这里的“鼓励地”也可以根据语境灵活处理，比如“cheer him up”。

（4）尼姑乙安慰周朴园说，“我想她的儿子回家，她一定会明白的”。很多同学都是按照字面，字对字地译成“She will understand when her son comes back”。这样译不符合逻辑，“understand”什么？根本没说清。根据上下文，这里说鲁妈的儿子鲁大海要是回来了，鲁妈就能恢复意识，即原文的“她一定会明白的”。

学生错译如：

① I believe she will definitely know it when her son comes home.

② I think she will know when her son comes home.

③ Well, I believe, she will know if her son comes back.

④ Alas, I hope her son would come back home. She absolutely can understand him.

正确的译法如：

① I think she would recover should her son came back.

② I'm sure she'll come to herself when he comes back.

③ I believe she will convalesce as soon as her son getting home.

④ Maybe when her son comes back will she recognize everything.

⑤ I'm sure she will be much better when her son comes back.

（5）姑甲：（低声）周先生就下来看她，你照护照护。我要出去。

这里的“照护照护”是什么意思？根据上下文，可以看出是指让她照看一下这里的事情，学生错译如：Mr. Chou is coming, take care. I'm going out. 这样就成了说，尼姑甲警告尼姑乙说，周朴园是个可怕的人物，所以他既然来了，自己就要赶快走。正确的译法如：Nun A: (Whispering) Mr. Chou is coming downstairs to see her in a minute. Will you look after them while I have to go out?

（6）【老人绝望地转过头，望着炉中的火光，外面忽而闹着小孩们的欢笑声，同足步声。中门大开，姊弟进。】

这句并不难，反复研读几遍，就能在脑中还原这个画面。学生错译如：The old man cannot bear this. He turns his head back to the fireplace. The laughter and clop-clop slip in from the outdoor.

正确的译法：

① The old man turns around in despair and stares at the fire. Suddenly there come the chortles and footsteps of children outside. The door in the middle of the stage flings open and the sister and brother come in.

② The old man, in despair, turns his head and stares at the firelight instead. From outside come a burst of laughter as well as footsteps. The middle door of the stage is forced wide open, in come the sister and brother.

③ Suddenly, there are the children's noise and laughter and footsteps outside. As the middle door opens, the sister and brother walk in.

（7）【老人由左边厅出，立门口，望着。】

姑乙：（指鲁妈，向老翁）她在这儿！

老人：哦！

这里周朴园的“哦”是指周朴园看到了鲁妈，所以回答姑乙一声哦。而有学生译成：Old man: Oh, fine，这就成了周朴园无可奈何和不耐烦。

（三）尾声部分的中文原文和参考译文

参考译文是学生译文中较好的，笔者做了修改。

Epilogue

【开幕时舞台黑暗。只听见远处教堂合唱弥撒声同大风琴声，序幕姊弟的声音】

[There is no light. In the distance comes the sound of church mass and pipe organ. The kids who appear in the prologue appear again:]

弟弟声：姐姐，你去问她。

姊姊声：（低声）不，弟弟你问她，你问她。

The boy's voice: You go and ask her.

The girls' voice: (Whispering) No, you. You go and ask her.

【舞台渐明，景同序幕，又回到十年后腊月三十日的下午。老妇（鲁妈）还在台中歪倒着，姊弟在旁。】

[Lights are gradually turned on. The settings are the same as in the prologue, when time is set at ten years later, the afternoon before the lunar New Year. The old woman (Lu) Ma collapses in the middle of the stage. Two kids stay alongside.]

姊姊：你问她，她知道。

The girl: You go and ask her. She knows.

弟弟：我不，我怕，你，你去。（推姐姐，外面合唱声止）

The boy: No, I'm scared. You go. (Push the girl, his sister. The mass outside stops.)

【姑乙由中门进，见老妇倒地上，大惊愕，忙扶起她。】

[Nun B enters the stage from the middle gate. She panics as seeing Lu Ma fall on the ground, and helps her up immediately.]

姑乙：（扶她）起来吧，鲁奶奶！起来吧！（扶她至右边火炉旁坐，忙走至姊弟前，安慰地）弟弟，你没有吓着吧！快去吧，妈就在外边等着你们。姐姐，你领弟弟去吧。

Nun B: Stand up, grandma Lu! Stand up! (Helps her to sit by the fireplace on the right of the stage, and hurries to the kids but speaking comfortably to them) I hope you're not scared, kids. Now go. Your mom's waiting for you out there. Big girl, take care of your little brother.

姊姊：谢谢您，姑奶奶。（替弟弟穿衣服）

The girl: Thank you, madam. (Dresses up her little brother.)

姑乙：外面冷得很，你们都把衣服穿好。

Nun B: It's freezing cold outside. Put on your coats.

姊姊：嗯，再见！

The girl: Sure, see you!

姑乙：再见。

Nun B: See you.

【姊领弟弟出中门。】

【姑乙忙走到壁炉前，照护老妇人】

【姑甲由右门饭厅进。】

[The girl takes her younger brother out through the middle gate. Nun B hurries to the fireplace to look after the old woman Ma. Nun A enters the stage through the right gate, which connects the dining room.]

姑乙：嘘，（指鲁妈）她出来了。

Nun B: Hush, (points at the old woman Ma) She's here, out of her bedroom.

姑甲：（低声）周先生就下来看她，你照护照护。我要出去。

Nun A: (Whispering) Mr. Chou is coming downstairs to see her in a minute. Will you look after them while I have to go out?

姑乙：好，你等一等，（从墙角拿一把雨伞）外头怕要下雪，你要这一把伞吧。

Nun B: I will, but wait, (fetch an umbrella from the corner), it's likely going to snow. Take this.

姑甲：（和蔼地）谢谢你。（拿着雨伞由中门出去）

Nun A: (Amiably) Thank you. (Takes the umbrella and leaves the stage through the middle gate.)

【老人由左边厅出，立门口，望着。】

[An old man enters the stage from the left gate. He stands by the door and looks into the room.]

姑乙：（指鲁妈，向老翁）她在这儿！

Nun B: (Points at Lu Ma and says to the old man) She is here!

老人：哦！

Old man: Oh!

【半晌】

[After a while]

老人：（关心地，向姑乙）她现在怎么样？

Old man: (Asks Nun B with deep concern) How is she doing?

姑乙：（轻叹）还是那样！

Nun B: (Sighs) The same!

老人：吃饭还好么？

Old man: How is her appetite?

姑乙：不多。

Nun B: Not so good.

老人：（指头）她这儿？

Old man: (Points at his head) And here?

姑乙：（摇头）不，还是不认识人。

Nun B: (Shakes her head) Still can't recognize people.

【半晌】

[After a while]

姑乙：楼上您的太太，看见了？

Nun B: Have you seen your wife upstairs?

老人：（呆滞地）嗯。

Old man: (Blankly) Uh.

姑乙：（鼓励地）这两人，她倒好。

Nun B: (Comfortingly) Your wife's more in her senses than her.

老人：是的。——（指鲁妈）这些天没有人看她么？

Old man: Yes. ——(points at Lu Ma) Did anyone see her these days?

姑乙：您说她的儿子，是么？

Nun B: You mean her son?

老人：嗯。一个姓鲁叫大海的。

Old man: Yes, a man named Lu Dahai.

姑乙：（同情地）没有。可怜。她就是想着儿子。每到节期总在窗前望一晚上。

Nun B: (With pity) No, it is too bad. She misses her son so much and she stays up all night by the window during festivals.

老人：（叹气，绝望地，自语）我怕，我怕他是死了。

Old man: (Sighs and speaks in despair) I am not sure, I guess, maybe he is dead.

姑乙：（希望地）不会吧？

Nun B: (Raises her head with a glimmer of hope) It can' t be!

老人：（摇头）我找了十年了，——没有一点影子。

Old man: (Shakes his head) I've been searching for ten years and not even a clue.

姑乙：唉，我想她的儿子回家，她一定会明白的。

Nun B: Well, I'm sure she will be much better when her son comes back.

老人：（走到炉前，低头）侍萍！

Old man: (Walks to the fireplace, lowers his head) Shih-ping!

【老妇回头，呆呆地望着他，若不认识，起来，面上无一丝表情，一时，她走向前窗。】

[The old woman Lu Ma turns her face to him, without any expressions. She stands up then, pauses for a minute and walks to the front window.]

老人：（低声）侍萍！侍——

Old man: (Murmurs) Shih-ping! Shih——

姑乙：（向老人摆手，低声）让她走，不要叫她！

Nun B: (Waves her hand, and in soft voice) Don't bother, let her go.

【老妇至窗前，慢吞吞地拉开帷幔，痴呆地望着窗外。】

[Lu Ma staggers to the window, pulls back the curtain slowly and looks outside of the window without any emotions.]

【老人绝望地转过头，望着炉中的火光，外面忽而闹着小孩们的欢笑声，同足步声。中门大开，姊弟进。】

[The old man turns around in despair and gazes at the fireplace instead. Kids' laughter and steps suddenly break forth from outside. The middle gate is widely open. The boy and girl enter again.]

姊姊：（向弟）在这儿？一定在这儿？

The girl: (To her brother) Is it here? Are you sure?

弟弟：（落泪，点着头）嗯！嗯！

The boy: (Nods while shedding tears) Yes, yes!

姑乙：（喜欢他们来打破这沉静）弟弟，你怎么哭了？

Nun B: (Delighted by the kids' breaking up the silence) Why are you crying, my boy?

弟弟：（抽咽）我的手套丢了！外面下雪，我的手套，我的新手套丢了。

The boy: (Sobbing) I've lost my gloves! It's snowing. And my gloves, I've lost my new gloves.

姑乙：不要嚷，弟弟，我给你找。

Nun B: Don't cry. Let me help you.

姊姊：弟弟，我们找。

The girl: Come on, my little brother, let's find together.

【三个人在左角找手套。】

[The three look for the gloves at the left corner of the stage.]

姑乙：（向姊）有么？

Nun B: (To the girl) Have you found it?

姊姊：没有！

The girl: No!

弟弟：（钻到沙发背后，忽然跳出来）在这儿，在这儿！（舞着手套）妈，在这儿！（跑出去）

The boy: (Slips into the back of the sofa and jumps out suddenly) There, there, I got it! (waves the gloves) Mum, I found it! (runs out of the stage)

姑乙：（羡慕地）好了，去吧。

Nun B: (Admiringly) See, there you go.

姊姊：谢谢，姑奶奶！

The girl: Thank you, madam!

【姊由中门下，姑乙关上门。】

[The girl leaves the stage through the middle gate. Nun B closes the gate.]

【半晌】

[After a while]

老人：（抬头）什么，外头又下雪了？

Old man: (Looks up) What? Snowing again?

姑乙：（沉静地点头）嗯。

Nun B: (Nods quietly) Yes.

【老人又望一望立在窗前的老妇，转身坐在炉子旁的圈椅上，呆呆地望着火，这时姑乙在左边长沙发上坐下，拿了一本《圣经》读着。】

[The old man looks again at the old woman Lu Ma, who is still standing by the window. He turns around, sits in an armchair besides the fireplace and gazes upon the flames. At the same time, Nun B walks to sit on the long sofa on the left of the stage and takes up a Bible to read.]

【舞台渐暗】

[Lights dimmed.]

第八章　中国文学译后的传播与接受

——我们常常在问，中国文学或文化何时能走向世界？这是一个错误的命题。中国文学从一开始就是世界文学的一部分，它用自己的文化传统、民族形式、思想资源思考着人类的根本问题，参与着世界的发展；在此过程中，它也从世界文学的脉络中汲取养分。然而仅仅梦想一个全世界文学走到一起的图景是不够的。（熊鹰，2014：85）

文学作品被翻译后出版到国外是一个国家的文化通过文学形式向全世界传播的过程。鉴于中西方文化之间所固有的交流障碍，文学作品的翻译不仅要关注文字转换问题，还要关注译作的传播与接受等问题。在促进中国文学“走出去”的过程中，与翻译行为本身同样重要并与之密切相关的还有翻译作品在国外的接受与传播问题。要真正将中国文学文化推向世界就必须统筹安排、整合和优化翻译资源。我们选好了要翻译的作品，选好了译者，把握住了正确的翻译观，严把了翻译质量，接下来就是译作的传播与接受。在文学英译的销售量方面，根据訾晓红的研究，20世纪末中国图书的版权贸易输出与引进比为1 ∶ 15，近年来中国当代文学作品的海外译出虽然呈增长趋势，但是与美、法、德、日等国的文学作品在中国的译介数量相比，仍显不平衡。亚马逊（Amazon.com）北美销售榜的排名上几乎没有中国文学作品入围前100名，毕飞宇、余华、姜戎等当代作家的作品均排在200位以后。（訾晓红，2017：145）要让中国从经济大国变为文化大国，改变文化传播中的逆差与结构性失衡问题，推广中国文化形象，仍然需要艰苦的努力。

在译作的传播效果方面，王汝蕙、张福贵（2018：165）指出，旨在向西方输入型的翻译作品在西方国家的普通读者和批评界的传播都受到限制，而且有时候因此而成为批评界的批判对象，反过来影响了中国文学的海外传播和接受。只有遵循文学传播的内在规律，拓展思路，借助多样化的传播媒介和渠道，文学才能走出本民族的阅读群体，进入一个更为广泛的阅读语境，从而真正实现民族间的文化认同。

一、多渠道、多媒体

译作能否在国外得到广泛流传，与作品本身的优劣、翻译水平的高低以及世界对其国家的关注度有着密切的联系。正确的传输渠道和传输手法关系着文学是否能够真正走出国门，在文化传输中的作用不容小觑。在当今经济、信息全球化的语境下，采取多元的文化推广方式是培养文化自觉的重要途径。

（一）打包出版

本书第三章讲过，笔者对美国加州大学伯克利分校（University of California, Berkeley）进行调查，调查该校开设的直接研究中国的全部课程，调查到本科课程66门，硕士和博士课程17门。这些课程中就文学研究和语言研究，单独的对某一位作家或作品的研究只有2门课，分别是鲁迅和《红楼梦》，其他课程仍然是主题研究、文学体裁研究、分期研究，即打包性的主题类研究，比如“Expressing the Ineffable in China and Beyond: The Making of Meaning in Poetic Writing”，“Illness Narratives, Vulnerable Bodies”，“Knowing Others, and Being Known: The Art of Writing People”，“Revising the Classics: Chinese and Greek Poetry in Translation”，“Genre and Method in Traditional Chinese Texts”，“Late Imperial Fiction and Drama”。

第三章我们也讲过，笔者在亚马逊网站（www.amazon.com）以“Chinese literature in translation”为搜索词，搜索英译的中国作家作品，同时查找该网站上文学类（Literature and fiction）书目中有关中国的所有书目。其中有很多都是合集，我们把这些合集举几个例子再次列表如下，这对我们中国文学英译今后可以采纳的成果形式给予启示。

作品	作家	译者	评分
Anthology of Chinese Literature Vol. 2: From the Fourteenth Century to the Present Day	多位作者	多位译者，Cyril Birch 编	5
Classical Chinese Poetry: An Anthology	多位作者	David Hinton 编，选，译	5
The Columbia Anthology of Modern Chinese Drama	多位作者	多位译者，Chen Xiaomei 编选	5
The Four Chinese Classics: Tao Te Ching, Chuang Tzu, Analects, Mencius	老子，庄子，孔子，孟子	David Hinton 编，选，译	5
Treasure of Chinese Love Poems: In Chinese and English	多位作者	裘晓龙编，选，译	5
Tun-huang Popular Narratives	无	Victor H. Mair 编，选，译	5
Willow, Wine, Mirror, Moon: Women's Poems from Tang China	多位作者	Jeanne Larsen 编，选，译	5
Women of the Red Plain: An Anthology of Contemporary Chinese Women Poets	多位作者	Julia C. Lin 编，选，译	5
The Heart of Chinese Poetry: Fifty-Seven of the Best Traditional Chinese Poems in a Dual-Language Edition	多位作者	Greg Whincup 编，选，译	4.9
Mountain Home: The Wilderness Poetry of Ancient China	多位作者	David Hinton 编，选，译	4.8

（二）出版渠道

改革开放以来，中国当代文学的海外传播依据出版社的属地可分为外文出版社等的内地出版、香港中文大学等的港台出版、国外出版三种。新时期，我们应拓展后两种出版渠道。第三种渠道即国外出版发行指的是译者多为国外翻译家或国外翻译家和本土翻译家合作，而且依托国外出版发行商的运营模式。

而且，第三种渠道甚至出现了像葛浩文这样的海外翻译家自己担当经纪人和国外出版商联系出版事宜的现象。他们一般将作品的部分译文和一份内容提要交于出版商审读，由出版商根据读者的接受度确定是否出版。其实这种模式也存在一定的弊端，即译者兼经纪人在与出版商的洽谈过程中耗费了大量的时间和精力，倘若不能出版，部分翻译内容成了无效劳动，葛浩文曾坦言“他的抽屉里堆满了只译了 50

页的书稿，大多数则成了无起死回生可能的废稿”（陈歆耕，2011）。在另一个葛浩文接受的采访中，他说：“美国人本来就不爱读书，就更别提读翻译书了。我看一个作品，哪怕中国人特喜欢，但是如果我觉得在国外没有市场，我也不翻，我基本上还是以一个‘洋人’的眼光来看……我有一个优势，就是已经翻了那么多了，跟出版社保持了很好的关系，所以凡是我翻译的他们还是愿意看的，虽然不一定愿意出。不是因为书不好看，而是卖不出去……我要先翻个一百页左右，要写个很长的介绍给出版社看。如果他们不喜欢，不要的话，就是白做了。这种蠢事已经做过不知多少次了。”（华慧，2009）

因此，我们应对于那些致力于中译英工作的海外翻译家给予适当的奖励和政策，比如从国家层面上制定机制，设法吸引他们积极参与重大工程，充分调动他们的积极性。根据张聪（2014：213-216）对2013年10月的“中国文学走出去：挑战与机遇”学术研讨会的综述，为了让中国文学和文化更有效地走出去，谢天振教授在研讨会上指出，政府有两件事可以做：一是设立专项基金，鼓励、资助国外的汉学家、翻译家积极投身中国文学、文化的译介工作；二是在国内选择适当的地方建立中译外的常设基地，组织国内相关专家学者和作家与国外从事中译外工作的翻译家见面，共同切磋他们在翻译过程中碰到的问题。事实上，我国许多著名的翻译家，如巴金、冯至、叶君健、杨绛和叶水夫等几乎都先后获得过各对象国的奖励。

除了支持国外翻译家，我们还要与西方出版社建立长期的战略协议，像葛浩文提到的他做了无数次的“无效劳动”就可以避免了。陈岚（2008：161）指出，中国政府对译介工作的扶持，早期的做法是国家补贴中国人自己翻译的书，作为礼品赠送给外国人；或者由国家出钱向作者和出版社买下版权，让外国出版机构挑选，赠送出版；这些做法的效果并不太好。2005年国务院新闻处推出的“中国图书对外推广计划”采用国际出版业普遍接受的资助出版的做法。“凡购买或获赠国内出版机构版权的国外出版机构，均将得到翻译费资助。”这项优惠政策吸引了不少海外出版商。陆宣鸣、张越、张映先探讨中国文化海外传播的灵丹妙药时指出：“从政府的行动说起，早在2003年，国务院新闻办就与法国相关出版机构签署了资助中国图书出版的协议，称为‘金水桥’计划。而在2004年3月份，许许多多中国文化的经典读物包括中国古典文学、中国现当代文学精选、中国传统文化介绍，甚至汉语学习的教材。到2004年下半年，借着中法文化年合作的契机，中国资助法国出版商引进中国文化读物已经相当成熟，相继与美国、日本、新加坡等知名出版商签署资助引进协议。这对于中国文化海外传播是令人欢欣鼓舞的。单就葛浩文英译而言，我们遗憾地发现，迄今为止，还没有任何一项他的英译资助是以中国政府官方的名义发起的。”（2014：97）

顺着这个思路，我们不仅要关注我国政府和出版社与国外翻译家、国外出版社的关系，也应关注我国作家和国外翻译家的关系。2013 年 10 月 15 日，“中国比较文学与翻译研究高峰论坛”在京举行，在对会议的报道中许获晔指出：“在论坛上，葛浩文的发言题目为‘论作者与译者的关系’，主要谈到了忠实再现作者的意思而不是词句。葛浩文表示，译者与作者的关系并不总是愉快的，一些作家并不欣赏和理解作者和译者的关系。幸运的是，他与多数小说家的合作都很愉快，尤其是与莫言的合作。2012 年 12 月，莫言前往瑞典领诺贝尔文学奖时，随行的 14 人中，他将 8 个名额留给各国译者，其中两位便是葛浩文与其妻林丽君。葛浩文说‘莫言很清楚汉语和英语之间是不可能逐字逐句对应的，其他语言之间也是如此，他会很体贴地解释作品中的一些晦涩的文化和历史背景，他明白翻译是对原文的补充而非替代。’在另一个场合中葛浩文说，‘莫言理解我的所作所为，让他成为国际作家，同时他也了解在中国被视为理所当然的事物，未必在其他国家会被接受，所以他完全放手让我翻译’。”（转引自高峰，2012）翻译过程中葛浩文常以传真与莫言交流。比如前文出现黑眼珠，后面变成蓝眼珠，葛浩文问莫言有什么用意，莫言回复说：笔误。翻译《四十一炮》时葛浩文无法理解其描述，让莫言画个图来说明，莫言就真的画了个图来。再比如《蛙》的译名应该用单数还是复数，葛浩文都与莫言讨论良久，最终确定用复数。

几天后，2013 年 10 月 23 日“中国文学走出去：挑战与机遇”学术研讨会举行。根据张聪（2014：213-216）对研讨会的综述，葛浩文在这次研讨会上再次提到，译者与作者之间的关系是不安、互惠互利且脆弱的，他说莫言是他认识时间最长的中国作家，葛教授对他的感情非同寻常。苏州大学文学院的季进教授承担了国家社科重大项目“百年中国在海外的传播”，关于中国文学如何真正有效地走向世界，季进教授也在这次研讨会上提出，当代文学的翻译更为有效的方式可能还是要靠以西方语言为母语的国外专业翻译家或汉学家，由他们自主选择翻译的作品，可能更容易获得西方读者的青睐。

葛浩文在很多场合反复强调，所有删减、大的结构调整都已经原作者允许，这虽然是回应业界对他翻译策略的质疑，但也反映出他如何看待译者与作者的关系。1989 年在英文版《沉重的翅膀》序言中他说“应作者的要求，或者在作者的许可之下，对原文进行某些删减”（“Translator’s preface”, *Heavy Wings*）。1993 年在英文版《红高粱》序言中他说“在翻译和编辑过程中，对原文进行某些改变或结构重整，所有这些都经作者允许”（“Translator’s note”, *Red Sorghum*）。2005 年在《丰乳肥臀》英文版序言中，葛浩文注明英译所据为作者提供的简写版，经作者同意，编辑过程中对原文有所改变。（“Introduction”, *Big Breasts & Wide Hips*）

2013 年 10 月 14 日在长江文艺出版社的见面会上，葛浩文无奈解释，在翻译《旧址》时，因为作者李锐在第一章里就把全书的故事都交代了，出版社要求删去，他发邮件征得李锐同意后才进行了修改。而在翻译《手机》时，因为考虑到读者的接受度，他也发邮件征询了作者刘震云能否在时序上进行调整，刘震云表示没有问题。“我是改了，但没有把书改坏，这是为了适合读者的口味，让他们第一眼就觉得这小说不错。有人说我把书改坏了，这是侮辱我。”葛浩文说。

（三）多媒体和副文本

我国的对外文化传播还需要反思一些规律性的东西。比如仅靠图书这一单一的媒介形式难以完成对外推介中华文化的重任。电影作为一种不同于图书的艺术形式能够超越语言的障碍，通过声音和画面传递作品的意义，更容易激发海外受众对中国文化的兴趣，从而产生进一步阅读小说译本的需求。有影响的电影改编助推原作在国际上的影响力，比如莫言作品的海外传播与电影改编就有很大关联。莫言的《红高粱家族》1988 年由莫言编剧，改编成电影《红高粱》，获得 1988 年柏林国际电影节最佳故事片金熊奖，这是中国电影在国际上获得的首个大奖，不仅成就了当时的导演张艺谋，也极大提高了莫言在海外的知名度。除了众所周知的《红高粱》，根据郑娜（2014：110）的总结，莫言作品的电影改编包括：根据《白狗秋千架》改编、由著名导演霍建起执导，并荣获第 16 届东京国际电影节金麒麟大奖、最佳男演员奖的电影《暖》；根据中篇小说《师傅愈来愈幽默》改编、由导演张艺谋执导的首部贺岁作品《幸福时光》；根据《姑奶奶披红绸》改编、由严浩导演、获第 46 届柏林国际电影节“国际电影评论协会奖”和最佳导演银熊奖的电影《太阳有耳》等，这些由知名导演搬上大荧幕，并屡次斩获国际大奖的莫言作品，对于海外观众或是读者来说不仅是一个间接了解莫言小说的有效途径，也为莫言作品在海外的传播起到推动作用。

莫言的作品之所以能够走向世界并获得2012年诺贝尔奖这一殊荣，不仅与其所特有的本土性和民族性有关，也得益于有效的海外传播在东西方文化认同中所起的作用。与同时代的其他作家相比，莫言本人比较注重与海外翻译家的交流。葛浩文、瑞典翻译家陈安娜等都不遗余力地向海外读者推介莫言的作品。在获得诺贝尔奖之前，莫言小说已经被译成了英语、法语、德语、日语、瑞典语、越南语等多种版本。

同时代的作家中，1991年，苏童的《妻妾成群》改编成电影《大红灯笼高高挂》获得威尼斯电影节银狮奖，第62届奥斯卡最佳外语片提名。1994年，余华的《活着》改编成同名电影，获得第47届戛纳国际电影节评委会大奖和英国电影学院奖最佳外语片奖。这些获奖影片都大大提升了原著小说在西方社会的影响力，也大大提高了原作者在海外的知名度。

宣传页、序言、封面与封底、注释、作者的演讲和译者的采访、书评、读者的评价统称为译作的伴生文本或副文本。韦努蒂在 *The Scandals of Translation* 中论述文化身份形成，他指出：一部译作的效果除了依靠译者采取的翻译策略之外，还受到其在接受语境中遇到的各种因素的影响，这些因素包括页面布局、封面设计、广告样本、评论家观点、译本用途、读者的阅读方式与教师的教学等。（1998：68）韦努蒂提到的这些因素与文本相互作用，共同对译作的接受和传播起作用。

莫言《生死疲劳》的英译本的封面选取了红色。在“中国红”的概念已经被普遍接受的前提下，这一抹“红色”让读者意识到这部“红”的作品同中国存在联系。其次，在封面上是轮盘、十二生肖和被光环围绕的中国娃娃的形象。十二生肖就和书名的生死轮回相吻合。毕飞宇《青衣》的英译本则使用了最直接的办法，在封皮上采用京剧脸谱“青衣”。

二、文学流通的“世界文学”概念

中国文学英译应该超脱于归化与异化、世界的边缘与中心、中国文化特色与西方阅读习惯的二元对立的传统思维，根据具体情况选择翻译方法。一方面，一味坚持以原作为中心将使译文生硬晦涩，使外国读者失去兴趣。笔者教学中经常发现，一篇500字中文的中译英练习，学生给文化词汇加的译者注甚至超过了正文本身的篇幅，而且原文只是500字的中文，英译文却有七八个汉语拼音音译的词汇，这些词汇也未必都是关键核心词。表面上是传达中国文化特色，实际上是译者在偷懒，而且让外国读者根本读不下去。当然，另一方面，如果仅仅考虑读者的接受能力，改变原著的创作风格来翻译，那也起不到传播中国文学和中国文化的作用。

事实上，达姆罗什（David Damrosch）教授提供了另一种角度，即从文学流通和接受的角度提出了世界文学的概念。达姆罗什教授把世界文学定义为转换为另外一种语言的阅读方式（Damrosch，2003：4-5），这在笔者看来是更开放、流动的观点，更适应于在新时期解决文学翻译领域里的问题。

达姆罗什教授在他的著作 *What is World Literature* 中写到，1827年1月，歌德在和他的学生谈话时谈到了他自造的一个新词 Weltliteratur，并说“世界文学”的时代已经到来。歌德对“世界文学”所做的定义：“世界文学是各民族所特有文学的融合，是各民族人民长期交流的产物。”[艾克曼（J. P. Eckermann），《歌德谈话录》（Conversations with Eckermann），朱光潜译，1982：112] 歌德说“我越来越确信，诗歌【即文学】是人类共通的东西，不因地域和时代而变化。我想在外国找寻另一个我，并劝我们每个人都这样做。只谈民族文学是没有意义的，世界文学的时代已经到来，我们每个人都应该加速它的进程”。“世界文学”一词既是文学上的视角也是文化上的自觉，是对全球化时代的意识。那时的歌德就预言到我们所处的时代就是全球化时代。但是“世界文学”这个词本身是模糊的。什么文学，谁的世界？歌德1827年宣告不要再只关注民族文学，但是民族文学却一如既往地发生、发展、兴盛着，它和世界文学的关系是什么？歌德所在的西欧和世界的关系是怎样的？古代文学和现代文学的关系是怎样的？新生的大众文学和阳春白雪的文学的关系是怎样的？（Damrosch, 2003: 1，笔者译）

歌德理想的“世界文学”是否能够实现？歌德19世纪初的“世界文学”概念放到21世纪是否太过于理想化？“世界文学”究竟是指世界上已经存在的所有文学，还是将由各个国家、地区文学交汇交融而成的理想状态？这似乎是一个人言人殊、无法获得一致意见的问题。

达姆罗什认为，与其我们争论歌德所说的世界文学是否已经到来，是否能实现，不如转换思维，把世界文学看作一个体系，而不是只是各国文学作品的集合。他说，“就像 Fritz Strich（弗瑞茨·施特里齐，1949：13）所指出的，这个体系有经济学上的意义，促进‘各国之间思想的流通，就像一个世界文学的市场，各国把自己的知识宝藏带来交换’。所以我认为世界文学不是一个有着无数经典作品，而且经典作品的数量永远在添加的集合，世界文学是一个流通和阅读的方式。我们用这种流通和阅读的观点不仅可以看待作品集，更可以看待单个的文学作品，无论它是经典的还是新发现的作品”（Damrosch，2003：3-5，笔者译）。也就是说，区别于歌德的定义，达姆罗什从文学流通的角度提出了新的关于世界文学的定义，即世界文学并非不确定的、永远在添加、无边无际且又难以把握的文学作品的集合，而是一种流通与阅读方式。（a mode of ciruclation and of reading）

达姆罗什教授指出：

> 什么是世界文学？我在此提出一个三方面的定义，即世界、文本、读者。
>
> 1. 世界文学是民族文学的部分折射。
>
> 2. 世界文学从翻译中获得增长。
>
> 3. 世界文学不是既定的经典作品的集合，而是一种阅读方式：和不同于我们所处的时间和地点的世界相连又不紧密相连的方式。（Damrosch, 2003: 281-282，笔者译）

不同于歌德的世界文学的定义，达姆罗什教授的这个世界文学的定义不仅包含着要重新认识民族文学定位，也包含着重新认识翻译过程，这也是为什么笔者认为它对我们中国文学外译有启示的原因所在。启示可以体现在以下几点：

第一，既然“世界文学”本来就是民族文学的部分折射，那我们不必急切地把我们所有优秀作品都翻译介绍到世界，也不必焦虑于翻译介绍给世界的是不是我们最优秀的作品。既然世界文学不是既定的经典作品的集合，它就是流动的，永远有杰作进入，永远有杰作出来，所以我们中国文学中哪些能成为优秀的世界文学作品也不是有既定的名单。

如何做比较文学的研究，宇文所安教授用两种不同风格的建筑做比喻。一种是传统欧洲的建筑。“中心词都来自欧洲传统，围绕这些语词，建立一个井然有序的结构，好似在一栋层次分明、结构清晰的房屋里，一个人总是知道他在房屋的哪一个部位。大的体裁包括史诗、抒情诗、戏剧——小说是后加上去的。”另一种相反的建筑是中国隋炀帝的迷楼。“在迷楼中，一个人不知道自己到底置身何处，他从一个房间漫游到另一个房间，每个房间都给他带来不同的乐趣。这和欧洲传统里关于迷宫的神话有相似之处，但是也存在着深刻的差异：在迷宫里，一个人总是想要走出去；在迷楼里，这个人却尽情享受留在里面的经历。”（宇文所安，《迷楼》序，2014：3-4）宇文所安认为后一种方式更适合比较文学的研究。前一种携带了太强烈的欧洲霸权习气。况且，在每一首诗面前放一个中国诗、英国诗、希腊诗的牌子，不适合它们之间的交谈。而后一种方式让来自不同传统的诗歌可以彼此交谈。没有中心，因而处处是中心，曲屋自通，这个思路可以借鉴到中国文学英译中来，尤其是如何看待中国文学英译的成果上来。

第二，达姆罗什关于世界文学的这个定义让我们重新认识世界文学与翻译的关系。世界文学离不开翻译的中介，没有翻译的参与或干预，我们就无法使我们民族的文学走向世界。达姆罗什说：“文学语言即在翻译中增长或受损的语言，与之相对的是非文学语言，通常在翻译中既不增长也不受损。文学语言经过翻译后是增长还是受损，就决定了该文学是停留在民族文学中还是进入了世界文学：如果在翻译中受损，即停在了民族或区域文学里；如果在翻译中获得增长，即进入世界文学的领域，翻译中损失了的文体特色因作品在世界范围内的广为传播而获得抵消。”（Damrosch, 2003: 289-290，笔者译）既然世界文学从翻译中获得增长，我们不必受困于传统的与原文忠实对等的观念，也就是说，只要是好的翻译就能够让原作增辉，就能够对世界文学做出贡献，即使原作已经在翻译中遭到了改写。况且，即使翻译使原文文体特色受损，它在世界范围内的广泛传播也可以抵消其受损的部分。确实，一方面，随着全球化、一体化不断加快，我们要充分意识到维护文化多样性和差异性的重要性，正是这些相异的东西才有交流的必要。但另一方面，中国文学和文化要走出去，如果我们一直强调文化差异和异化翻译，强调保留原文特征，不仅会使译文生硬，还会忽视各国文学在本质上的共通性。秉持更开放的翻译观是势在必行的，否则，我们只是局限在译对还是译错、与原文对等还是不对等上，而忘记了翻译的目的。

中国学生应该都学过法国作家莫泊桑（Guy de Maupassant）的短篇小说《项链》，我们传统的认识是这篇小说讲了一个人不能虚荣，女主人公就因为虚荣而付出了很多年的代价，但也在偿还了代价之后明白了虚荣的害处。在小说的结尾，女主人公不再娇娇滴滴、美丽可人，但她健康、平实、强大。但笔者在美国时发现美国学生没有这样解读的，他们几乎都认为女主人公本可以很简单地实话实说，说自己弄丢了项链，他们认为女主人公为了圆一个谎而辛苦劳作了整整十年是很愚蠢的，换句话说美国学生的关注点不在虚荣与质朴、亮丽与平实这些思想道德问题上，而在一个人应该简单处世、要很实际地考虑付出的代价的问题上。法国作家莫泊桑本人写这部短篇小说的初衷是什么，我们谁也不知道，但中国和美国完全不同的解读并不妨碍这部法国小说在中国和美国的传播，反而让中国人和美国人都知道了法国的莫泊桑。

第三，可译性与文体相关，但可译性并不等同于文学价值。达姆罗什指出，“信息型文本翻译得好也不会在译文中获得增长，当然也不会受损，因为翻译只是把信息原样或较少变化地复制到译文里。条款、合约可以很复杂，但是如果书写得好，翻译得好，各方都能懂。由于译入语环境发生变化或者对合约的各个版本的解读发生错误，会出现违背合约的情况，但这很少是翻译造成的。与之相对的另一个极端情况，即有些文本与源语及其环境联系得极其紧密，所以不能被翻译。按照罗伯特弗罗斯特（Robert Frost）的观点，纯粹主义的人把诗歌看作是‘在翻译中失去的东西’，因为译文能够再现诗歌的意思，却不能再现诗歌原文的音乐和韵律。但是很多诗歌，包括弗罗斯特自己的诗歌，还是被人们很努力地翻译成了各种语言，所以我们说更准确的说法是，有些作品不能在没有很大的损失的情况下翻译，所以它们只基本存在于本土，不能以世界文学形式流传。当然我们要知道区分可译性和文学价值。一个文学作品可能在其本土环境里非常重要，有很高的文学价值，但却很少在其他地区被阅读，也许是因为它的语言不好翻译，也许是因为它的文化价值观不能传递到其他地区”（Damrosch, 2003: 288-289，笔者译）。

第四，既然“世界文学”是一种阅读方式，是世界上的任何读者和不同于自己所处的时代和地点的世界相连又不紧密相连的方式，中国文学作品在进入世界文学后既有展现本土文化的一面，又有离开本土文化的灵动的一面，它就是流动、灵活、自给自足的，而且这个灵动有多种可能，有好的，有坏的。达姆罗什还指出，“世界文学经常可以从以下一种或几种方式来体现：已知的古典作品的集合，不断更新的优秀作品的集合，以及看待世界的窗口”（Damrosch, 2003: 15，笔者译）。

“‘译有所为’是文学翻译的重要理念之一，具有两个方面的含义：一是翻译出来的东西可以做事情；二是指翻译本身可以做事情，小说翻译尤甚。人们赋予文学翻译的目标与文学翻译实际达到的结果之间始终是存在差距的。”（谢天振，1999：130）中国文学外译也是如此，“翻译出来的东西可以做事情”是毋庸置疑的，这是初衷和根本；但是在新时期，我们的思路可以同时关注“翻译本身可以做事情”。笔者的一个学生曾在读书报告中写道：“翻译理论确实能指导实践，但更重要的是不套用理论，而是应该内化理论，把理论充分理解，然后在翻译实践中自然而然地进行运用，并根据不同文本、不同情况变换翻译策略和方式，才能成为一个有智慧、有思想的译者……我们也许会有这样的经历：很多时候，苦心孤诣练就不了一个翻译大家，相反，善于反思、灵活变通的人，往往能获得更高层次的语言感悟，因此也对语言把握得更为精准。因此，对译文，我会反复思考，直到自己满意为止。这样也许会耽误时间，但是，对于长远发展，有诸多益处。”当一个译者的文学翻译策略不再是我们翻译理论与实践争论的焦点；当我们意识到世界文学不是既定的经典作品的集合，而是一种阅读方式，中国文学成为世界文学的名单也不是既定的；当我们意识到即使翻译中原文文体特色受损，它在世界范围内的广泛传播也可以抵消其受损的部分，我们就持有一种更开放的翻译观，我们就不再只是谈中国文学走向世界，而是已让中国文学成为了世界文学。

参考资料

[1] Aaltonen, Sirkku. *Time-sharing on Stage. Drama Translation in Theatre and Society.* Clevedon: Multilingual Matters, Topics in Translation 17, 2000.

[2] Barnstone, Tony. "The Three Paradoxes of Literary Translation: On Translating Chinese Poetry for Form." *In Translating China for Western Readers: Reflective, Critical, and Practical Essays*. Eds, Ming Dong Gu and Rainer Schulte. New York: State University of New York Press, 2014: 261-276.

[3] Bassnett, Susan. *Translation Studies*. London and New York: Methuen, 1980.

[4] Bassnett, Susan & Andre Lefevere, eds. *Constructing Cultures: Essays on Literary Translation*. Shanghai: Shanghai Foreign Language Education Press, 2001.

[5] Bassnett, Susan. *Translation Studies*. 3rd ed. London and New York: Routledge, 2002.

[6] Cao, Xueqin 曹雪芹 . *Hong lou meng* 红楼梦 ("Story of the Stone"). Tr. David Hawkes. Vol.1. New York: Penguin Books, 1973.

[7] Cao, Xueqin 曹雪芹 . *Hong lou meng* 红楼梦 ("Story of the Stone"). Tr. David Hawkes. Vol.2. New York: Penguin Books, 1977.

[8] Cao, Xueqin 曹雪芹 . *Hong lou meng* 红楼梦 ("Story of the Stone"). Tr. David Hawkes. Vol.3. New York: Penguin Books, 1980.

[9] Cao, Xueqin 曹雪芹 . *Hong lou meng* 红楼梦 ("Story of the Stone"). Tr. John Minford. Vol.4. New York: Penguin Books, 1982.

[10] Cao, Xueqin 曹雪芹 . *Hong lou meng* 红楼梦 ("Story of the Stone"). Tr. John

Minford. Vol.5. New York: Penguin Books, 1986.

[11] Cao, Xueqin 曹雪芹 . *Hong lou meng* 红楼梦 ("A Dream of Red Mansions"). Trs. Yang Xianyi and Gladys Yang. Vol.1-4. Beijing: Foreign Language Press, 2008.

[12] Corrigan, Robert W. "Translating for Actors." In W. Arrowsmith & R. Shattuck, eds. *The Craft & Context of Translation*. Austin: University of Texas Press, 1961: 95-106.

[13] Damrosch, David. *What is World Literature?* Princeton: Princeton University Press, 2003.

[14] Duke, Michael S, tr. *Raise the Red Lantern: Three Novellas*. By Su Tong. New York: W. Morrow, 1993.

[15] Gentzler, Edwin. *Contemporary Translation Theories*. London and New York: Routledge, 1993.

[16] Goethe, Johann Wolfgang von. *Conversations with Eckermann* (1823-1832). Tr. John Oxerford. San Francisco: North Point, 1984.

[17] Goldblatt, Howard, tr. *Big Breasts & Wide Hips*. By Mo Yan. New York: Arcade Publishing, 2004.

[18] Goldblatt, Howard, tr. *The Boat to Redemption*. By Su Tong. New York: The Overlook Press, 2011.

[19] Goldblatt Howard, tr. *Frog*. By Mo Yan. New York: Viking Press, 2015.

[20] Goldblatt, Howard, tr. *Life and Death are Wearing Me Out: A Novel*. By Mo Yan. New York: Arcade Publishing, 2008.

[21] Goldblatt, Howard, tr. *Pow*! By Mo Yan. Seagull Books, 2012.

[22] Goldblatt Howard, tr. *Red Sorghum: A Novel of China*. By Mo Yan. New York: Viking Penguin, 1993.

[23] Goldblatt, Howard, tr. *The Republic of Wine*. By Mo Yan. New York: Arcade Publishing, 2000.

[24] Goldblatt, Howard, tr. *Rice*. London: Scribner 2000.

[25] Goldblatt Howard, tr. *Sandalwood Death*. By Mo Yan. Norman: The University of Oklahoma Press, 2013.

[26] Goldblatt, Howard, tr. *Tales of Hulan River*. By Xiao Hong. Hongkong: Joint

Publishing Co., Ltd, 1988.

[27] Goldblatt, Howard, tr. *Turbulence*. By Jia Pingwa. Baton Rouge, LA: Louisiana State University Press, 1991.

[28] Goldblatt, Howard, tr. *Wolf Totem*. By Jiang Rong. Wuhan: Changjiang Literary and Art Press, 2008.

[29] Goldblatt, Howard. "Introduction." *Big Breasts & Wide Hips*. New York: Arcade Publishing, 2005. pp.vii-xii.

[30] Goldblatt, Howard. "A Mi Manera: Howard Goldblatt at Home, A Self — Interview." *Chinese Literature Today* 2011(1): 97-104.

[31] Goldblatt, Howard. "Translator's note." *Red Sorghum: A Novel of China*. New York: Viking Penguin, 1993.

[32] Goldblatt, Howard. "Translator's note." *Sandalwood Death*. Norman: University of Oklahoma Press, 2013.

[33] Goldblatt, Howard. "Translator's preface." *Heavy Wings*. New York: Grove Weidenfeld, 1989.

[34] Goldblatt, Howard. "Why I Hate Arthur Waley? Translating Chinese in a Post-Victorian Era." *Translation Quarterly* 1999 (13 & 14): 33-48.

[35] Goldblatt, Howard & SylviaLi-chun Lin, trs. *I Did Not Kill My Husband*. By Liu Zhenyun. New York: Arcade Publishing, 2016.

[36] Goldblatt, Howard & Sylvia Li-chun Lin, trs. *The Moon Opera*. By Bi Feiyu. London: Telegram Books, 2007.

[37] Gu, Ming Dong. "Readerly Translation and Writerly Translation: For a Theory of Translation That Returns to Its Roots." In *Translating China for Western Readers: Reflective, Critical, and Practical Essays*. Eds, Ming Dong Gu and Rainer Schulte. New York: State University of New York Press, 2014: 89-118.

[38] Hite, Rick. " 'Speak the Speech, I Pray You…' Translating for Actors and Audience." In M. T. Halsey and Phyllis Zatlin, eds. *Entre Actos: Dialogos sobre teatro español entre siglos*. University Park, PA: ESTRENO, 1999: 303-307.

[39] Holt, Marion Peter E-mail to Megan Fuller Pérez. 7 September 2002.

[40] Jacobs, Andrew & Sarah Lyall. "After Past Fury for Peace Prize, China Embraces Nobel Choice." *New York Times* Oct 12, 2012.

[41] Johnson, David, ed. *Stages of Translation*. Bath, England: Absolute Classics, 1996.

[42] Kelly, Louis G. *The True Interpreter. A History of Translation Theory and Practice in the West*. Oxford: Blackwell, 1979.

[43] Landers, Clifford E. *Literary Translation. A Practical Guide*. Clevedon: Multilingual Matters, Topics in Translation 22, 2001.

[44] Lefevere, Andre. *Translating Literature: Practice and Theory in a Comparative Literature Context*. New York: The Modern Language Association of America, 1992.

[45] Lefevere, Andre. *Translating Literature: Practice and Theory in a Comparative Literature Context*. Beijing: Foreign Language Teaching and Research Press, 2006.

[46] Lefevere, Andre. *Translation, Rewriting& Manipulation of Literary Fame*. London & New York: Routledge, 1992.

[47] Levitt, Aimee. "Howard Goldblatt's Life in Translation." *The Chicago Reader*. April 11, 2013. <http: //www. chicagoreader. com /chicago/howard-goldblatts-life-in-translation /Content? oid =9260454>.

[48] Londré, Felicia Hardison. "Exposing the Translation Gap." *American Theatre* 5.2 (1988): 48-50.

[49] Morrison, Toni. *Paradise*. New York: Plume, 1999.

[50] Newmark, Peter. *Approaches to Translation*. Shanghai: Shanghai Foreign Language Education Press, 2001.

[51] Nida, Eugene. A. "Science of Translation." *Language* 45.3 (1969): 483-98.

[52] Niranjana, Tejaswini. *Sitting Translation: History, Post-Structuralism, and the Colonial Context*. Oakland, California: University of California Press, 1992.

[53] Orbach, Michael. "H. Goldblatt: The Foremost Chinese-English Translator in the World." <http: //site.douban.com/106369/widget/notes/134616/note/252321086>

[54] Owen, Stephen, ed. and tr. *An Anthology of Chinese Literature: Beginnings to 1911*. New York: W. W. Norton & Company, 1996.

[55] Owen, Stephen. *Readings in Chinese Literature Thought*. Harvard: HarvardUniversity Press, 1992.

[56] Pavis, Patrice. "Problems of Translation for the Stage: Interculturalism and Post-modern Theatre." In H. Scolnicov and P. Holland, eds. *The Play Out of Context. Transferring Plays from Culture to Culture*. Trans. L. Kruger. Cambridge: Cambridge University Press, 1989. 25-44.

[57] Pound, "How to Read." *Literary Essays of Ezra Pound*. 1935.

[58] Quan, Shirley N. "Book Review of Life and Death are Wearing Me Out by Mo Yan." *Library Journal 2008* (133.6): 77.

[59] Schultze, Brigitte. "Highways, Byways, and Blind alleys in Translating drama: Historical and Systematic Aspects of a Cultural Technique." In K. Mueller-Vollmer and M, Irmscher, eds. *Translating Literatures. Translating Cultures. New Vistas and Approaches in Literary Studies*. Berlin: Erich Schmidt Verlag, 1998: 177-196.

[60] Scolnicov, Hanna and Peter Holland, eds. *The Play Out of Context. Transferring Plays from Culture to Culture*. Cambridge: Cambridge University Press, 1989.

[61] Spivak, Gayatri Chakravorty. *Outside in the Teaching Machine*. New York and London: Routledge, 2012.

[62] Strich, Fritz. *Goethe and World Literature*. London: Routledge and Kegan Paul, 1949.

[63] Tan, Amy. *The Hundred Secret Senses*. New York: G.P. Putnam's Sons, 1995.

[64] Tan, Amy. *The Joy Luck Club*. New York: Penguin Books, 1989.

[65] Turner, Frederick. "Translating the Tang Poets: A Personal View by a Western Poet and Reader." In *Translating China for Western Readers: Reflective, Critical, and Practical Essays*. Eds. Ming Dong Gu & Rainer Schulte. New York: State University of New York Press, 2014: 229-260.

[66] Updike, John. "Bitter bamboo: Two novels from China." *The New Yorker* May 9, 2005.

[67] Upton, Carole-Anne, ed. *Moving Target. Theatre Translation and Cultural Relocation.* Manchester, UK and Northampton, MA: St. Jerome Publishing, 2000.

[68] Venuti, Laurence. *The Scandals of Translation: Towards an Ethics of Difference*. London & New York: Routledge, 1998.

[69] Venuti, Lawrence. *The Translator's Invisibility: A History of Translation*. London & New York: Routledge, 1995.

[70] Wechsler, Robert. *Performing Without a Stage. The Art of Literary Translation*. New Haven, CT: Catbird Press, 1998.

[71] Wellwarth, George E. "Special Considerations in Drama Translation." In *Translation Spectrum. Essays in Theory and Practice*. Ed. M. G. Rose. Albany: State University of New York Press, 1981: 140-146.

[72] Wyrick, Jean. *Steps to Writing Well*. 10th ed. Beijing: Peking University Press, 2008.

[73] Zatlin, Phyllis. *Theatrical Translation and Film Adaptation: A Practitioner's View*. Shanghai: Shanghai Foreign Language Education Press, 2008.

[74] Zuber, Ortrun. *The Languages of Theatre. Problems in the Translation and Transposition of Drama*. Oxford and New York: Pergamon Press, 1980.

[75] Zuber-Skerritt, Ortrun, ed. *Page to Page. Theatre as Translation*. Amsterdam: Rodopi, 1984.

[76] 艾克曼：《歌德谈话录》，朱光潜译，北京：人民文学出版社，1982。

[77] 鲍晓英："从莫言英译作品译介效果看中国文学'走出去'"，《中国翻译》2015（1）。

[78] 鲍晓英：《中国文学"走出去"译介模式研究——以莫言英译作品译介为例》，青岛：中国海洋大学出版社，2015。

[79] 毕飞宇：《青衣》，杭州：浙江文艺出版社，2011。

[80] 曹明伦：《英汉翻译实践与评析》，成都：四川人民出版社，2007。

[81] 曹雪芹、高鹗：《红楼梦》，北京：人民文学出版社，1996。

[82] 陈安娜、万之："中文文学的胜利——写在莫言获得2012年诺贝尔文学奖时"，《三联生活周刊》2012（10）。

[83] 陈福康：《中国译学理论史稿》，上海：上海外语教育出版社，2000。

[84] 陈慧华："汉英文学翻译中的文化语境重构——以《生死疲劳》葛浩文英

译本为例”，《淮北师范大学学报》（哲学社会科学版）2014（4）。

[85] 陈岚：“中国现当代文学作品英译研究概述”，《湖南社会科学》2008（3）。

[86] Margaret Mitchell：《乱世佳人》（Gone with the Wind），陈良廷等译，上海：上海译文出版社，1990。

[87] 陈歆耕：“葛浩文的‘无效劳动’”，《羊城晚报》2011 年 7 月 3 日。

[88] Amy Tan：《喜福会》（The Joy Luck Club），程乃珊、贺培华、严映薇译，上海：上海译文出版社，2010。

[89] 丁鲁：“说说译诗”，许钧主编，《翻译思考录》，武汉：湖北教育出版社，1998：454-456。

[90] 董静：“从翻译规范论视角浅析《狼图腾》英译本”，《甘肃联合大学学报》（社会科学版）2010（4）。

[91] 范春祥：“中国文学译介翻译障碍和解决策略”，《语文建设》2013（30）。

[92] 范武邱：“中国文学走向世界的语言硬伤依然存在——写在莫言获奖之后”，《当代外语研究》2013（4）。

[93] 冯全功：“葛浩文翻译策略的历时演变研究——基于莫言小说中意象话语的英译分析”，《外国语》2017（11）。

[94] 冯全功：“英语译者对汉语死喻的敏感性研究——以四个《红楼梦》英译本为例”，《外语与外语教学》2015（5）。

[95] Margaret Mitchell：《飘》（Gone with the Wind），傅东华译，杭州：浙江文艺出版社，2008。

[96] 福柯（Michel Foucault）：《权力与话语》，陈怡含译。武汉：华中科技大学出版社，2017。

[97] 高峰：“葛浩文，帮莫言获奖的功臣”，《环球人物》2012（28）。

[98] 葛浩文：《葛浩文文集：论中国文学》，闫怡恂译，北京：现代出版社，2014。

[99] 葛浩文：“美国人喜欢唱反调的作品”，《新世纪周刊》2008（10）。

[100] 葛浩文：“文学与翻译家”，《漫谈中国新文学》，香港：香港文学研究社，1980。

[101] 葛浩文：“我行我素：葛浩文与浩文葛”，史国强译，《中国比较文学》

2014（1）。

[102] 耿强：“国家机构对外翻译规范研究——以‘熊猫丛书’英译中国文学为例”，《上海翻译》2012（1）。

[103] 耿强：“文学译介与中国文学‘走向世界’”，上海外国语大学博士论文，2010。

[104] 耿强：“中国文学走出去政府译介模式效果探讨——以‘熊猫丛书’为个案”，《中国比较文学》2014（1）。

[105] 贡布里希：《艺术与幻觉》，杭州：浙江摄影出版社，1987。

[106] 龚小萍：“葛浩文‘用达雅’翻译思想研究——论翻译理论与实践的关系”，《西华大学学报》（哲学社会科学版）2017（11）。

[107] 郭宏安：“谈谈‘四字成语’”，许钧主编，《翻译思考录》，武汉：湖北教育出版社，1998：360-363。

[108] 郭建中：“翻译：理论、实践与教学”，《中国科技翻译》1997（2）。

[109] 郭建中：“翻译中的文化因素：异化与归化”，《外国语》1998（2）。

[110] 郭娟：“译者葛浩文”，《经济观察报》2009 年 3 月 24 日，<http://www.eeo.com.cn/eobserve/Business_lifes/Art/2009/03/24/133257.shtm>.

[111] 韩瑞祥：“文学研究时文学翻译的根本前提——读卡夫卡的小时《变形记》的最新复译本随想”，许钧主编，《翻译思考录》，武汉：湖北教育出版社，1998：167-173。

[112] 胡安江：“再论中国文学“走出去”之译者模式及翻译策略——以寒山诗在英语世界的传播为例”，《外语教学理论与实践》2012（4）。

[113] 胡安江：“中国文学“走出去”之译者模式及翻译策略研究——以美国汉学家葛浩文为例”，《中国翻译》2010（6）。

[114] 胡伟华、郭继荣：“生态翻译学视域下葛浩文的译者主体性探析”，《外语电化教学》2017（3）。

[115] 华慧：“葛浩文谈中国当代文学在西方”，《东方早报》2009 年 4 月 5 日。

[116] 黄忠廉：《翻译方法论》，北京：中国社会科学出版社，2009。

[117] 季红琴：“我国文化典籍外译历史与现状（上）”，《外语学刊》2014（2）。

[118] 季进：《另一种声音——海外汉学访谈录》，上海：复旦大学出版社，

2011。

[119] 季进："我译故我在——葛浩文访谈录"，《当代作家评论》2009（6）。

[120] 季羡林：《风物长宜放眼量——季羡林谈传统文化》，重庆：重庆出版集团，2015。

[121] 贾平凹：《浮躁》，沈阳：春风文艺出版社，2004。

[122] 蒋晖："《中国文学理论：英译和评论》中文本选择和翻译"，《西南民族大学学报》（人文社科版）2008（3）。

[123] 姜戎：《狼图腾》，武汉：长江文艺出版社，2014。

[124] 蒋骁华："《红高粱家族》葛浩文英译特点研究"，《外语与翻译》2015（2）。

[125] 姜智芹："当代文学对外传播中的中国形象建构——以莫言作品为个案"，《人文杂志》2015（1）。

[126] 金介甫、查明建："中国文学（一九四九 - 一九九九）的英译本出版情况述评"，《当代作家评论》2006（3）。

[127] 金介甫、查明建："中国文学（一九四九 - 一九九九）的英译本出版情况述评（续）"，《当代作家评论》2006（4）。

[128] 金圣华：《桥畔译谈——翻译散论八十篇》，北京：中国对外翻译出版公司，1997。

[129] 金隄：《等效翻译探索》，北京：中国对外翻译出版公司，1997。

[130] 柯平："释义、归化和回译"，《中国翻译》1993（1）。

[131] 赖祎华、欧阳友珍："跨文化语境下的中国典籍外译策略研究——以《红楼梦》英译本为例"，《江西社会科学》2012（12）。

[132] 兰守亭："苏童的《米》热销西方"，《中华读书报》2004 年 6 月 9 日。

[133] 蓝诗玲："英译中国文学：英语出版所面临的问题"，《汉学家文学翻译国际研讨会演讲汇编》，中国作家协会，2010。

[134] 李宝珠、孙光旭："对中国文学走出去战略的重新解读"，《中国出版》2013（11）。

[135] 李特夫、李国林："辨义·表达·风格——《诗大序》宇译本分析"，《广东外语外贸大学学报》2004（1）。

[136] 李文静："中国文学英译的合作、协商与文化传播——汉英翻译家葛浩

文与林丽君访谈录”，《中国翻译》2012（1）。

[137] 梁晓辉：“《丰乳肥臀》中主体意象的翻译——论葛浩文对概念隐喻的翻译”，《外国语文》2013（5）。

[138] 林丽君：“多即是好：当代中国文学阅读与翻译”，王美芳译：《当代作家评论》2014（3）。

[139] 刘朝晖：“评《红楼梦》两个英译本的可接受性——以美国亚利桑那州立大学学生的抽样调查为例”，《中国翻译》2014（1）。

[140] 刘禾：《跨语际实践——文学，民族文化与被译介的现代性（中国，1900—1937）》（第二版），宋伟杰等译，北京：生活•读书•新知三联书店，2008。

[141] 刘克强：“基于平行语料库的莫言小说英译研究——以葛浩文译《生死疲劳》为例”，《邢台学院学报》2014（3）。

[142] 刘绍刚：《葛浩文与萧红》，上海：上海三联书店，2000。

[143] 刘文飞：“文学翻译的几种两难选择”，《中国翻译》2017（4）。

[144] 刘小乐：“葛浩文与蓝诗玲翻译观比较研究”，《洛阳理工学院学报》2015（3）。

[145] 刘云虹：“翻译的挑战与批评的责任——中国文学对外译介语境下的翻译批评”，《中国翻译》2014（5）。

[146] 刘云虹、许钧：“文学翻译模式与中国文学对外译介——关于葛浩文的翻译”，《外国语》2014（3）。

[147] 刘震云：《我不是潘金莲》，武汉：长江文艺出版社，2016。

[148] 吕敏宏：“从《狼图腾》版权输出看如何构建中国当代文学海外出版发行的新模式”，《出版发行研究》2012（7）。

[149] 吕敏宏：《葛浩文小说翻译叙事研究》，北京：中国社会科学出版社，2011。

[150] 陆宣鸣、张越、张映先：“寻找中国文化海外传播的‘灵药’——以葛氏英译为例”，《教育文化论坛》2014（2）。

[151] 孟祥春：“Glocal Chimerican 葛浩文英译研究”，《外国语》2015（4）。

[152] 孟祥春：“葛浩文论译者——基于葛浩文讲座与访谈的批评性阐释”，《中

国翻译》2014（3）。

[153] 孟祥春："我只能是我自己——葛浩文访谈"，《东方翻译》2014（3）。

[154] 莫言："翻译家要做'信徒'"，《人民日报》2014年8月24日。

[155] 莫言：《丰乳肥臀》，北京：作家出版社，2012。

[156] 莫言：《红高粱家族》，北京：作家出版社，2012。

[157] 莫言：《酒国》，上海：上海文艺出版社，2008。

[158] 莫言：《生死疲劳》，北京：作家出版社，2006。

[159] 莫言：《四十一炮》，北京：作家出版社，2012。

[160] 莫言：《檀香刑》，北京：人民文学出版社，2012。

[161] 莫言：《蛙》，北京：作家出版社，2012。

[162] 莫言："我在美国出版的三本书"，《小说界》2000（5）。

[163] 乔幪："谈中国文学对外传播过程中的主体性建构——以畅销书《狼图腾》为例"，《新观察》2013（Z1）。

[164] 乔曾锐：《译论：翻译经验与翻译艺术的评论和探讨》，北京：中华工商联合出版社，2000。

[165] 邱扬："我喜欢，故我翻译——谈葛浩文的文学翻译观"，《成都师范学院学报》2014（8）。

[166] 欧阳祯："捉襟见肘的信使：翻译中的接受美学"，乐黛云、陈压编，《北美中国古典文学研究名家十年文选》，南京：江苏人民出版社，1996。

[167] 思果：《翻译研究》，北京：中国对外翻译出版公司，2001。

[168] 邵璐："翻译与转叙——《生死疲劳》葛浩文英译叙事性阐释"，《山东外语教学》2012（6）。

[169] 邵璐："翻译中的'叙事世界'——析莫言《生死疲劳》葛浩文英译本"，《中国翻译》2013（2）。

[170] 邵璐："莫言小说英译研究"，《中国比较文学》2011（1）。

[171] 邵璐："莫言小说英译中的信息凸显"，《当代外语研究》2014（2）。

[172] 邵璐："莫言英译者葛浩文翻译中的'忠实'与'伪忠实'"，《中国翻译》2013（3）。

[173] 沈晨："莫言指出翻译的重要性：'得诺奖离不开翻译'"，"中国新闻网"

2012 年 12 月 8 日。

[174] 沈素琴："灵感思维与翻译"，许钧主编，《翻译思考录》，武汉：湖北教育出版社，1998：300-305。

[175] 史国强："葛浩文文学翻译年谱"，《东吴学术》2013（5）。

[176] 苏童：《河岸》，北京：人民文学出版社，2009。

[177] 苏童：《米》，上海：上海文艺出版社，2005。

[178] 苏童：《妻妾成群》，上海：上海文艺出版社，2004。

[179] 孙会军："翻译家葛浩文对中国现、当代文学的研究与推介"，《燕山大学学报》（哲学社会科学版）2014（3）。

[180] 孙会军："葛译莫言小说研究"，《中国翻译》2014（5）。

[181] 孙艺风："翻译与跨文化交际策略"，《中国翻译》2012（1）。

[182] 孙志军："译者主体性及文学翻译中的改写 —— 以英译《狼图腾》为例"，《语文学刊》2014（12）。

[183] 王东风："变异还是差异 —— 文学翻译中文体转换失误分析"，《外国语》2004（1）。

[184] 王东风："翻译研究的后殖民视角"，《中国翻译》2003（4）。

[185] 王东风："归化与异化：矛与盾的交锋？"，《中国翻译》2002（5）。

[186] 王俊菊：《莫言与世界：跨文化视角下的解读》，济南：山东大学出版社，2014。

[187] 王克非："关于翻译本质的认识"，《外语与外语教学》1997（4）：47-50。

[188] 王汝蕙、张福贵："莫言小说获奖后在美国的译介与传播"，《文艺争鸣》2018（1）。

[189] 王淑玲："从文学翻译变通的角度看葛浩文《红高粱家族》的英译"，《西安外国语大学学报》2013（4）。

[190] 王宇弘："论葛浩文的层级式文化翻译策略 —— 读莫言《檀香刑》译本"，《双语教育研究》2017（2）。

[191] 王佐良：《翻译：思考与试笔》，北京：外语教学与研究出版社，1989。

[192] 魏春梅："汉语文化负载词翻译研究 —— 以苏童小说《米》英译本为例"，

《语文学刊》2015（6）。

[193] 魏家海:“宇文所安英译汉诗的诗性认知能力”,《大连大学学报》2010（4）。

[194] 魏清光:“赞助人对译介活动的操纵”,《天津外国语学院学报》2006（3）。

[195] 魏清光:“中国文学‘走出去’:现状、问题及对策”,《当代文坛》2015（1）。

[196] 文军、王小川、赖甜：“葛浩文翻译观探究”，《外语教学》2007（6）。

[197] 吴倩：“当代西方翻译文学中的中国镜像、意识形态及改写——以《天堂蒜薹之歌》的英译本为例”，《浙江社会科学》2014（7）。

[198] 吴赟：“西方视野下的毕飞宇小说——《青衣》与《玉米》在英语世界的译介”，《学术论坛》2013（4）。

[199] 萧红：《生死场》《呼兰河传》，北京：人民文学出版社，2009。

[200] 肖进：“莫言在中东欧的译介、传播与接受”，《华文文学》2015（1）。

[201] 肖丽：“意识形态操纵下的文学翻译——对小说《饥饿的女儿》书名英译的个案研究”，《韶关学院学报》（社会科学版）2009（2）。

[202] 谢天振：“莫言作品‘外译’成功的启示”，《文汇读书报》2012 年 12 月 14 日。

[203] 谢天振：《译介学》，上海：外语教育出版社，1999。

[204] 谢天振：《译介学导论》，北京：北京大学出版社，2004。

[205] 谢天振:“中国文学、文化走出去:理论与实践”,《东吴学术》2013（2）。

[206] 辛红娟、张越、陆宣鸣：“从葛浩文英译看中国文化的对外传播——以莫言《师傅越来越幽默》为蓝本”，《当代外语研究》2014（2）。

[207] 新星出版社编：《中国外文局五十年回忆录》，北京：新星出版社，1999。

[208] 熊鹰:“当莫言的作品成为‘世界文学’时——对英语及德语圈里‘莫言现象’的考察与分析”，《山东社会科学》2014（3）。

[209] 许荻晔：“翻译家葛浩文：莫言对译者很体贴”，《东方早报》2013 年 10 月 16 日。

[210] 许钧:“‘忠实于原文’还是‘连译带改’”,《人民日报》2014 年 8 月 8 日。

[211] 徐美娥：“文学翻译与诗性原则——论美国翻译家葛浩文的翻译诗学”，《宜春学院学报》2014（5）。

[212] 徐明玉："中国文学'走出去'的文学翻译与文化调适"，《沈阳农业大学学报》（社会科学版）2014（5）。

[213] 许渊冲：《许译中国经典诗文集——元曲三百首》，北京：五洲传播出版社，2011。

[214] 闫怡恂、葛浩文："文学翻译：过程与标准——葛浩文访谈录"，《当代作家评论》2014（1）。

[215] 闫怡恂、徐明玉："文化传播中的译者选择与读者接受——中华文化对外传播学术研讨会述论"，《沈阳师范大学学报》（社会科学版）2017（3）。

[216] 杨惠莹："中国文学输出与优秀译者及翻译策略——以曹雪芹和莫言作品翻译为例"，《当代文坛》2014（5）。

[217] 杨武能："翻译、接受与再创造的循环——文学翻译断想之一"，许钧主编，《翻译思考录》，武汉：湖北教育出版社，1998：227-235。

[218] 叶子南：《高级英汉翻译理论与实践》（第二版），北京：清华大学出版社，2008。

[219] 于丹、杨越明："中国文化'走出去'战略的核心命题"，《人民论坛》2015（24）。

[220] 余光中：《余光中谈翻译》，北京：中国对外翻译出版公司，2002。

[221] 余光中："与王尔德拔河记——《不可儿戏》译后"，金圣华、黄国彬编，《因难见巧——名家翻译经验谈》，北京：中国对外翻译出版公司，1998：1-7。

[222] 于丽丽、顾彬："重读之后再评价莫言"，《扬子晚报》2012 年 10 月 21 日。

[223] 余秋雨：《文化苦旅》，<http://t.icesmall.cn/book/3/431/25.html>，2021 年 5 月 31 日读取。

[224] 宇文所安（Stephen Owen）："把过去国有化：全球主义、国家和传统文化的命运"，《他山的石头记—宇文所安自选集》，南京：江苏人民出版社，2003。

[225] 宇文所安：《迷楼：诗与欲望的迷宫》，程章灿译，北京：生活·读书·新知三联书店，2014。

[226] 宇文所安：《中国文论：英译与评论》，王柏华、陶庆梅译，上海：上海社会科学院出版社，2003。

[227] 张彩虹：“葛浩文的汉语学习与文学翻译”，《长江丛刊·文学艺术及文化》2015（10）。

[228] 张聪：“‘中国文学走出去：挑战与机遇’学术研讨会综述”，《中国比较文学》2014（1）。

[229] 张继光、张政：“国内葛浩文研究状况的 CiteSpace 分析”，《外国语文》2015（4）。

[230] 张培基、喻云根等：《英汉翻译教程》，上海：上海外语教育出版社，1980。

[231] 郑海凌：《文学翻译学》，郑州：文心出版社，2000。

[232] 郑娜：“莫言小说在海外的传播与接受”，《重庆邮电大学学报》（社会科学版）2014（1）。

[233] 钟明奇：“世界的眼光，中国的方式——有感于‘葛浩文之问’”，《文学报》2014 年 9 月 11 日。

[234] 周领顺、杜玉：“汉语‘乡土语言’葛译译者行为度——‘求真 - 务实’译者行为连续统评价模式视域”，《上海翻译》2017（6）。

[235] 朱生豪：《莎士比亚戏剧全集》，北京：作家出版社，1954。

[236] 朱振武：《汉学家的中国文学英译历程》，上海：华东理工大学出版社，2017。

[237] 朱振武、覃爱蓉：“借帆出海：也说葛浩文的‘误译’”，《外国语文》2014（6）。

[238] 訾晓红：“中国当代文学作品在英语世界的译介与传播研究”，《齐齐哈尔大学学报》（哲学社会科学版）2017（12）。